U0554536

BLUE BOOK

智 库 成 果 出 版 与 传 播 平 台

陕西蓝皮书

BLUE BOOK OF SHAANXI

陕西经济发展报告

（2025）

REPORT ON ECONOMIC DEVELOPMENT IN SHAANXI

(2025)

组织编写／陕西省社会科学院

主　　编／程宁博　王建康　裴成荣

社会科学文献出版社

SOCIAL SCIENCES ACADEMIC PRESS（CHINA）

图书在版编目（CIP）数据

陕西经济发展报告 . 2025 ／ 程宁博，王建康，裴成

荣主编 . --北京：社会科学文献出版社，2025. 5.

（陕西蓝皮书）. --ISBN 978-7-5228-5114-3

Ⅰ. F127. 41

中国国家版本馆 CIP 数据核字第 20252K39Z0 号

陕西蓝皮书

陕西经济发展报告（2025）

主　　编／程宁博　王建康　裴成荣

出 版 人／冀祥德
责任编辑／宋　静
责任印制／岳　阳

出　　版／社会科学文献出版社·皮书分社（010）59367127
　　　　　地址：北京市北三环中路甲 29 号院华龙大厦　邮编：100029
　　　　　网址：www. ssap. com. cn
发　　行／社会科学文献出版社（010）59367028
印　　装／天津千鹤文化传播有限公司

规　　格／开　本：787mm×1092mm　1/16
　　　　　印　张：20.75　字　数：311 千字
版　　次／2025 年 5 月第 1 版　2025 年 5 月第 1 次印刷
书　　号／ISBN 978-7-5228-5114-3
定　　价／158.00 元

读者服务电话：4008918866

陕西蓝皮书编委会

主　　任　程宁博

副 主 任　毛　斌　王建康

编　　委　（按姓氏笔画排序）

　　　　　　于宁锴　王　飞　冯根福　李　冰　谷孟宾

　　　　　　张首魁　范　杰　裴成荣

主　　编　程宁博　王建康　裴成荣

执行主编　张　馨

主编简介

程宁博　陕西省社会科学院党组书记、院长，陕西省第十四次党代会代表，陕西省党的建设研究会副会长，陕西省社会科学院学术委员会主任、陕西蓝皮书编委会主任。长期从事宣传思想文化工作，主要研究领域为马克思主义中国化时代化、党的创新理论生动实践、思想政治教育、新型智库建设与管理等。多次参与重要书籍编写和重要文件、重要文稿起草工作，多项研究成果在中央和省级主流媒体刊发。

王建康　陕西省社会科学院党组成员、副院长，研究员，主要从事农村发展、区域经济研究。先后主持完成国家和省级基金项目6项，主持编制省级规划6项、区县发展规划20余项，承担世界银行、国家发展和改革委员会、农业农村部等招标或委托课题18项；出版著作10余部，发表论文和调研报告60余篇；研究成果获得陕西省哲学社会科学优秀成果奖5项。兼任省决策咨询委员会委员、省青联常委、省委理论讲师团特聘专家。陕西省第十二次党代会代表、第十三次党代会报告起草组成员，第十二届全国青联委员，陕西青年五四奖章获得者，陕西省优秀共产党员。

裴成荣　工学博士，二级研究员。陕西省社会科学院学术委员会副主任、经济研究所所长，陕西省"特支计划"哲学社会科学和文化艺术领域领军人才，国务院政府特殊津贴专家，西安市人民政府参事，陕西省政协委员。主要研究方向为城市与区域经济、产业经济。主持完成国家级及省部级课题20余项，完成厅局级各类课题50余项，发表研究论文100余篇。出版

《国有企业改革与产权市场建设》《区域发展与产业培育》《国际化大都市特色研究》《文化繁荣背景下遗址保护与都市圈和谐共生机制研究》《陕西同步够格全面建成小康社会研究》等专著6部。1999年以来主编年度出版物《陕西经济发展报告》（蓝皮书系列）等20余部。科研成果获省部级奖项20项，其中，获哲学社会科学优秀成果奖一等奖3项、二等奖5项。

摘　要

　　2024 年是中华人民共和国成立75周年，是深入实施"十四五"规划的关键一年。面对复杂严峻的国际环境和艰巨繁重的国内改革发展稳定任务，陕西省委、省政府坚持以习近平新时代中国特色社会主义思想为指导，深入学习贯彻党的二十大和二十届二中、三中全会精神，贯彻落实习近平总书记历次来陕考察重要讲话重要指示精神，有效落实各项稳增长政策，加快推进"两重""两新"政策落地见效，持续深化拓展"三个年"活动，积极培育和发展新质生产力，奋力谱写中国式现代化建设的陕西新篇章。全省经济运行呈现总体平稳、质效齐升的良好态势，政策效应不断显现，有利因素进一步集聚，高质量发展扎实推进。

　　2025 年，陕西应坚定不移推动高质量发展，奋力谱写陕西新篇章、争做西部示范，建议继续推动以下重点工作：一是加快发展新质生产力，构建具有陕西特色的现代化产业体系；二是强化创新赋能，壮大新质生产力的动力引擎；三是紧抓项目建设，发挥经济稳增长"压舱石"的作用；四是激活消费潜力，释放内需的牵引动能；五是扩大对外开放，巩固外贸外资基本盘；六是优化营商环境，促进民营经济发展壮大。

　　关键词： 经济运行　产业经济　新质生产力　陕西省

Abstract

2024 is the 75th anniversary of the founding of the People's Republic of China. It is also the crucial year for the in-depth implementation of the 14th Five Year Plan. Faced with the complex and severe international environment and the arduous and arduous tasks of domestic reform, development and stability, the Shaanxi Provincial Party Committee and the Provincial Government thoroughly studied and implemented the spirit of the 20th National Congress of the Communist Party of China and the Third Plenary Session of the 20th Central Committee, integrated and implemented General Secretary Xi Jinping' important speeches and instructions from previous visits to Shaanxi for inspection, effectively implemented various policies to stabilize growth, accelerated the implementation of the "two-fold" and "two new" policies to take effect, continued to deepen and expand the "Three Years" activities, actively cultivated and developed new quality productive forces, and strived to write a new chapter of Shaanxi's Chinese-style modernization drive.

The province's economic operation shows a good trend of overall stability and simultaneous improvement in quality and efficiency. The policy effect continues to emerge. Favorable factors further clustering. High-quality development solidly promote.

In 2025, Shaanxi should be guided by the spirit of the 20th National Congress of the Communist Party of China and unswervingly anchor high-quality development. It is recommended to continue to promote the following key tasks: first, accelerate the development of new quality productive forces and build a modern industrial system with Shaanxi characteristics; second, strengthening innovation empowerment and strengthening the power engine of new quality productive forces; the third is to grasp project construction tightly and play the role of the "ballast stone" for stable economic growth; the fourth is to activate consumption potential and unleash the driving force of domestic demand; the fifth is to open wider to the outside world and consolidate the basic foundation of foreign trade and investment; the sixth is to optimize the business environment and promote the development of private economy.

Keywords: Economic Operation; Industrial Economy; New Quality Productive Forces; Shaanxi Provice

目 录 ▷

Ⅰ 总报告

Ⅱ 经济运行篇

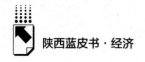
Ⅲ 新质生产力专题篇

Ⅳ 改革开放篇

Ⅴ 现代化产业体系篇

皮书数据库阅读**使用指南**

CONTENTS ⟪⟫

I General Report

II Economic Operation Study

Ⅲ   New Quality Productive Forces Study

Ⅳ   Reform and Opening–up Study

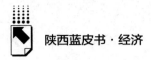

CONTENTS ↖↘

总 报 告

B.1

2024年陕西经济形势分析
与2025年预测*

陕西省社会科学院经济研究所课题组**

摘　要：　2024年，陕西经济运行呈现总体平稳、质效齐升的良好态势，政策效应不断显现，有利因素进一步集聚，高质量发展扎实推进。农业生产总体平稳，工业生产增势良好，服务业持续恢复，固定资产投资持续加快，消费市场稳定增长，对外贸易快速增长，财政收支保持稳定，城乡居民收入稳定增长。但当前外部环境错综复杂，需求不足、预期偏弱等问题仍然存在，经济回升向好的基础仍需加力巩固。2025年，陕西应全面贯彻落实党的二十大和二十届二中、三中全会精神，深入学习贯彻习近平总书记历次来陕考察重要讲话重要指示精神，继续推动发展新质生产力，

---

* 本报告中未注明来源的数据均来源于国家统计局网站、陕西省统计局网站和国家统计局陕西调查总队网站。

** 课题组组长：裴成荣，陕西省社会科学院经济研究所所长，二级研究员，主要研究方向为城市与区域经济、产业经济。执笔人：张馨，陕西省社会科学院经济研究所副研究员，主要研究方向为宏观经济与可持续发展。

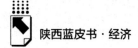
强化创新赋能，紧抓项目建设，激活消费潜力，扩大对外开放，优化营商环境。

关键词： 陕西经济　新质生产力　高质量发展

一　2024年陕西宏观经济运行分析

2024年，面对复杂严峻的国际环境和艰巨繁重的国内改革发展稳定任务，陕西省委、省政府坚持以习近平新时代中国特色社会主义思想为指导，深入学习贯彻党的二十大和二十届二中、三中全会精神，贯通落实习近平总书记历次来陕考察重要讲话重要指示精神，有效落实各项稳增长政策，加快推进"两重""两新"政策落地见效，持续深化拓展"三个年"活动，因地制宜发展新质生产力，高质量发展和现代化建设取得新成效。

（一）经济持续回升向好

2024年前三季度，全省地区生产总值实现24781.13亿元，同比增长4.6%，低于全国增速0.2个百分点（见图1）。地区生产总值在全国列第14位，与上年持平，在西部12个省区市中仅次于四川，排名第二。分三次产业看，第一产业增加值为1244.32亿元，同比增长3.1%；第二产业增加值为11988.84亿元，同比增长6.0%；第三产业增加值为11547.97亿元，同比增长3.6%。总体来看，全省经济运行逐季加快，第一季度地区生产总值同比增长4.2%，上半年同比增长4.3%，呈现稳中有进、质效齐升的良好态势。

从各市（区）来看，2024年前三季度地区生产总值同比增速高于全省平均水平的有7个市（区），排名前三的依次为咸阳、铜川和延安，增速分别为7.2%、6.8%和6.3%，为全省经济增长的重要增量。其次为榆林、宝鸡、商洛、安康和汉中，增速分别为5.7%、5.4%、5.4%、5.0%和4.8%。杨凌、西安和渭南居全省后三位，增速分别为-3.0%、3.2%和4.5%（见图2）。

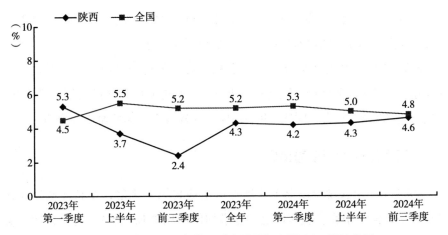

图1　2023年、2024年前三季度陕西与全国GDP增速比较

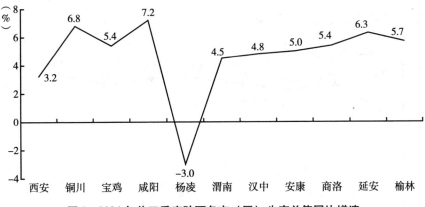

图2　2024年前三季度陕西各市（区）生产总值同比增速

（二）农业生产总体平稳

2024年前三季度，全省农林牧渔业总产值同比增长3.1%。种植业生产形势较好，产值同比增长3.8%，较上年同期加快0.2个百分点。全省夏粮总产量467.43万吨，较上年增加3.7万吨，增长0.8%。秋粮种植面积、单产、总产实现"三增长"。

2024年前三季度，蔬菜生产保持增长，果品产销两旺。蔬菜及食用菌

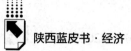

产量1668.12万吨，增长3.9%，设施蔬菜供给加大；园林水果产量692.44万吨，增长5.3%，陕西水果网络零售额位居全国第二。

2024年前三季度，畜牧业稳定恢复，猪牛羊禽肉供应稳定。羊肉产量同比增长7.3%，禽肉产量同比增长9.5%。生猪出栏、存栏均呈下降态势，生猪出栏825.82万头，同比下降7.3%，降幅较上半年收窄1.4个百分点。

（三）工业运行增势良好

2024年，全省规模以上工业增加值增速自第一季度以来持续高于全国平均水平，前三季度，规模以上工业增加值同比增长7.5%，比全国增速高1.7个百分点，较上半年加快0.2个百分点（见图3）。从三大门类看，采矿业增加值同比增长9.6%，制造业同比增长4.6%，电力、热力、燃气及水生产和供应业同比增长7.0%。

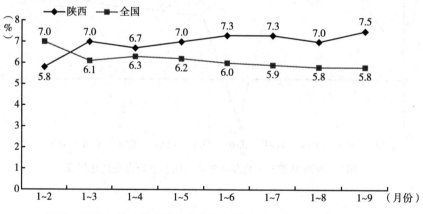

图3 2024年前三季度陕西和全国规模以上工业增加值增速比较

从主要行业看，陕西坚持能源工业和非能源工业两手抓，为经济增长贡献了强劲动力。2024年前三季度，能源工业持续发力，增加值同比增长9.1%，拉动规上工业增长5.9个百分点，对全省工业引领支撑作用明显。其中，煤炭开采和洗选业增长12.4%，石油、煤炭及其他燃料加工业增长5.9%，电力、热力生产和供应业增长6.2%，石油和天然气开采业下降

0.3%。非能源工业增长加快、质量提升，增加值同比增长4.5%，较上半年加快0.8个百分点。制造业生产加快，转型升级成效明显。36个非能源行业中29个行业实现增长，增加值占比居前10位的重点行业中8个行业增加值保持增长，合计拉动规上工业增长1.6个百分点。其中，汽车制造业较快增长，达到15.3%，汽车产量居全国第7位。

从经营效益看，企业效益有所改善。2024年前三季度，规上工业企业营业收入同比下降2.6%，降幅较上半年收窄0.9个百分点；利润总额同比下降7.8%，降幅较上半年收窄3.2个百分点。每百元营业收入中的成本、费用均低于全国水平。

新质生产力加快培育，重点产业链持续壮大。2024年前三季度，全省34条工业重点产业链产值达1.6万亿元，产业高端化、智能化、绿色化态势明显，新型电力、太阳能光伏、节能环保、增材制造等产业链发展较快。代表新质生产力的工业产品保持较快增长，前三季度，新能源汽车产量同比增长10.3%，集成电路圆片产量同比增长26.1%，太阳能电池产量同比增长53.5%，充电桩产量同比增长15.5%，3D打印设备产量同比增长19.0%，民用无人机产量同比增长5.2倍。

2024年前三季度，陕西各市（区）只有杨凌工业增加值增速为负，为-10.8%，其余市（区）均为正增长（见图4）。咸阳、安康和延安位列前三且增速高于全省平均水平，增速分别为12.6%、9.2%和8.7%。其次是商洛、榆林、宝鸡和渭南，分别增长7.3%、7.2%、6.8%和6.7%，铜川、汉中、西安分别增长5.7%、4.2%和3.6%。

（四）服务业保持增长

2024年前三季度，全省服务业增加值同比增长3.6%，较上半年加快0.1个百分点。其中，批发和零售业增加值同比增长2.1%，交通运输、仓储和邮政业同比增长3.8%，住宿和餐饮业同比增长5.5%。现代服务业发展良好，1~8月全省规模以上服务业营业收入同比增长4.3%，其中，租赁和商务服务业营业收入同比增长15.9%，科学研究和技术服务业同比增长7.7%。

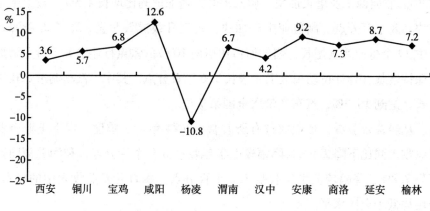

图4 2024年前三季度陕西各市（区）工业增加值增速

（五）固定资产投资持续加快

2024年前三季度，全省固定资产投资同比增长3.7%（见图5），增速逐月加快。工业投资支撑有力，同比增长12.0%，拉动全部投资增长3.4个百分点。其中，制造业投资同比增长10.2%，拉动全部投资增长1.7个百分点。

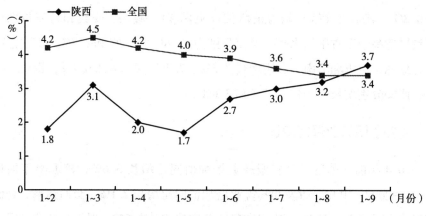

图5 2024年前三季度陕西和全国固定资产投资增速比较

基础设施投入力度加大。2024年前三季度，基础设施投资同比增长1.3%，增速实现由负转正，较上半年加快4.3个百分点。其中，铁路运输业增长45.3%，航空运输业增长30.1%，水利管理业增长27.7%，分别较上半年加快10.7个、7.1个和7.6个百分点。

民间投资活力持续增强。一系列投资促进政策出台实施，有力地激发了社会投资活力。2024年前三季度，全省民间投资同比增长7.3%，高于全国7.5个百分点，拉动全省投资增长2.9个百分点。其中，工业民间投资同比增长9.0%，基础设施民间投资增长10.4%，房地产开发民间投资下降3.1%。

大规模设备更新效果持续显现。2024年前三季度，全省设备工器具购置投资增长6.7%，工业企业技术改造投资增长11.2%，汽车制造业，铁路、船舶、航天和其他运输设备制造业，专用设备制造业等重点行业工业技术改造投资增速超过30%。

（六）消费市场稳定增长

2024年前三季度，全省实现社会消费品零售总额8132.96亿元，同比增长4.4%，高于全国平均水平1.1个百分点（见图6）。其中，限额以上企业（单位）消费品零售额同比增长4.3%。随着以旧换新政策深入推进，市场销售额有所回升。按经营单位所在地分，城镇消费品零售额同比增长4.3%，乡村消费品零售额同比增长5.1%，乡村消费品零售额增速高于城镇0.8个百分点。按消费形态分，餐饮收入896.77亿元，同比增长3.6%；商品零售额7236.19亿元，同比增长4.5%，商品零售额增速快于餐饮收入0.9个百分点。

2024年前三季度，基本生活类消费加快增长，吃类商品需求稳中有升，商品零售额同比增长8.2%。其中，粮油、食品类商品同比增长7.7%，饮料类同比增长11.5%，烟酒类同比增长8.0%，三者共同拉动限额以上企业（单位）消费品零售额增长1.3个百分点；日用品类商品同比增长16.5%，拉动限额以上企业（单位）消费品零售额增长0.5个百分点。在消费品以

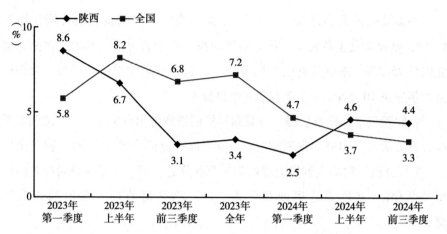

图6　2023年、2024年前三季度陕西和全国社会消费品零售总额增速比较

旧换新政策等因素带动下，升级类商品消费需求快速释放，其中，通讯器材类商品同比增长28.7%，体育、娱乐用品类同比增长15.2%，高能效等级家电商品同比增长10.4%，三者共同拉动限额以上企业（单位）消费品零售额增长0.8个百分点。

线上销售较快增长。2024年前三季度，全省限额以上企业（单位）通过公共网络实现的商品销售额同比增长16.6%，拉动限额以上消费品零售额增长3.0个百分点；占限额以上消费品零售额的比重为20.0%，较上年同期提高3.2个百分点。

2024年前三季度，陕西11个市（区）社会消费品零售总额增速高于全省平均水平的有9个，铜川、咸阳、汉中列前三位，分别增长7.9%、7.4%和7.2%，西安、延安、商洛列后三位，分别增长2.4%、2.8%和4.9%（见图7）。

（七）对外贸易快速增长

2024年前三季度，全省进出口总额3372.41亿元，同比增长14.0%，高于全国8.7个百分点，增速居全国第三。其中，出口总额2277.99亿元，同比增长19.4%，高于全国13.2个百分点；进口总额1094.42亿元，同比

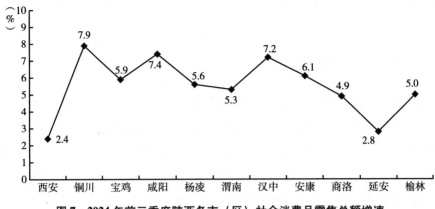

图7 2024年前三季度陕西各市（区）社会消费品零售总额增速

增长4.2%，高于全国0.1个百分点（见图8）。累计实现贸易顺差1183.57亿元。对共建"一带一路"国家进出口快速增长，同比增长22.9%，占进出口总额的比重为56.0%；对中亚五国进出口增长58.8%。

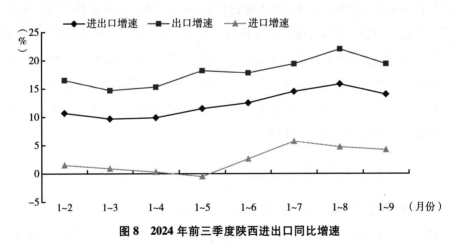

图8 2024年前三季度陕西进出口同比增速

2024年前三季度，全省加工贸易进出口总值1606.7亿元，同比增长21.4%。一般贸易进出口总值1270.7亿元，同比增长0.04%。保税物流进出口总值428.6亿元，同比增长42.9%。

2024年前三季度，全省新设外商投资企业391家，同比增长43.2%，

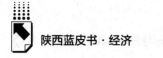

外资投向主要分布在服务业、批发零售业、制造业等领域，制造业外资项目数增长44.4%。

（八）财政收支保持稳定

2024年前三季度，全省一般公共预算收入2517.53亿元，按可比口径同比增长2.2%，其中各项税收1986.98亿元，同比下降2.5%；非税收入530.55亿元，同比下降10.1%。全省一般公共预算支出5326.28亿元，同比增长0.6%，其中社会保障和就业支出同比增长10.5%，城乡社区事务支出同比增长10.6%，交通运输同比增长7.7%。

（九）居民消费价格平稳运行

2024年前三季度，陕西居民消费价格总水平与上年同期持平，比全国平均水平低0.3个百分点。9月，陕西居民消费价格同比上涨0.6%。其中，食品价格上涨3.5%，影响CPI上涨约0.59个百分点，非食品价格与上年持平；消费品价格上涨0.5%，服务价格上涨0.7%。八大类价格同比"五涨一降二平"。食品烟酒价格上涨2.2%，影响CPI上涨约0.6个百分点；其他用品及服务价格上涨2.7%；教育文化娱乐价格上涨2.7%；衣着价格上涨0.2%；生活用品及服务价格上涨0.1%；交通通信价格下降3.4%；居住价格和医疗保健价格与上年持平。

（十）城乡居民收入稳定增长

2024年前三季度，全省居民人均可支配收入25653元，同比名义增长5.6%，高于全国平均水平0.4个百分点；扣除价格因素，实际增长5.6%，高于全国0.7个百分点。

分城乡看，城镇居民人均可支配收入35669元，同比增长4.8%，高于全国0.3个百分点；扣除价格因素，实际增长4.8%，高于全国0.6个百分点。农村居民人均可支配收入13576元，同比增长7.1%，高于全国0.5个百分点；扣除价格因素，实际增长7.1%，高于全国0.8个百分点。陕西农村居民人均可支配收入增速快于城镇 2.3 个百分点（见图 9），城乡居民人均可支配收入比为 2.63，较上年同期缩小 0.06。

2024 年前三季度，陕西居民人均工资性收入 13835 元，同比增长 6.3%，占可支配收入的比重为 53.9%；人均经营净收入 2991 元，同比增长 7.3%，占可支配收入的比重为 11.7%；人均财产净收入 1700 元，同比增长 0.9%，占可支配收入的比重为 6.6%；人均转移净收入 7127 元，同比增长 4.7%，占可支配收入的比重为 27.8%。

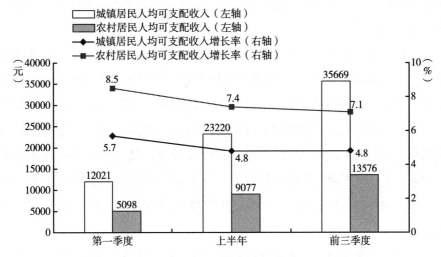

图 9　2024 年前三季度陕西城乡居民人均可支配收入比较

二　2024年陕西经济运行的亮点

当前，世界百年变局全方位、深层次加速演进，我国经济回升向好、长期向好的基本趋势没有改变，经济发展的强大韧性和巨大潜力没有改变。陕西经济运行持续回升向好，积极因素累积增多，呈现总体平稳、质效齐升的良好态势。总体来看，政策效应不断显现，有利因素进一步集聚，高质量发展扎实推进。

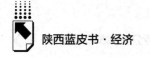

（一）经济运行稳中有进，生产供给积极向好

稳增长效果显现，主要经济指标增速加快。2024年前三季度，陕西地区生产总值同比增长4.6%，较上半年加快0.3个百分点。规上工业增加值增速达到2023年以来最高水平，前三季度增长7.5%，较上半年加快0.2个百分点，高于全国1.7个百分点。固定资产投资增速逐月加快，前三季度增长3.7%，较上半年加快1个百分点，高于全国0.3个百分点。社会消费品零售总额增长4.4%，高于全国1.1个百分点，高出全国幅度较上半年进一步扩大。

三次产业稳定增长，生产供给稳步提高。2024年前三季度，农林牧渔业总产值同比增长3.1%，农业生产总体平稳，畜牧业稳定恢复。其中园林水果、蔬菜及食用菌产量稳定增长；猪牛羊禽肉供应稳定，羊肉产量同比增长7.3%，猪肉产量、生猪出栏数降幅均较上半年收窄。第二产业增加值同比增长6.0%，高于生产总值增速1.4个百分点，对生产总值贡献率达到56.2%，工业发挥着经济稳定运行的"压舱石"作用，对经济增长支撑有力。服务业增加值同比增长3.6%，年内增速逐季加快，现代服务业较快发展。

三驾马车协同发力，发展基础坚实稳固。消费升级步伐加快，消费需求有效释放，限额以上企业（单位）消费品零售额增速自2024年第三季度以来持续高于全国平均水平，前三季度同比增长4.3%，高于全国2个百分点。有效投资持续扩大，结构持续优化，工业投资支撑有力，同比增长12.0%，拉动全部投资增长3.4个百分点；代表实物工作量的建安投资同比增长3.4%，拉动全部投资增长2.5个百分点；项目投资同比增长5.1%，增速较上半年加快1.1个百分点。对外贸易较快增长，进出口总额连续5个月保持两位数增长，2024年中欧班列（西安）累计开行量超过4900列，同比增长25.1%，开行规模不断扩大，通道能力持续扩充，开行量、货运量、重箱率等核心指标稳居全国前列。

（二）经济结构优化升级，发展韧性持续提升

从产业结构看，具有陕西特色的现代化产业体系不断完善，新质生产力加快发展。装备制造业生产加快，2024年前三季度同比增长3.3%，较上半年加快0.3个百分点；高技术制造业增加值同比增长2.2%，较上半年加快1.2个百分点。其中，汽车制造业带动力强，增速加快2.5个百分点，拉动规上工业增长0.7个百分点。现代服务业增势较好，以租赁和商务服务业、科学研究和技术服务业为代表的现代服务业增速均高于全部服务业增速，前三季度增加值分别同比增长11.2%、5.3%。战略性新兴产业持续壮大，陕西全力打造万亿级战略性新兴产业集群，前三季度全省战略性新兴产业增加值占GDP比重为10.6%，同比增长3.5%。受企业转型升级、产品调整、订单波动变化等因素影响，战略性新兴产业发展稳中趋缓。从九大战略性新兴产业来看，高端装备制造产业、节能环保产业、生物产业、新一代信息技术产业、新能源汽车产业保持增长态势，增速分别为3.1%、8.7%、5.2%、4.9%和0.3%。

从投资结构看，重点领域增长加快，投资活力稳步增强。2024年前三季度，工业投资占比提高，占全部投资的31%，较上半年提高0.3个百分点；基础设施投资占全部投资的比重为22.3%，同比增长1.3%；民生补短板投资持续较快增长，电力、热力、燃气及水生产和供应业，教育，文化、体育和娱乐业等领域投资增速均超过10%。

从消费结构看，2024年前三季度，升级类商品零售额两位数增长，其中，通讯器材类、体育娱乐用品类、高能效等价家电商品同比分别增长28.7%、15.2%和10.4%。网络消费占比提升，前三季度全省通过公共网络实现的商品销售额占限上消费品零售额的20%，较上年同期提高3.2个百分点。

（三）经济发展质效提升，内生动力不断积蓄

技术自主创新加快推进。陕西依托秦创原创新驱动平台，加快科技成果

向现实生产力转化。全省高校、科研院所等单位深入实施科技成果转化"三项改革"，截至 2024 年 9 月，全省试点改革单位扩大至 157 家，单列管理科技成果 9.3 万项，完成科技成果转移转化 2.5 万项。

数实融合逐步深化。2023 年陕西数字经济规模达到 1.4 万亿元，占GDP 比重超过 40%。陕西加快推进产业数字化，千行百业数字化转型全面推进。法士特工业互联网平台、领充云平台入选国家数字化转型工程（试点）。

生产经营积极活跃。"五上"企业总量稳步壮大，积极推进"一件事"改革，着力政务服务环境和营商环境"双提升"，截至 2024 年 9 月末，全省"五上"企业 33703 家，较上年同期增加 2567 家，同比增长8.2%。

信贷投放持续加力，坚持加大金融对实体经济的支持力度。2024 年 9月末人民币贷款余额增速高于全国平均水平 0.18 个百分点，普惠小微贷款、制造业中长期贷款、民营企业贷款增速均超过 10%。

（四）政策红利持续释放，积极因素累积增多

2024 年，"两重""两新"等政策加速落地，金融、财政、房地产等领域新政策密集出台，存量政策和一揽子增量政策效应叠加释放。截至 2024年 9 月，政策实施有效促进了产业发展，能源工业增加值一直保持 9% 左右的快速增长，非能源工业增加值增速创年内新高；建筑业总产值同比增长2.3%，较上半年加快 3.7 个百分点。内需潜力有效释放，设备工器具投资增长 6.7%，高于全部投资 3 个百分点；基础设施投资扭负为正，增长1.3%；新能源汽车、1 级 2 级能效家电等升级类商品零售保持两位数快速增长。市场活力有效提振，民间投资同比增长 7.3%，增速高于全部投资3.6 个百分点，拉动全省投资增长 2.9 个百分点，工业民间投资和基础设施民间投资分别增长 9.0% 和 10.4%；商品房销售面积降幅较上半年收窄 2.8个百分点。

三 2024年陕西经济发展面临的国内外环境分析

（一）国际经济发展环境分析

1. 复苏与转型并行

全球经济在经历数年的波动后，逐渐显现出复苏的态势。各国政府纷纷采取积极措施，刺激经济增长，促进就业。然而，全球经济仍面临诸多挑战，如供应链中断、通货膨胀压力以及债务水平高企等。在此背景下，全球经济转型成为不可逆转的趋势。各国正加大在数字经济、绿色经济等领域的投入力度，以期通过技术创新和产业升级，提升经济竞争力和可持续发展能力。同时，区域经济合作和全球贸易体系的完善，也为全球经济的复苏与转型提供了有力支撑。

2. 全球贸易投资增长乏力

国际贸易与投资增长仍面临较大下行压力。受高通胀、高利率、美元升值以及地缘政治等因素影响，国际贸易增长放缓。地缘政治也造成全球供应链的分化，进而影响全球贸易和投资活动。

3. 全球通胀大幅缓解

在主要发达经济体持续收紧货币政策的背景下，全球通胀的严峻形势大幅缓解。根据国际货币基金组织（IMF）2024年10月发布的《世界经济展望报告》，全球通胀形势好转，预计全球平均通胀率将从2023年的6.7%降至2024年的5.8%和2025年的4.3%。从平均通胀率水平来看，2024年，全球有超过一半的经济体核心通胀率并没有下降，显示出核心通胀率仍具有较强的韧性。因此，通胀仍将是大多数国家面临的挑战。

4. 科技创新引领未来发展

科技创新继续成为推动全球发展的重要动力。人工智能、量子计算、生物技术、新能源等前沿领域取得了一系列重大突破，为人类社会带来了前所未有的变革。科技创新不仅提升了生产效率和生活质量，还为解决全球性挑战提供了新思路和新方法。通过大数据分析和人工智能技术，人类可以更有效地应对气候变化等全球性问题。同时，科技创新也催生了新的产业和商业模式，为全球经济的复苏与转型注入新的活力。

2024年，世界经济继续温和复苏，不同地区间的分化仍然十分明显，风险和挑战依然存在，经济动力有待增强。2025年，世界经济仍将展现出较强韧性，传统经济增长动能正在积聚，一些积极有利因素正在增多，技术创新和数字经济的发展为全球经济增长提供了新的动力，但经济下行风险仍在增加。通过加强国际合作和推动可持续的包容性增长，全球经济有望实现更稳健和可持续的发展。

（二）国内经济发展环境分析

1.宏观调控政策持续发力

面对复杂多变的国内外环境，我国加强宏观调控政策持续协同发力，一揽子增量政策效果逐步显现，经济运行中的积极因素增多、动能持续增强，显示出稳中有进的向好态势。

统筹消费、投资，助力内需回暖。2024年，我国大力实施"两重""两新"政策，激发内需潜力，有效拉动经济增长，是推进经济高质量发展的一项重要举措。政策实施以来成效显著，在"两重"建设的带动下，重点领域投资保持较快增长。前11个月，基础设施投资同比增长4.2%，增速比全部投资高0.9个百分点。在大规模设备更新政策的带动下，需求潜力有力释放，设备购置投资实现较快增长。前11个月，设备工器具购置投资同比增长15.8%，增速比全部投资高12.5个百分点，对全部投资增长的贡献率达到65.3%，成为扩大投资的重要支撑因素。各地以旧换新政策陆续落地，带动重点消费品销售额明显上涨，升级绿色类消费需求持续释放。11月，家用电器和音像器材类中的高能效等级和智能家电零售额保持两位数增长，新能源乘用车零售量同比增长50.5%。我国将更大力度支持"两重"项目，增强经济中长期发展后劲。加力扩围实施"两新"政策，将设备更新支持范围扩大至电子信息、安全生产、设施农业等领域。

扎实推进高水平对外开放。2024年3月，国务院办公厅印发《扎实推进高水平对外开放更大力度吸引和利用外资行动方案》，12月举行的中央经济工作会议特别强调了"扩大高水平对外开放，稳外贸、稳外资"，这为我国进一步全面深化改革、扩大高水平对外开放指明了方向。高水平对外开放是加快推进中国式现代化的必然选择，在全面对外开放中不断增强我国经济增长动能和国际竞争力。提升贸易投资合作质量和水平，推动自由贸易试验区提质增效，不断推进高质量共建"一带一路"，积极搭建进博会、服贸会、消博会等国际合作平台，吸引更多外资进入中国市场。

2. 新质生产力加快培育

2023年7月以来，习近平总书记就新质生产力发表一系列重要论述，作出发展新质生产力的重大部署，引领和推动高质量发展取得新进展、新成效。我国正在建设现代化产业体系，新质生产力是以科技创新为主的生产力，是推动高质量发展的必然要求。顺应数字化、智能化、绿色化发展趋势，我国必须加快发展战略性新兴产业和未来产业，补齐短板弱项，加长长板强项，抢占未来产业竞争的制高点，加速科技成果向现实生产力转化，为我国经济高质量发展提供持久动力。

3. 贯彻落实党的二十届三中全会精神

党的二十届三中全会是在以中国式现代化全面推进强国建设、民族复兴伟业的关键时期召开的一次十分重要的会议，全会审议通过的《中共中央关于进一步全面深化改革、推进中国式现代化的决定》是新时代新征程上推动全面深化改革向广度和深度进军的总动员、总部署，充分体现了以习近平同志为核心的党中央完善和发展中国特色社会主义制度、推进国家治理体系和治理能力现代化的历史主动，以进一步全面深化改革开辟中国式现代化广阔前景的坚强决心，充分释放了改革不停顿、开放不止步的强烈信号。牢牢把握"七个聚焦"改革目标、"六个坚持"重大原则以及各领域重大改革任务，围绕持续激发进一步全面深化改革内生动力，奋力谱写中国式现代化新篇章。

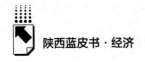

（三）陕西省内经济发展环境分析

中国共产党陕西省第十四届委员会第六次全体会议审议通过《中共陕西省委关于深入贯彻落实党的二十届三中全会精神进一步全面深化改革奋力谱写中国式现代化建设的陕西新篇章的实施意见》，部署当前和今后一个时期重点改革任务。全省以习近平新时代中国特色社会主义思想为指导，坚持稳中求进工作总基调，紧抓深入学习贯彻党的二十届三中全会精神和习近平总书记关于陕西工作的重要指示这个政治任务，紧抓推动高质量发展这个首要任务，紧抓构建新发展格局这个战略任务，紧抓保障和改善民生这个重大任务，紧抓安全发展这个底线任务，紧抓党纪学习教育这个党建重点任务，推动各项工作取得新进展新成效。

以进一步全面深化改革谱写陕西新篇、争做西部示范。坚持扬优势、育新机、补短板、守底线，突出深化"三个年"活动和大力发展县域经济、民营经济、开放型经济、数字经济的主攻方向，紧紧围绕推动升级经济体系和激发市场活力更好结合、科技创新和产业创新深度融合、新型城镇化和乡村全面振兴协调发展、物质富足和精神富有互促并进、生态本底保护和生态价值转换协同增效、高质量发展和高水平安全良性互动，为高质量发展、现代化建设提供强大动力和制度保障。

四 2025年全省宏观经济发展基本面预测

2024年，国际环境复杂严峻，国内经济持续恢复向好，陕西经济延续恢复态势，经济回升的有利条件不断累积，高质量发展迈出坚实步伐。2024年前三季度，陕西突出做好稳增长、稳就业、稳物价等各项工作，地区生产总值增速为4.6%。2025年陕西不断增强经济增长内生动力，预计增速将在5.0%左右。

（一）规模以上工业增加值

2024年前三季度，陕西规模以上工业增加值同比增长7.5%。陕西大力促进工业稳增长，针对重点行业出台一批精准管用的新政策，以"链长制"为重要抓手，扎实推动重点产业链群"百亿提升、千亿跨越、万亿壮大"，预计2025年全省规模以上工业增加值增速在8.0%左右。

（二）全社会固定资产投资

2024年前三季度，陕西固定资产投资同比增长3.7%。陕西深化拓展"三个年"活动，抢抓"两重""两新"政策机遇，加力保障高质量项目建设，预计2025年全省全社会固定资产投资增速在5.0%左右。

（三）社会消费品零售总额

2024年前三季度，陕西社会消费品零售总额同比增长4.4%。为持续恢复和扩大消费，贯彻落实《推动消费品以旧换新行动方案》，陕西省出台了《陕西省持续扩大消费若干措施》，随着"两新"政策效应显现，预计2025年全省社会消费品零售总额增速在6.0%左右。

（四）外贸进出口总额

2024年前三季度，陕西外贸进出口总额同比增长14.0%。陕西省印发了《中国（陕西）自由贸易试验区提升战略行动方案（2024—2027年）》，通过加强开放通道和平台功能整合、提升对外开放层级、服务共建"一带一路"、促进产业升级与创新以及优化营商环境等方面的努力，陕西高水平对外开放深入推进。预计2025年全省外贸进出口总额增速将在14.0%左右。

（五）地方财政收入

2024年前三季度，陕西地方财政收入同比增长2.2%。预计2025年全省地方财政收入增速将在3.0%左右。

（六）城乡居民可支配收入

2024年前三季度，陕西城乡居民可支配收入分别增长5.3%和7.6%。陕西深入实施"千村示范、万村提升"工程，把发展县域经济作为缩小

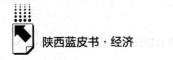

"三大差距"、逐步实现共同富裕的战略抓手，着力推动城乡产业深度融合，2025年全省城乡居民收入将稳步增长。

五 2025年陕西经济高质量发展的对策建议

2025年，陕西应坚持以习近平新时代中国特色社会主义思想为指导，全面贯彻落实党的二十大和二十届二中、三中全会精神及中央经济工作会议精神，深入学习贯彻习近平总书记历次来陕考察重要讲话重要指示精神，继续加快发展新质生产力，强化创新赋能，紧抓项目建设，激活消费潜力，扩大对外开放，优化营商环境等，奋力谱写中国式现代化建设的陕西新篇章。

（一）加快发展新质生产力，构建具有陕西特色的现代化产业体系

1.推动传统产业向中高端迈进

推进能源化工中下游产业发展，加大各类重点化工项目建设力度，推进能源化工产业延链补链强链。深入实施产业基础再造和重大技术装备攻关工程，针对重点产业链中核心基础零部件、核心电子元器件等，集中力量和资源攻关突破。推进发展冶金、化工、纺织等有产业基础、市场份额、发展前景的传统产业链，抢抓国家推动大规模设备更新和消费品以旧换新机遇，以智能化改造、高端化发展、绿色化转型为方向，开展产品创新、技术改造、质量提升行动，实现工艺升级、数字赋能、管理创新。

2.推动优势产业向链群式发展

围绕陕西省重点产业链建设，以链长制推进和集群式发展为着力点，持续释放"长板"效应。深入开展先进制造业集群建设行动，支持新能源汽车、太阳能光伏、输变电装备、航空产业链打造世界知名先进制造业集群。加快打造标志性产业链，实施一批补链固链强链重点项目，提升先进装备制造、石化及精深加工、新能源汽车、民用航空等产业链能级。推动园区化发展，激活产业链，聚链成群。培育壮大产业链关键企业，围绕集群主导产业，引导集群同行业企业兼并重组、上市融资，集聚一批核心技术能力突

出、引领产业发展、市场占有率高的"群主"企业、单项冠军和隐形冠军，提高行业主导力。打通产业链的堵点、痛点、断点、难点，在链式创新、链式招商、链式服务、链式发展上不断取得新突破。

3. 推动新兴产业向新质生产力跃迁

聚焦光子、人工智能、超导等重点领域，加大培育、投入和突破的力度，支持一批重点园区推进产业创新集群项目，率先在新领域新方向开发新技术新应用，推动具有战略性、基础性、先导性的新兴产业发展，加快形成新质生产力。谋划建设一批未来产业先导区和未来技术应用场景，打造新质生产力集群。抢占"新能源+储能"新赛道，推进新型储能规模化、产业化、市场化发展，建设多能互补的新型电力系统。

（二）强化创新赋能，壮大新质生产力的动力引擎

1. 提升企业创新能级

强化企业创新主体地位，以科技创新引领产业创新，促进形成龙头企业创新引领、中小企业快速成长、初创企业不断涌现的企业梯队，促进行业龙头企业和中小企业间的技术交流与研发协同。支持陕西省科技领军企业、"链主"企业深度参与科技创新决策，牵头承担或参与重大科技攻关任务，牵头组建实验室、共性技术研发平台等创新平台，让科技创新离企业更近、离产业更近。加强产业中试平台建设，围绕量子、生物、人工智能等前沿产业发展需求，布局一批中试平台，促进新技术落地转化和自主产品迭代升级。跟进实施科技型中小企业"登高、升规、晋位、上市"，培育更多创新能力强、发展潜力大的科技型企业。

2. 完善科创服务体系

加快打造集科研培训、产业孵化、商务配套、创新服务等于一体的科创孵化体系，推动共建产学研创新联盟等综合创新平台。建立秦创原科创服务站，建强科技经纪人队伍，指导企业揭榜挂帅、参与重大项目科研创新。打造具有信息共享、人才引进等功能的公共服务平台，促进大中小微企业协同创新、共同发展。大力发展科技金融，壮大股权融资规模，加大金融对科创

早期母基金、专项基金的支持力度，支持专业化平台实现对科技型小微企业的"精准滴灌"。探索债权融资模式，完善银行、金融机构等与创业投资企业的投贷联动、投保联动机制，加强创业投资企业与金融机构的市场化合作。

3. 营造良好创新生态

支持民企与高校加强合作，探索校招企用、政招企用人才引进模式，为民企吸引更多科创人才。完善人才培养、引进、使用、合理流动的工作机制，创新多元化资金供给，提升人才资源要素配置效能，吸引业界头部科研机构及诸多人才落户发展。深化拓展科技成果转化"三项改革"覆盖面，促进科创成果及时、高效应用到产业项目上。持续优化营商环境，完善科技惠企政策直达快享机制，加大企业研发投入奖补激励力度。

（三）紧抓项目建设，发挥经济稳增长"压舱石"作用

1. 抢抓机遇布局项目

围绕重点行业设备大规模更新，推进技术改造投资工程，实施一批生产制造方式转型升级示范项目，积极争取更多项目列入国家技术改造和设备更新再贷款项目，提升陕西省工业企业设备现代化水平。聚焦国家优化重大生产力布局战略机遇，一些主要布局在东部沿海地区的"重大生产力"将会向中西部迁移，应积极谋划承接梯度转移的产业项目，推动苏陕协作项目升级，促进两地在产业、技术、人才等方面的深度合作。超前布局新型基础设施项目，加快构建高速泛在、集成互联、安全高效的信息基础设施和网络化、智能化、协同化的融合基础设施体系。

2. 把握前沿招引项目

以加快推进西安"双中心"建设为契机，围绕硬科技产业、科技金融、总部经济、现代服务等多个领域，招引高质量产业项目、基金项目、重大科创平台项目落户，助力产业链不断向高端迈进。加快沣西人工智能产业园在智能交通、智能制造、智慧建管等领域筑巢引凤，在半导体、数控机床和人工智能产业链上，借助秦川集团、三一集团等龙头企业带动作

用，聚合一批掌握关键核心技术和创新能力的研发生产型企业，加速产业集群布局。

3. 创新机制服务项目

建立项目"全生命周期"服务机制和"招推服"一体化工作机制，推动项目早落地、早见效。建立月评审、月调度工作机制，联合科技、工信、自然资源、统计等部门，协同为各板块项目推进提供服务。树立"用户思维"，提升专业能力，运用数字化手段为板块和项目导入更多资源，更好赋能重大项目建设发展。

（四）激活消费潜力，释放内需的牵引动能

1. 有效推进消费品以旧换新

通过以旧换新激活消费市场，推动智能网联新能源汽车、绿色智能家电、智能家居等新型消费快速成长。打通二手回收链条，形成"评估—补贴—换新—回收—再处理"的循环模式，保证服务质量，简化流程，让消费者轻松参与。发挥互联网平台优势，进一步整合线上线下资源，在特定区域试行一站式便民换新服务，发展"互联网+上门回收"等新型模式，逐步推广至更多区域，提升换新的便利性。

2. 活跃商贸商圈消费环境

丰富陕西省商业业态，全力打造智慧商圈、商业综合体、步行街区，实施业态更新，鼓励传统商业拓展户外市集、沉浸式消费等消费新场景。推动商业综合体传统项目转型升级，加大总部型、首店、连锁店等商贸企业招引力度，力争引进层次高、效益好、带动力强的现代商贸项目。加快一刻钟便民生活圈试点拓展升级，持续推进步行街改造提升、夜间经济示范街区创建等，进一步激发消费市场潜力，更好地满足群众的新消费需求。

3. 加快提升消费能级

聚焦汽车、家电、家居等大宗商品和餐饮、娱乐、文旅、体育赛事等重点领域，积极增加优质供给，同时创新消费场景，促进绿色、健康、

智能、时尚等新消费，培育新的消费增长点，加快推动消费市场进入消费升级、模式创新的快车道。推动文旅体商融合共进促消费，加快"景区+街区+园区+社区"整体联动，培育高品质文商旅消费聚集区。建设数字博物馆、数字景区，打造元宇宙新产品新空间，积极应用数字新场景。探索体育产业发展新模式，将体育赛事搬进景区、街区、商圈，用体育活动充分挖掘和撬起陕西文旅的存量资源，为景区赋能增效，刺激旅游消费。

（五）扩大对外开放，巩固外贸外资基本盘

1. 在打造外贸竞争优势上实现新突破

加大外向型企业的培育力度，引导优势企业带动上下游企业联合"抱团出海"，拓展海外布局。巩固半导体、光伏、新能源汽车等优势产品出口态势，培育特色农产品等出口增长点。聚焦半导体及集成电路、数控机床、机械制造等重点领域，依托境外招商引资活动和展会，强化与德国、美国、日本等国家产业合作。推动品牌企业的优质产品通过跨境电子商务扩大出口，支持有较高知名度与较强国际市场拓展活力的企业在跨境电子商务领域不断做大做强，提升品牌国际影响力。提升国际贸易服务效能，加快打造"投资中国·选择陕西"品牌。

2. 在提升平台能级上实现新突破

加快各类平台融合发展，进一步释放各类平台在招商引资、产业集聚、服务企业等方面的载体作用。培育区域特色平台，提升榆林能源化工、宝鸡钛产业等展览交易平台能级。深入实施陕西自贸试验区提升战略，形成国家级创新成果和创新案例进行推广。发挥自贸试验区的制度创新优势，解决制约集成电路、光伏、高端装备制造等特色产业发展的难点、堵点，推动全产业链创新发展，着力打造特色鲜明、具有国际影响力的优势产业集群。

3. 在拓展通道建设上实现新突破

提升中欧班列（西安）集结中心辐射带动能级，提升跨境物流保障能力，着力打造效率更高、成本更低、服务更优的国际贸易大通道，吸引产业

向陕西省聚集。支持中欧班列"新能源汽车出口专列"常态化开行，帮助企业降本增效。丰富对外开放路径，打造连通世界的高能级"空中通道"。发挥通道产业集聚优势，打造枢纽经济发展前沿。加强与长江经济带、粤港澳大湾区的协作，构建陆海新通道跨境电商产业联盟。深化通道信息平台建设，促进产贸降本增效。深化国际贸易"单一窗口"建设，推动区域内货运电子单和信息共享互认。

（六）优化营商环境，促进民营经济发展壮大

1. 充分提振市场主体信心

加强政策宣传、政策解读、政策指导等服务，完善全省涉企政策发布及服务平台，经常性举办政策培训班，走进企业解读政策，有针对性地开展大企业大集团和产业链链主企业、专精特新企业、个体工商户等不同群体、不同需求的政策精准解读，分类分层多维指导民营企业理解把握相关政策。加强各类涉企政策的全面、及时、精准实施，确保政策的连续性和稳定性，切实解决好政策落地"最后一公里"，真正让惠企政策措施能够深入人心、落地见效。发挥好商会、协会等社会组织的平台作用，积极开展各类赋能企业发展的活动，在产业对接、行业智库、用工信息等方面加强联系指导，提振民营企业信心。

2. 优化服务环境

提升政务服务"一网通办"能力，加快数字政府建设。结合不同企业需求和痛点难点堵点，推动服务模式创新，探索精准"靶向服务"。主动靠前服务，及时化解企业经营中面临的审批、资质认定和市场拓展等一系列问题，推动惠企政策直达快享，大力提振市场信心。开辟绿色通道，为新开办企业提供方便快捷的准入渠道。营造公平的竞争环境，赋予民营经济主体与公有制经济主体平等的市场待遇，让民营企业有机会参与重点项目、重点产业链建设。

3. 改善融资环境

积极为中小民营企业搭建投融资服务平台。围绕专利权、注册商标专用

权质押贷款，组织知识产权质押融资惠企专项对接，更大力度推动商标质押融资助企纾困。大力推动"金融驿站"进街道、行政服务大厅、园区和银行网点，推动线上线下协调联动，为中小企业提供一站式普惠金融服务。积极发展微型金融，丰富小微信贷产品，满足小微经济体"短、频、急、快"的融资需求。

经济运行篇

B.2

2024年陕西农业农村经济形势分析
与2025年预测

赖作莲[*]

摘　要： 2024年，陕西学习运用浙江"千万工程"经验，加快推进乡村
全面振兴，全省农业农村经济运行平稳。粮油生产形势较好，蔬菜生产保持
增长，果品产销两旺，畜牧业生产总体稳定，农产品价格总体平稳趋涨，农
村居民收入较快增长。"千万工程"让村庄焕发新魅力，"吨粮镇""吨粮
村"创建成效显现，数字乡村建设多点开花，生态产品价值实现路径不断
拓展。但也存在农业新质生产力发展面临困难、农业社会化服务水平亟待提
升、农村居民经营性收入增长放缓等问题和短板。应加快培育农业新质生产
力，大力发展农业社会化服务，加快发展乡村新产业新业态，不断激发农民
增收新动能。预计2025年，粮食有望保持稳产增产，畜禽产量有望保持平
稳，蔬菜产量有望继续增长，水果有望量质双增。

　* 赖作莲，博士，陕西省社会科学院农村发展研究所副研究员，主要研究方向为农村经济管
理、乡村治理。

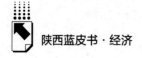
关键词： 农业农村　粮食产量　数字乡村　新质生产力　陕西千万工程

2024 年，陕西学习运用浙江"千万工程"经验，加快推进乡村全面振兴，锚定建设农业强省目标，推进"七个提升工程"，全省农业经济运行平稳。根据地区生产总值统一核算结果，2024 年前三季度，全省实现地区生产总值 24781.13 亿元，按不变价格计算，同比增长 4.6%，第一产业增加值 1244.32 亿元，同比增长 3.1%[1]；全省农林牧渔业总产值 2324.4 亿元，同比增长 3.1%[2]。

一　2024年陕西农业农村经济运行的总体情况

（一）粮油生产形势较好，粮食产量再上新台阶

2024 年，粮食稳产增产。粮食总产量 1352.29 万吨，较上年增加 28.63 万吨，增长 2.16%；粮食单位面积产量 297.35 公斤/亩，较上年增加 5.44 公斤/亩，增长 1.86%。夏粮实现恢复性增长，夏粮产量 467.43 万吨，较上年增加 3.7 万吨，增长 0.8%；夏粮单产 292.03 公斤/亩，较上年增加 8.35 公斤/亩，增长 2.94%。秋粮产量 884.86 万吨，较上年增加 24.93 万吨，增长 2.9%；秋粮单产 300.24 公斤/亩，较上年增加 3.69 公斤/亩，增长 1.24%。[3]

2024 年，油料作物喜获丰收。全省油菜籽面积 278.03 万亩，增长 1.7%；油菜籽单产 148 公斤/亩，增长 2.1%；油菜籽产量 41.19 万吨，增

---

[1] 《2024 年前三季度陕西 GDP 超 24781 亿元　同比增长 4.6%》，http://news.cnwest.com/sxxw/a/2024/10/27/22842617.html，最后访问日期：2024 年 10 月 27 日。

[2] 《农业生产总体平稳　全年粮食丰收在望》，https://tjj.shaanxi.gov.cn/tjsj/tjxx/qs/202411/t20241107_3161386.html，最后访问日期：2024 年 12 月 13 日。

[3] 《2024 年陕西粮食总产量 1352.29 万吨》，《陕西日报》2024 年 12 月 18 日。

长 3.7%①。油料种植补贴增加和撂荒地治理力度加大，促进了果油套种面积的增加。粮油单产提升工程的推进，良种覆盖率的快速提高，良技、良法的持续推广，助力油菜籽单产水平提高。

（二）蔬菜生产保持增长，果品产销两旺

2024 年，蔬菜生产保持增长。陕西省以增加"菜篮子"产品供给总量为目标，加大设施蔬菜供给，蔬菜反季节和周年供应能力不断提高。前三季度，蔬菜及食用菌产量 1668.12 万吨，增长 3.9%②。

2024 年，果品产销两旺。果树生长关键期雨量充沛，田间管理科学到位，病虫害发生率较低，果品生产形势较好，苹果、猕猴桃实现丰产。前三季度，园林水果产量 692.44 万吨，增长 5.3%③。时令水果持续热销，根据陕西省果业中心委托映潮科技大数据监测，2024 年前三季度，陕西水果网络零售额实现 149.84 亿元，同比增长 18.27%，增速较全国平均水平高 5.45 个百分点。其中鲜食水果 128.35 亿元，同比增长 18.23%，高出全国平均水平 6.29 个百分点④。凭借苹果、猕猴桃的销售，前三季度，陕西水果网络零售额位居全国第二。同时，苹果出口大幅增长，2024 年 1~7 月，全省鲜苹果出口数量 3.03 万吨，同比增长 63.78%⑤。

（三）畜牧业生产总体稳定，畜禽存栏有所下降

2024 年，生猪出栏、存栏均呈下降态势。前三季度，生猪出栏 825.82

① 《陕西上半年农业经济运行总体平稳》，https：//baijiahao.baidu.com/s? id = 18060053 16586054469&wfr=spider&for=pc，最后访问日期：2024 年 9 月 30 日。
② 《2024 年前三季度陕西 GDP 超 24781 亿元 同比增长 4.6%》，https：//news.cnwest.com/ sxxw/a/2024/10127/22842617.html，最后访问日期：2024 年 10 月 27 日。
③ 《农业生产总体平稳 全年粮食丰收在望》，https：//tjj.shaanxi.gov.cn/tjsj/tjxx/qs/202411/ t20241107_ 3161386.html，最后访问日期：2024 年 12 月 13 日。
④ 刘印：《前三季度陕西水果网络零售额实现 149.84 亿元》，《陕西日报》2024 年 10 月 23 日。
⑤ 《陕西省果业出口再创佳绩 鲜果出口量价齐升》，https：//cmstop.cloud.yanews.cn/p/ 203234.html，最后访问日期：2024 年 9 月 27 日。

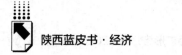

万头，同比下降 7.3%；9 月末，生猪存栏 843.21 万头，下降 7.9%①。受生猪出栏下降影响，上半年猪肉产量 48.9 万吨，较上年同期下降 5.4%。②

2024 年，牛羊禽肉供应充足，但存栏总体下降。上半年，牛出栏 28.5 万头，同比增长 12.6%；羊出栏 331.3 万只，同比增长 9.2%；禽出栏 2833.4 万只，同比增长 19.2%。受出栏大幅增长的影响，上半年，牛肉和禽肉产量同比分别增长 16.6% 和 18%，牛、禽存栏同比分别增长 15.7% 和 16.7%，只有羊存栏略增，同比增长 1.5%。③

（四）农产品价格总体平稳趋涨，牛羊肉价格走低

2024 年前三季度，粮油价格平稳运行，猪肉价格波动上行。陕西省发改委对全省 10 个设区市和韩城市、杨凌示范区重要商品市场价格监测数据显示，1~6 月后腿肉价格在 12.4~14.6 元/斤波动运行，其中 2 月和 6 月处于高位，价格在 14 元/斤以上；7~9 月后腿肉价格从 14.7 元/斤持续上涨至 16.5 元/斤。④ 由于 2023 年猪肉价格走低，因而除 2024 年 1 月价格同比下降外，此后价格均为同比上涨，特别是 7 月，周价格同比上涨均超过 26%。猪肉价格上涨，生猪养殖扭亏为盈，4 月以后猪粮比价越过盈亏平衡点，并持续上升，养殖户盈利颇丰。

2024 年前三季度，牛肉、羊肉价格呈现持续缓慢下跌态势。陕西省发改委对全省 10 个设区市和韩城市、杨凌示范区重要商品市场价格监测数据显示，牛肉周价从 1 月最高的 39.2 元/斤，逐渐下降到 4 月的 38 元/斤，到 6 月下降到 34.3 元/斤，6~9 月价格在 33.67~34.7 元/斤波动运行。受价格

① 《2024 年前三季度陕西 GDP 超 24781 亿元 同比增长 4.6%》，http://news. cnwest. com/sxxw/a/2024/10/27/22842617. html，最后访问日期：2024 年 10 月 27 日。
② 国家统计局陕西调查总队网站，https://snzd. stats. gov. cn/，最后访问日期：2024 年 12 月 23 日。
③ 国家统计局陕西调查总队网站，https://snzd. stats. gov. cn/，最后访问日期：2024 年 12 月 23 日。
④ 文中价格相关数据均来源于陕西省发展和改革委员会网站，https://sndrc. shaanxi. gov. cn/sy/xwxx/wndt/，最后访问日期：2024 年 11 月 20 日。

低位运行的影响，肉牛养殖户亏损较严重。羊肉周价从1月最高的36.76元/斤逐渐下跌，6月初跌至34.2元/斤，6~7月因市场需求减少，价格总体低位，周价平均33.8元/斤。8~9月周价在34~34.7元/斤稳定运行。前三季度，鸡蛋价格总体呈现U形走势，从年初的5.25元/斤逐渐下跌，3月初跌至低于4.5元/斤，3月至5月中旬价格在4.2~4.5元/斤运行，5月下旬开始波动上升，到7月初重回5元/斤，7~9月价格最高上涨至5.89元/斤。与上年相比，价格整体偏低，特别是3月中旬到5月中旬同比下降幅度超过20%。

（五）农村劳动力外出务工形势保持稳定，农村居民收入较快增长

农村劳动力外出务工形势较好。2024年第二季度外出务工农村劳动力604.9万人，较上年同期增长3.3%，其中住户中外出391万人，较上年同期增长4.5%。[①] 外出务工农村劳动力从业天数为77.3天，与上年同期基本持平；日均工资180.2元，较上年同期增长2%；月均收入4641.1元，较上年同期增长2.4%。

农村居民收入持续较快增长。2024年上半年农村居民人均可支配收入9077元，同比增长7.4%，增速高于全国平均水平0.6个百分点；也快于陕西省城镇居民收入增速2.6个百分点，城乡居民收入差距继续缩小，城乡居民收入比降至2.56，较上年同期缩小0.06。农村居民收入增长有力地促进了农村居民生活水平的提高。

二 2024年陕西农业农村经济发展的亮点

（一）"千万工程"让村庄焕发新魅力

2024年，陕西以"千万工程"引领乡村全面振兴，创建500多个"千

---

① 文中农村劳动力就业、农村居民收入的相关数据均来源于国家统计局陕西调查总队网站，https://snzd.stats.gov.cn/，最后访问日期：2024年11月25日。

万工程"省级示范村，打造产业强、农民富、环境美、农村稳的村庄。在陕西省委、省政府出台的《学习运用浙江"千万工程"经验加快建设彰显三秦风韵的宜居宜业和美乡村行动方案（2023—2027年）》和省委办公厅、省政府办公厅印发的粮食安全保障、特色现代农业发展、乡村建设行动、乡村振兴重点帮扶镇村发展等4个指导性文件，以及20多个省级部门制定的行业落实措施所形成的"1+4+N"政策框架体系的强力推动下，村庄呈现新面貌、焕发新活力。

榆林市神木市尔林兔镇西葫芦素村、汉中市南郑区汉山街道汉山村、安康市石泉县两河镇中心村等30个村，以发展休闲农业为突破口，做足"土特产"文章，较好地打通了"美丽乡村"向"美丽经济"的蝶变之路，入选首届陕西"魅力休闲乡村"。渭南市临渭区下邽镇葡萄景观、延安市宝塔区桥沟街道苹果公园景观、榆林市横山区响水镇无定河水稻景观、安康市汉滨区大竹园镇茶园景观等20处景观，以优美的田园风光与特色产业紧密结合，入选首届陕西"特色魅力田园"。

"千万工程"让乡村既有"颜值"又有"产值"。拥有"中国美丽宜居村庄""陕西省十大魅力乡村"称号的商洛市山阳县法官镇法官庙村，在实施"千万工程"过程中，借鉴国内村级特色体育赛事经验，依托优质自然风光，积极组织举办了"村级马拉松""插秧比赛"等特色活动，吸引了众多游客前来旅游打卡。具有"陕西省美丽宜居示范村"称号的西安市长安区李魏村在学习运用浙江"千万工程"经验中，改造提升乡村面貌，带动村内旅游，促进村集体经济收入增长。

（二）"吨粮镇""吨粮村"创建成效显现

2024年，陕西大力实施粮食单产提升行动。在推动16个国家单产提升整建制推进县建设的基础上，着力在粮食主产区打造一批"吨粮镇""吨粮村"。西安市高陵区张卜街道、扶风县午井镇、兴平市汤坊镇、渭南市临渭区官道镇、定边县堆子梁镇等5个镇荣获"吨粮镇"称号，西安市阎良区关山街道新义村、宝鸡市陈仓区慕仪镇洞坡村、乾县城关街道巨洲村、富平县宫里镇齐村、靖边县张家畔街道阳光村等 5 个村荣获"吨粮村"称号，西安市高陵区张卜街道东关村股份经济合作联合社、阎良区远航农机作业服务专业合作社获评"粮食单产提升种植能手"称号。"吨粮镇""吨粮村""粮食单产提升种植能手"对全省粮食产能提升具有重要的示范和带动作用，为全省广大地区争取实现粮食高产提供可复制、可推广的样板。

"吨粮镇""吨粮村"坚持以良田、良种、良机、良法、良制（简称"五良"）协同，推进粮食大面积单产提升。兴平市汤坊镇免费给全镇各村种粮村民发放良种，降低群众种植成本，提升农作物品质，助力农业增效增产、农民增收。同时，镇党委、政府统一调配农机具对各村耕地进行机耕机播、引水灌溉、除草施肥，解决散户各自为政播种效率低的问题，提高田间管理水平，有效加快了播种进度。临渭区官道镇坚持科学耕种管理，农技专家在田间地头"把脉问诊"，指导病虫害防治，积极推动高标准农田建设，做好水、渠、路配套。靖边县张家畔街道阳光村玉米增密度水肥一体化精准调控高产示范田块平均单产达 1350.36 公斤/亩，创陕西省玉米千亩连片单产历史最高纪录。[①]

（三）数字乡村建设多点开花

2024 年，安康市汉阴县、延安市吴起县和汉中市略阳县入选第二批国家数字乡村试点地区。汉阴县、吴起县以"领域特色型"入选试点，略阳县以"机制共建型"入选试点，将分别以"乡村数字文化""乡村数字惠民服务""东西部协作"为试点方向，探索数字乡村服务农业农村、赋能乡村振兴的经验和模式。

宝鸡市扶风县电子商务公共服务中心成功入选 2024 年全国县域直播电商中心。陕西齐峰果业有限责任公司、陕西新茂物流配送连锁有限公司入选 2024 年全国县域数字流通龙头企业。扶风县以国家电子商务进农村综合示

---

① 《种好"丰收田" | 毛乌素沙地边缘种出"吨粮田"》，《陕西日报》2023 年 11 月 29 日。

范项目为依托，建立多层级直播带货示范体系。陕西齐峰果业有限责任公司立足国家级（眉县）猕猴桃产业园，从事猕猴桃育苗、种植、储藏、销售等，年度营业额超5亿元，品牌价值3.56亿元。① 陕西新茂物流配送连锁有限责任公司不断探索数字化发展，推动"电子商务+物流配送"服务站点数字化、智慧化改造升级，拓宽农产品销售渠道。

咸阳市报送的"数字化助力美农运营效率提升——陕西美农网络科技有限公司"案例和西安市报送的"数字化推动猕猴桃流通蓬勃发展——西安盛果佳电子商务有限公司"案例，成功入选商务部流通业发展司印发的《全国县域数字流通龙头企业案例集》。陕西美农网络科技有限公司主要在网上运营西部的农副特产；西安盛果佳电子商务有限公司建立的中国猕猴桃网是国内第一个专门的猕猴桃电子商务平台，已成为一个为猕猴桃从业者提供多种服务的综合性门户网站。

（四）生态产品价值实现路径不断拓展

陕西坚持生态优先、绿色发展，各地因地制宜探索生态产品价值实现路径，将生态优势转化为经济优势，推动绿色成为高质量发展的底色。

商洛市生态环境优美、质量高，根据专业团队的核算，2023年商洛市生态产品总值（GEP）为1505.51亿元。② 2024年5月，商洛市入选首批国家生态产品价值实现机制试点名单。依托优美生态环境发展民宿和乡村旅游，发展民宿集群80多家，打造中国康养之都，建设全域旅游示范区，推动乡村变景区、民房变民宿、田园变景观。柞水县朱家湾村凭借世外桃源般的秀丽风光与丰富的历史古迹和非物质文化遗产的完美结合，入选2023年联合国世界旅游组织"最佳旅游乡村"，休闲农业、文化旅游、康体养生、

---

① 陕西省农业农村厅网站，https://nynct.shaanxi.gov.cn/，最后访问日期：2024年10月12日。

② 本节相关数据均来自《焦点访谈》20241015深改开新局 让生态"高颜值"变经济"高价值"，https://tv.cctv.com/2024/10/15/VIDEmtxOXiQb40Nz4yU5nwCY241015.shtml，最后访问日期：2024年11月28日。

民宿（农家乐）等产业为朱家湾村带来年均约 2.5 亿元的旅游综合收入。商洛还通过发展特色生态产品，推动生态产品价值实现。柞水县把小木耳做成大产业，2023 年，柞水县金米村种植木耳 600 万袋，产量 25 万余公斤，产值 2000 万元，人均可支配收入近 2 万元。除了柞水木耳，商洛在严格保护生态环境的前提下，加强各类特色生态产品的品牌培育和保护，全力打造商洛香菇、洛南核桃、秦岭泉茗、洛南豆腐、丹凤葡萄酒、秦岭冷泉鱼、源味山阳等一批特色鲜明的区域公用品牌。

汉中市探索"柔性治水"，推进综合治理，守护一江清水，依托良好的生态环境，发展"汉"字号、朱鹮牌绿色有机产品，持续壮大装备制造、现代材料、绿色食药等优势产业。咸阳市作为全国首批林业碳汇试点市，建设百万亩绿色碳库试点示范基地，积极推进林业碳汇交易试点，提升森林质量，助力"双碳"目标实现。

三　2024年陕西农业农村经济发展存在的主要问题

（一）农业新质生产力发展面临堵点、卡点

新质生产力作为符合新发展理念的先进生产力质态，能为全面推进乡村振兴和农业农村现代化提供强大动力。为推动农业农村经济高质量发展，必须加快培育发展农业新质生产力。但农业新质生产力发展还面临农业科技成果转化不足、基础设施存在短板和人才支撑不足等问题和困难。

陕西是科技大省，但长期以来科技成果转化不足，特别是农业科技成果转化更为不足，在乡村产业中，科技创新在第一产业的利用率与在第二、三产业的利用率存在较大差距。国家投入产生的农业科技成果多为公益性成果，农业科技成果与市场需求不匹配，影响科技成果转化的市场价值。当前尚未建立起有利于科技成果转化的创新生态，科技成果转化部门的协调机制不畅、专业化能力不适应科技成果转化的需要。科技成果转化形式突出表现为"一锤子买卖"，无法形成良性循环，从而抑制新质生产力产生的源头

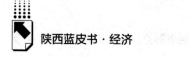

活水。

此外，交通、物流等乡村基础设施存在短板，资金投入不足，以及乡村数字人才、经营管理型人才、复合型人才短缺，也影响农业新质生产力的形成和发展。

（二）农业社会化服务还不适应农业现代化的要求

农业社会化服务通过为小农户提供更加高效、专业的服务，引领小农户进入现代农业发展轨道，有效破解"谁来种地"和"如何种好地"问题，推动农业现代化。陕西农业社会化服务发展取得积极进展，但是服务主体参与不足、服务供需失衡、农业社会化服务效率还亟待提升，与加快推进农业现代化的要求不相适应。

农业社会化服务应由各类专业公司、农民合作社、供销合作社、农村集体经济组织、服务专业户等多个主体提供，一些规模较大的家庭农场、种植大户，也能以拥有的各种农业机械为其他农户提供服务，各主体各展所长。但是，部分服务主体参与不足，多元参与、共同发展的局面未形成。一些服务项目以简单化招投标方式遴选服务主体，导致规模偏小、服务成本较低的主体难以与规模较大、整体实力更强的主体竞争，以致小规模服务主体参与不足，同时也可能助长规模较大的主体的投机行为。农村集体经济组织在提供社会化服务，特别是居间服务中具有特殊优势，但集体经济组织的服务作用发挥不足。

农业社会化服务模式创新不足、服务能力弱。农业社会化服务内容主要集中在种植、养殖等生产环节，服务内容较单一，难以满足农民技术咨询、市场营销、金融服务等多样化需求。

（三）乡村新产业新业态发展环境需进一步完善

乡村新产业新业态发展，有助于优化农村经济结构，为农民提供就业机会，促进农民增收，但发展环境需进一步完善。休闲农业和乡村旅游基础设施不完善，缺乏创新，趋于同质化。一些民宿住宿条件简陋，卫生不达标，热水供应不足等。一些项目由于产品和功能单一、配套不完善，游客停留时间较短，经营收入较低；甚至有些经营项目不可持续，面临倒闭。缺乏经营管理人才，一些民宿和休闲旅游项目经营管理较混乱，缺乏科学性、合理性，营销策略定位不准、知名度不高。服务人员缺乏专业培训，服务不专业，综合素质不高。

农村电商助农作用打折扣。农村电商蓬勃发展，手机成为新农具，直播成为新农活，数据成为新农资，乡村振兴内驱力正被激活、释放。大多数电商平台都根据农产品销售额提取一定比例的抽成，一些平台抽成比例过高，加大了农民平台费用支出，影响了农民通过农村电商获得收入。

（四）农村居民经营净收入增长放缓

农村居民经营净收入增长放缓，占人均可支配收入的比重偏低。2024年上半年，陕西农村居民经营净收入同比增速比人均可支配收入增速低2.9个百分点，比全国农村居民经营净收入同比增速低1.8个百分点；陕西农村居民经营净收入占人均可支配收入的比重为20.23%，比全国平均水平低7.48个百分点。影响农民增收的外部环境较为复杂，当前经济运行出现一些新的情况和问题，经济增长放缓、就业机会不足、部分农产品价格下跌和部分农资价格上涨等都对农民增收不利。

值得注意的是，肉牛、奶牛生产持续亏损对农民经营净收入的影响。2023年以来，全国牛肉、牛奶价格持续走低，养殖场普遍亏损、经营困难，肉牛、奶牛生产面临多年未遇的严峻形势。根据陕西省农业农村厅畜牧兽医局的监测数据，2024年陕西奶牛、肉牛养殖持续亏损。奶牛养殖自2024年2月开始出现亏损，2月每头母牛亏损203.28元，3月、4月亏损金额减少，但5月开始亏损金额又不断上升，5月每头母牛亏损193.91元，到8月每头母牛亏损321.14元。肉牛养殖从3月开始出现亏损，并且亏损金额不断增加。每出栏500公斤肉牛，3月，散养户亏损408.55元，规模场亏损580.79元；4月，亏损额骤增，散养户亏损1859.06元，规模场亏损

1702.05 元；6 月，散养户亏损 2394.76 元，规模场亏损 2798.79 元；此后亏损额有所下降，但都在 1400 元以上。

四　2025年陕西农业农村经济形势展望与预测

（一）粮食有望保持稳产增产

种子是农业的"芯片"，陕西在种业创新上不断发力，充分发挥杨凌种业创新平台的作用，先后培育了小麦"西农 979""西农 511"、油菜"秦优 1618"、玉米"陕单 609"等高产优质、耐密抗逆、节水宜机收的新品种。"西农 979"连续 10 年被列入黄淮麦区主推品种；"西农 511""秦优 1618"品种入选全国粮油生产主导品种，在西北五省区和黄淮地区示范推广面积年均超过 1.1 亿亩；"陕单 609"单产超过 1400 公斤/亩，刷新了全国玉米高产栽培纪录。加快培育国家级"育繁推"一体化种子企业，打造陕西种业发展龙头，提升企业竞争力。加大小麦宽幅沟播"3335"和玉米增密度"5335"高产高效集成技术模式推广力度，积极提高单产，打造"吨粮田"。2024 年 9 月，陕西省 2024 年第一号总田长令正式签发，明确要求压实耕地保护责任，加强高标准农田建设，落实耕地占补平衡，严格耕地用途管制，强化耕地督察执法，推动耕地共同保护，加强耕地保护宣传，确保全省耕地数量有增加、质量有提升、产能不降低。

单产提升和严格的耕地保护为粮食稳产增产提供了坚实保障，但不利气象条件和病虫害等因素仍将影响粮食生产。展望 2025 年，粮食产量将可能保持稳产增产。采用多元回归分析法，对 2025 年陕西粮食产量进行预测，以粮食播种面积、粮食生产价格、化肥施用量、极端天气和病虫害的发生概率为自变量，以粮食产量为因变量，建立回归预测模型。利用二阶自回归求取自变量的预测值。应用 Eviews6.0 软件进行预测，预测结果显示 2025 年粮食产量为 1385.2 万吨。

（二）畜禽产量有望保持平稳

2024年，陕西持续按照"稳猪、扩禽、大力发展牛羊"的总体思路，不断提高畜牧业规模化程度。建成400余个年饲养量5000头以上的生猪大型养殖场，生猪存栏量占全省比重在四成以上。持续推动万只养羊示范村、10万只养羊大镇（乡）建设，榆阳、横山、神木、定边、靖边5县已发展成为百万只养羊大县，规模养殖场的存栏量占全省比重超过六成。不断推进关中优质高产奶牛核心区和陕北新型奶牛产业板块建设。以奶山羊关中奶山羊黄金产业带、东部羊乳加工引领区、中部绿色优质奶源基地示范区、西部奶山羊良种繁育核心区协同，推进奶山羊全产业链发展。好邦、九丰源、富强宏图等大型肉禽养殖场落地投产。2024年，陕西以当下稳产能、长远促加工，对畜牧业产业链进行延链、补链、壮链。良好的产业基础为保障畜禽产品的稳定供给奠定了基础。2024年生猪、猪肉价格上涨，养殖户盈利较多，有利于吸引养殖户扩大规模。

但是猪存栏下降，特别是能繁殖母猪下降幅度较大，对扩大生猪生产规模不利。2024年多重因素交织导致牛肉消费市场需求低迷，牛肉价格、鲜奶价格下滑，肉牛、奶牛养殖户亏损较严重，可能使部分经营主体退出，不利于肉牛、奶牛养殖业的持续发展。

采用多元回归分析法预测，以肉类总量为因变量，以肉类生产价格、疫情发生概率为自变量，建立回归分析模型；并对肉类生产价格、疫情发生概率作二阶自回归。预计2025年猪、牛、羊等肉类总量将达到143.6万吨。

（三）蔬菜产量有望持续增长

2024年，陕西以全链条提升蔬菜产业竞争力，促进蔬菜产业转型升级。针对蔬菜产业种苗繁育供应能力不强，尤其是缺乏自主知识产权的高端品种的现状，加快工厂化育苗基地、育苗中心的建设，支持专业化育苗企业及合作社培育壮大，不断增加蔬菜种苗品类和数量供应，提高蔬菜反季节和周年供应能力。加快蔬菜高标准保供基地建设，强化蔬菜产业链主企业培育，打造一批"领军"型、"成长"型龙头企业，提升蔬菜全产业链重点项目建设质量，加大新品种、新技术示范推广和应用力度，以数字赋能促进蔬菜全产业链绿色高效发展。推动高山蔬菜基地引入新的种植技术和方法、改进种植模式和灌溉方式，实现机械化、自动化和标准化生产。推进设施蔬菜改造棚型、改良土壤、改变灌溉用水方式，提高机械化、自动化水平，促进节水、节肥、绿色发展，稳步推进设施蔬菜产业高质量发展。并积极将"三改一提""一新二改三化"等重大综合技术在全省大面积示范推广。同时，不断完善以产地批发市场、农贸市场、社区直销点销售为主，以订单销售、产地直销、"互联网+"等模式为补充的营销体系，打造一系列蔬菜产品品牌、企业品牌，形成了"太白高山蔬菜""泾阳西红柿"等一批具有影响力的区域公用品牌。这些为蔬菜产业发展奠定了良好的基础，但蔬菜产业仍面临价格季节性波动、农资和劳动力成本上涨等因素的影响。预计2025年陕西蔬菜及食用菌产量能达到2267.4万吨。

（四）水果有望量质双增

2024年，陕西按照"稳规模、提品质、降成本、增效益"总思路，利用部省共建机制，加大对果业发展政策支持力度；利用果业全产业链建设的"链长+行长"机制，积极引入金融、保险、基金、期货等社会资本，促进果业高质量发展。持续优化苹果品种品系结构，推动果园新建和挖退面积"进出平衡"。实施延安苹果品牌升级工程，推进延安苹果高质量发展先行区建设。在黄陵、洛川等苹果全产业链示范县，加快推进苹果预冷技术应用，增强全年周期供应市场竞争力。以创新机制培植新动能，推进适度规模经营，推动猕猴桃全产业链建设。着力加快低效老园改造，推进贮藏分选能力建设和"即食"技术试点，健全品牌体系，组建产销联盟。促进果业稳规模、提品质的系列措施，将有利于2025年实现果业量质双增。同时，水果生产可能受不利气象条件、病虫害的影响。展望2025年，水果产量可能继续增长，灾害发生概率按上年计，预计2025年水果产量可达2219.8万吨。

五　促进2025年陕西农业农村经济发展的对策建议

（一）加快培育农业新质生产力

加快推进农业科技创新和农业科技成果转化。充分利用"秦创原"创新驱动平台，促进高校、科研院所及农业科技企业的全方位合作，挖掘转化有价值的科技成果，为农业新质生产力的形成发展提供不竭动力源泉。落实农业科技创新的财政支持政策，聚焦科学育种、技术推广、平台建设、人才支撑四大领域，引导科技力量重心下移、科技资源下沉、科技服务下延。强化农业科技创新的金融支撑，加快壮大创投基金规模，发挥股权投资基金引导作用，丰富产投、创投、风投等金融产品。健全完善科技金融风险补偿机制，扩大"科创贷"范围，破解科技型中小企业融资难、融资贵问题。

强化乡村基础设施建设。提升乡村网络基础设施建设水平，为信息流、数据流的高效流通提供强有力支撑，为农村电子商务、智慧农业和精准农业发展构筑坚实的硬件基础条件。提升乡村信息服务基础设施建设水平。构建农业农村大数据平台、农业综合服务平台等基础信息共享平台，为农村居民提供全面便捷的政务、生产、生活等领域信息服务。推动传统基础设施数字化提升改造，推动公路、物流、水利、电网等传统基础设施智慧化、网络化、数字化改造，实现基础设施的互联互通互融。

加快构建现代乡村产业体系。以把农业建成现代化大产业为目标，加快推动粮食、特色农业、农业服务业、农产品加工业和新产业新业态发展，深入推进农村一二三产业高效融合，强化人才、资金保障，为新质生产力推动乡村振兴提供要素支撑。加快乡村人才培育和引进，壮大乡村科技型人才、专业技术型人才、经营管理型人才队伍。加大资金支持力度，强化对科技研发企业的支持，通过强化财税政策支持，减轻企业在科技研发方面的负担。

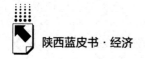

（二）大力发展农业社会化服务

加快完善农业社会化服务体系，促进多元主体共同发展、协调配合。加大对服务组织政策和资金支持力度，为各类服务组织创造公平参与各类服务项目的政策环境，特别是对经营灵活、成本较低、价格亲民、服务效果较好的小规模服务组织给予适当政策倾斜。充分利用财政资金奖补、利息补贴、信贷担保等扶持政策，解决服务组织融资难、融资贵等问题。充分发挥农村集体经济组织提供居间服务的优势。以村集体经济组织有偿服务为中间媒介，高效链接农业农村需求侧与供给侧，着力发展资源居间服务、生产居间服务、劳务居间服务等。由村集体经济组织与农户签订流转协议，将农户零星耕地、闲置农房、闲置菜地等土地资源流转集并，小田变大田，以有偿服务形式对接市场主体，将资产资源交由公司统一市场化运作。积极在康养旅游、观光农业、休闲体验等产业探索发展居间服务。

鼓励和支持因地制宜推动服务模式，借鉴合阳县发展农业社会化服务联合社，通过远程作业调度平台提供服务；黄龙县整镇托管模式，与中国农业银行合作推出"托管贷"；定边县探索出的"产前体检、产中出诊、产后复诊"的庄稼医院模式，为农业生产提供了经验。

（三）加快发展乡村新产业新业态

推动乡村旅游创新发展。深度挖掘农耕文化、乡土文化、饮食文化等，推进农文旅体康深度融合，因地制宜打造功能齐全、特色鲜明、环境优美的田园综合体。利用乡村丰富的绿色开放空间，为城乡居民提供形式多样的体育旅游产品和户外休闲产品，如骑马、攀岩、滑雪等。在乡村打造亲子牧场、萌宠乐园、郊野游乐园等亲子休闲娱乐产品。把乡村旅游与科技、教育相结合，发展乡村科教旅游。在农业科技旅游、红色旅游的基础上，开发生态知识科普旅游、美食技艺研学旅游、乡土艺术研学旅游等科教旅游产品。

推动农村电商高质量发展。利用电商的消费者需求反馈，倒逼农产品生产优化结构、提升品质，通过强化研发、精深加工、品牌打造和形象设计，推动农产品规模化、标准化、品牌化发展。依托特色资源，发展"电商+休闲农业""电商+乡村旅游"等产业。规范电商市场环境，完善基层电商产业生态。支持农业经营主体与电商平台合作，鼓励有实力的涉农实体企业建设自己的电商平台。针对平台费用的不断上涨挤压农产品企业的利润空间，规范相关收费标准，保护企业和农户利益，进而促进电商持续发展。

（四）不断激发农民增收新动能

在大力发展县域经济、民营经济、开放型经济、数字经济中，不断激发农民增收新动能。以县域经济特色化、集群化、绿色化发展促农增收，夯实农民增收新根基，因地制宜发展特色优势产业，优化空间布局，不断提升中小企业特色产业集群发展水平，加快推进县域经济发展方式绿色转型，以新质生产力培育绿色产业。

支持民营企业吸纳更多的劳动力就业，加大对就业吸纳能力强的中小型民企的支持力度，投身"万企兴万村"行动，完善民营企业与农户利益联结机制，构筑农民增收新支撑。在发展开放型经济中开辟农民增收新渠道。以"自贸力量"推动农业开放发展，推动陕西自贸试验区加大农业开放发展制度创新，提升贸易便利化水平；推动跨境电商高质量发展，发挥西安、宝鸡、延安跨境电子商务综合试验区创新引领作用，加大电商市场主体培育和招引力度，积极打造跨境电商专业园区；推动入境旅游产品多层次供给。

加快推动农业产业数字化转型，推动生产管理数智化，将物联网、云计算、大数据、人工智能等数字技术深度融入农业生产；以数字经济拓宽农民就业渠道、盘活农村资源，不断提升农民数字素养和技能水平，推动更多农民成为网络主播、农业数字化技术员、民宿管家、网约车司机等"数字职业"从业者，拓展农民增收空间。

参考文献

马晓河、杨祥雪：《以加快形成新质生产力推动农业高质量发展》，《农业经济问题》2024年第4期。

农业农村部科学技术司、中国农业科学院联合调研组：《从"秦创原"的创新驱动实践看农业农村科技成果转化》，《农民日报》2024年1月26日。

B.3
2024年陕西工业经济运行分析与2025年预测[*]

陕西省社会科学院经济研究所课题组[**]

摘　要： 2024 年，陕西工业经济稳中向好，工业生产增速加快，工业结构持续优化，新质生产力加快培育，工业投资增长有力，企业效益有所改善，但仍然存在转型升级压力较大、工业园区支撑不够、产业链协同发展不足、县域工业竞争力较弱等问题。未来，面对全球经济增长趋稳放缓、国际环境更加复杂严峻、国内市场有效需求不足等宏观经济环境，为推动工业经济提质增效，建议陕西促进工业经济稳步增长、增强产业创新体系整体效能、促进产业链协同发展、推动产业深度转型升级、健全县域特色现代化工业体系。

关键词： 工业经济　产业创新　产业链协同　数智融合　陕西

一　2024年陕西工业经济运行状况

2024 年，陕西深入贯彻落实党的二十大和二十届二中、三中全会精神，贯通落实习近平总书记历次来陕考察重要讲话重要指示精神，坚持以科技创新为引领，以推进新型工业化、发展新质生产力为必答题、制胜招，大力推

---

* 若无特殊说明，本报告数据均来源于国家统计局和陕西省统计局。

** 课题组组长：裴成荣，陕西省社会科学院经济研究所所长，二级研究员，研究方向为城市与区域经济、产业经济。执笔人：宫汝娜，陕西省社会科学院经济研究所助理研究员，研究方向为产业经济。

动工业领域高质量项目建设，加强企业梯度培育，巩固优势产业地位，力促产业链水平提升。前三季度，全省工业经济持续较快增长，工业结构持续优化，重点行业增长较快，企业效益有所改善，工业经济总体呈现逐季回升、稳中向好势头，"压舱石"作用继续凸显。

（一）工业生产稳中向好，增速逐季回升

2024年，全省工业经济呈现稳定增长的积极态势。总体来看，前三季度，全省规模以上工业增加值同比增长7.5%，较上半年降低1.8个百分点，比2023年同期高10.2个百分点，八成行业增加值实现正增长。从三大门类看，前三季度，采矿业增加值同比增长9.6%，较上半年回落0.1个百分点；制造业增长4.6%，较上半年回落0.1个百分点；电力、热力、燃气及水生产和供应业增长7.0%，较上半年加快3.8个百分点。从季度增速来看，前三季度规上工业增加值增速均高于上年同期增速，且逐季攀升，第一季度，全省规上工业增加值累计增速为7.0%，比2023年同期高3.8个百分点；第二季度延续年初以来增长态势，增速为7.3%，比第一季度高0.3个百分点，比2023年同期高7个百分点；第三季度工业经济持续高位运行，规上工业增加值增速比第二季度提高0.2个百分点，为年初以来最高增速（见图1）。从当月增速来看，年初以来，工业生产稳中有进、进中趋优，规上工业增加值月度增速持续稳定，3~5月、7~9月工业运行波动幅度较大，整体呈现"W"形上升趋势（见图2），工业运行中的积极因素不断显现，对全省经济增长正向拉动作用明显，在全省经济社会高质量发展中"挑大梁"。

从区域比较来看，2024年前三季度，全国规上工业增加值同比增长5.8%，陕西规上工业增加值增速较全国快1.7个百分点。西北地区工业增速较快，前三季度，除青海外，其余四省区规上工业增加值增速均高于全国平均水平，其中，甘肃增速高达12%，在全国居第二位，陕西在西北地区居第三位，高于青海、新疆地区，充分体现了陕西工业经济的发展潜力和韧性，为有序承接东部地区产业转移提供广阔空间。

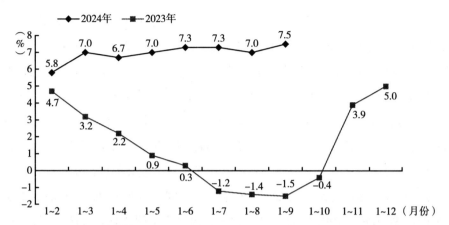

图1　2023年和2024年1~9月陕西规模以上工业增加值累计增长情况

资料来源：陕西省统计局。

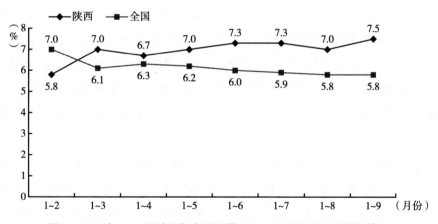

图2　2024年1~9月陕西与全国规模以上工业增加值累计增长情况

资料来源：国家统计局、陕西省统计局。

（二）工业结构持续优化，能源工业支撑作用明显

从不同行业增速来看，能源基本盘稳固，有力地支撑了工业增长。2024年以来，能源工业增势要好于非能源工业，前三季度，全省规上能源工业增加值同比增长9.1%，持续高于规上工业增速，拉动规上工业增长5.9个百

分点，为全省工业增长提供了有力支撑。从具体行业来看，前三季度，4 个能源行业"三增一降"，煤炭开采和洗选业同比增长 12.4%，较上半年回落 0.5 个百分点，拉动规上工业增长 5.2 个百分点；石油、煤炭及其他燃料加工业同比增长 5.9%，较上半年回落 3.4 个百分点，拉动规上工业增长 0.4 个百分点；电力、热力生产和供应业增长 6.2%，较上半年加快 2.2 个百分点，拉动规上工业增长 0.4 个百分点；石油和天然气开采业下降 0.3%，较上半年降幅收窄 2.5 个百分点。从产品产量来看，能源保供稳定有序，前三季度，原煤产量同比增长 2.2%，天然气产量同比增长 9.2%，原油加工量同比增长 8.0%，发电量同比增长 7.1%，焦炭产量同比增长 2.3%，原煤产量、天然气产量均稳居全国第 3 位，原油产量位居全国第 4，发电量增速较上半年加快 0.8 个百分点。

非能源工业稳定增长，制造业生产加快，转型升级成效明显。前三季度，非能源工业增加值同比增长 4.5%，较上半年加快 0.8 个百分点，较一季度加快 0.3 个百分点，36 个非能源行业中 29 个行业实现增长，行业增长面为 80.6%，增长面比上半年提升 11.2 个百分点。装备制造业增加值同比增长 3.3%，较上半年加快 0.3 个百分点。从非能源重点行业看，大部分行业增加值保持增长，汽车制造业增长较快，同比增长 15.3%，汽车产量居全国第 7 位，计算机、通信和其他电子设备制造业同比增长 1.6%，化学原料和化学制品制造业同比增长 4.2%，烟草制品业同比增长 1.7%，有色金属冶炼和压延加工业同比增长 17.0%，非金属矿物制品业同比增长 2.8%，燃气生产和供应业同比增长 10.7%，医药制造业同比增长 5.8%。

（三）新动能发展优势不断巩固，新质生产力加快发展

新型工业化进程持续推进，高技术制造业蓬勃发展，2024 年前三季度，高技术制造业增加值同比增长 2.2%，较上半年加快 1.2 个百分点，持续拉动工业增长、引领产业高端化发展。重点产业链持续壮大，产业高端化、智能化、绿色化态势明显，全省 34 条重点产业链产值达 1.6 万亿元，其中新型电力、太阳能光伏等 6 条产业链产值过千亿元，节能环保、增材制造等 6

条产业链产值实现两位数增长，新产业新产品日益成为新的增长点。战略性新兴产业稳定有序发展，前三季度，战略性新兴产业增加值同比增长3.5%，其中高端装备制造业增加值同比增长13.1%。新质生产力加快培育，代表新质生产力的工业产品保持较快增长，前三季度，民用无人机产量同比增长5.2倍，太阳能电池产量增长53.5%，充电桩产量增长15.5%，集成电路圆片产量增长26.1%，3D打印设备产量增长19.0%，新能源汽车产量增长10.3%。

（四）工业投资增长有力，重点项目持续发力

2024年，工业投资持续活跃，连续7个月保持两位数增长，前三季度同比增长12.0%，拉动全部投资增长3.4个百分点。其中，制造业投资同比增长10.2%，增速较上半年提高2.1个百分点，拉动全部投资增长1.7个百分点；电力、热力、燃气及水生产和供应业投资增长16.1%，拉动全部投资增长1.1个百分点；采矿业投资增长12.3%，拉动全部投资增长0.7个百分点。民间投资活力持续增强，全省民间投资同比增长7.3%，增速高于全国7.5个百分点，其中工业民间投资同比增长9%。大规模设备更新效果持续显现，全省设备工器具购置投资同比增长6.7%，工业企业技术改造投资同比增长11.2%，汽车制造业，铁路、船舶、航天和其他运输设备制造业等重点行业工业技改投资增速超过30%。全省有效投资持续扩大，高质量项目建设提速增效，截至9月底，陕西新开工省市重点项目1852个，完成投资7371亿元，年度投资完成率达83.8%，372个新投产工业项目贡献产值608.83亿元，重点项目持续发力，创新驱动力不断增强，产业体系加速升级，夯实工业增长"硬支撑"。

（五）企业效益有所改善，利润降幅明显收窄

从企业经营效益来看，营业收入、营业利润降幅均不断收窄，2024年前三季度，全省规模以上工业企业实现营业收入20772.20亿元，同比下降2.6%，降幅较上半年收窄0.9个百分点；实现利润总额2285.70亿元，同

比下降7.8%，降幅较上半年收窄3.2个百分点。企业经营成本不断压缩，前三季度，规模以上工业企业营业成本同比下降1.9%。企业产值稳定增长，前三季度，重点监测的150家重点工业企业产值占规上工业总产值的59.4%，总产值合计同比增长1.9%，比上半年加快0.6个百分点。从增长面看，150家重点企业中77家企业产值保持正增长，73家企业同比下降，增长面为51.3%，其中，国有控股企业产值同比增长4.0%，高于全省平均产值增速2.4个百分点。生产经营积极活跃，"五上"企业总量稳步壮大，截至2024年9月末，全省"五上"企业33703家，较上年同期增加2567家，同比增长8.2%。金融对市场主体的支持力度不断加大，9月末人民币贷款余额增速高于全国0.18个百分点，普惠小微贷款、制造业中长期贷款、民营企业贷款增速均超过10%。

二 陕西工业经济发展面临的挑战

（一）工业转型升级压力较大

从产业总量来看，陕西支柱性产业依然以传统产业为主，工业发展主要依靠装备制造、石化、能源等传统产业支撑，具有较大增长潜力的战略性新兴产业占比不断提升，但规模仍然较小、比重较低。陕西在产业整体布局和工业产业链构建上具有区域局限性，对三大区域的重点城市如西安、榆林、宝鸡等地区的工业化建设与投入持续加大，对县域和偏远地区工业化投入相对较小，不利于区域内部工业经济平衡发展，影响各地区在新一代信息技术、人工智能、大数据、智能制造等新兴产业和未来产业的发展潜力。

（二）工业园区支撑不够

部分园区的产业定位、发展方向和发展模式缺乏明确的区分，规划布局缺乏顶层设计和统筹规划，区域比较优势、主导产业不突出，前瞻性不强，产业定位模糊不清晰，致使工业发展环境和产业链集群建设与拓展受到影响，难以推动大项目、大企业进驻，导致引进园区的项目和产业杂乱无章，无法构建产业链、形成产业聚集，土地利用和产业发展效率低下。园区主导产业、重点培育产业定位不清晰，导致园区企业在选择产业投资项目时往往根据当地政策支持力度、税收减免力度来进行选择，产业项目同质化倾向日趋严重。另外，产业园区建设、管理、运营市场化机制不健全，部分园区厂房利用率不高，产业园区之间连接不畅通，导致厂房紧缺和厂房空置的现象并存，园区企业退出机制不完善，一些"僵尸企业"占用园区资源，产业园区企业多是空间布局的集中，没有真正形成协同互补、循环发展的产业集群。

（三）产业链协同发展不足

一是产业在空间上集而不群，没有形成完整产业链，企业之间的链接只是局限在产业链的局部环节或零星产业上，缺少关联性，企业上下游的研发、原材料和零部件供应、生产、营销、物流、售后服务等都难以实现资源共享和规模化采购，导致成本居高不下，难以形成规模效益和产业集聚效应。二是产业链协同发展需要不同行业、不同企业之间的紧密合作与协同，包括资金、技术等要素资源充分整合，由于参与产业链的企业利益不同、文化背景不同，不同企业之间的资源整合可能会受到利益分配、管理体系等因素的影响，难以实现高效的资源整合，一些强势的节点往往主导着整个产业链，获取更多的利润和资源，而弱势节点则可能面临着利益被挤压的风险，导致企业各自为战，难以形成上下游合作的整体力量。

（四）县域工业竞争力较弱

陕西县域工业整体竞争力不强，仅神木市入围2023年中国工业百强县，与东部省份差距较大。一是陕西县域产业结构比较单一，产业梯次不健全，许多县域工业依赖少数资源型产业，如煤炭、石油开采、初级农产品加工等，容易受市场价格波动影响，缺乏抵御风险的能力。二是县域产业生产整合程度较低，产品生产滞后于市场需求，生产端与销售端市场化率低，产业链缺少研发性核心技术支撑，产业价值链处于较低水平，对高梯度地区制造业转移的承接力不足。三是县域产业特色优势不强、同质化严重，部分县域直接照搬其他地区发展模式，就主导产业盲目扩张，造成产业特色优势不足，产品同质化明显，缺少差异化、个性化，如汉阴、岚皋、紫阳等县的包装饮用水企业，产品相似度很高，同质化严重，市场占有率均不高。四是相比中心城市，县域财政收支矛盾更加突出、融资能力更弱，导致一些惠企政策无法兑现，资金、人才、技术等创新要素流动受到一定程度制约，要素集聚能力不强，协同创新力度不足，需要完善要素资源连接机制。

三 2025年陕西工业经济发展趋势预测

（一）陕西工业经济发展形势研判

1. 国内经济总体运行平稳

2024年，我国经济运行总体平稳、稳中有进，工业生产、内部循环、基础物资等经济基础更加扎实，产业经济量增质优、步伐稳健。一是工业生产增速比上年同期回升，前三季度，规模以上工业增加值同比增长5.8%，比上年增加1.8个百分点，其中，计算机、通信和其他电子设备制造业，铁路、船舶、航空航天和其他运输设备制造业，有色金属冶炼和压延加工业增速均超过10%；二是市场销售保持增长，固定资产投资规模继续扩大，前三季度，社会消费品零售总额353564亿元，同比增长3.3%，全国固定资产投资（不含农户）378978亿元，同比增长3.4%；三是经济发展新动能持续壮大，新产业增长较快，各省份推出新政，积极培育新兴产业和未来产业，多地积极拓展低空经济发展新赛道，省级层面出台低空经济相关文件近30部，市级层面超过50部，区县级层面近30部，各地积极推动通航机场、垂直起降设施、无人机监管平台等基础设施建设，加快推进低空经济场景拓展、航线运行。

从全国工业经济发展态势来看，工业和信息化经济运行平稳，产业结构持续优化，新质生产力加快发展，重点领域创新取得一批新成果，高质量发展扎实推进。一是高技术制造业凸显韧性，前三季度，高技术制造业利润同比增长6.3%，高于规上工业平均水平9.8个百分点，拉动规上工业利润增长1.1个百分点，为规上工业利润提供重要支撑。二是经营主体稳步发展壮大，截至8月底，规上工业企业数量达50.4万家，较2023年末增加4.4%，累计培育制造业单项冠军企业1557家、专精特新中小企业超14万家、专精特新"小巨人"企业1.46万家，有效期内的高新技术企业达46.3万家。三是产业转型升级步伐加快，培育壮大商业航天、生物制造、大数据等新产业新赛道，深入实施制造业数字化转型行动，扎实开展首批中小企业数字化转型城市试点，已推进近万家中小企业数字化改造，深入实施工业节能降碳行动，大力发展清洁低碳氢产业和环保装备制造业，规上工业单位增加值能耗持续下降。

2. 省内多措并举塑造工业发展新优势

一是以"三项改革"为抓手，促进科技成果转化。陕西以体制机制改革为突破，探索实施职务科技成果单列管理、技术转移人才评价和职称评定制度、横向科研项目结余经费出资科技成果转化"三项改革"及系列政策，有效解除了束缚在科研人员身上的"细绳子"，极大激发了科研人员创新创造创业活力。在总结前期改革经验的基础上，陕西出台《关于全面深化科技成果转化"三项改革"的若干措施》，进一步打出"组合拳"，以科技成果转化应用推动科技创新和产业创新深度融合，完善成果产生—孵化培育—熟化落地—发展壮大的全链条成果转化体系，为科技成果加速转化落地提供了系统性解决方案。

二是持续强化项目投资拉动，夯实经济增长后劲。2024年以来，陕西省锚定全年经济社会发展目标，抢抓重大战略、增量政策机遇，深化"三个年"活动，推动高质量项目建设提速增效，强化项目承载，建立健全"两重""两新"项目申报机制，动态储备项目3371个，夯实稳增长"硬支撑"，多个省市重点项目持续发力，全省有效投资持续扩大，高质量发展后劲进一步增强，政策效能不断释放。截至9月底，陕西已争取国家"两重"

资金 61.15 亿元、设备更新补助资金 30.2 亿元、以旧换新切块资金 40 亿元，落实中央预算内投资 143.8 亿元，发行用于项目建设的地方政府专项债券 262.1 亿元，安排新开工民间投资项目贷款贴息 3438 万元，政策资金效能加快释放，支持高质量项目加快建设。

三是紧紧围绕发展新质生产力，布局建设未来产业。陕西根据《陕西省高水平推进产业创新集群建设加快形成新质生产力实施方案》的总体要求，聚焦新一代信息技术、新材料、高端装备制造、新能源、新能源汽车、节能环保、生物产业等战略性新兴产业和未来产业细分领域，遴选若干国家级、省级重点产业园区作为产业创新集群载体，陆续出台多个细分产业领域的行动计划，包括新型显示产业、高端药品和医疗器械产业、航空制造与低空产业、生物产业、商业航天产业等五大产业领域，打造千亿级产业创新集群，为未来产业企业招引、项目落地、场景应用等方面提供强有力的政策支持。

（二）陕西工业经济发展趋势展望

尽管面临全球经济复苏乏力、外部环境严峻复杂，供给与需求双向冲击、企业盈利水平较低等挑战，但 2024 年我国工业经济总体保持平稳增长，PMI 回升，工业企业预期企稳、信心有所增强，表明我国经济的基本面及市场广阔、经济韧性强、潜力大等有利条件并未改变。随着存量政策的落地见效，一揽子增量政策的持续推出发力，政策的效果将不断显现，有效需求不足的问题将得到一定缓解，发展活力和动力将进一步释放。综合内外部环境，结合形势研判，2025 年，随着《中共陕西省委关于深入贯彻落实党的二十届三中全会精神进一步全面深化改革奋力谱写中国式现代化建设的陕西新篇章的实施意见》《陕西省高水平推进产业创新集群建设加快形成新质生产力实施方案》等政策落地见效，新型工业化扎实推进，数字经济示范引领高地、先进制造业强省加快打造，新质生产力发展成效将进一步显现，产业能级持续提升，战略性新兴产业及未来产业规模不断壮大，工业企业利润将整体改善，预计 2025 年工业生产将保持平稳增长态势，预估全年陕西规模以上工业增加值增速为 7.0% 左右。

四 推动陕西工业高质量发展的对策建议

（一）稳存量、扩增量，促进工业经济稳步增长

一是稳存量，抓好工业运行监测。根据全年的工作目标任务，全面加强工业经济运行情况的分析监测，健全日常沟通对接机制，实时更新包抓台账，逐项分析重点领域、重点行业、重点区域、重点企业情况，持续梳理挖掘企业潜能。重点企业、重点项目落实专人负责，靠前服务，持续跟进重点监测企业的生产经营情况，主动帮助企业解决生产经营和项目建设存在的困难，及时发现苗头性、倾向性问题并有针对性地解决，切实稳住工业经济"基本盘"。

二是扩增量，抓项目促投资。用好设备更新、工业经济稳增长等政策措施，激励项目加快建设，以"清单制+责任制"推动一批重点工业和技改项目竣工投产，新建入统项目爬坡上量、贡献增量。抓实抓细规模企业培育，分层分类完善"小升规"企业培育储备库，靠前服务指导企业上规入统，增加规上工业企业数量。加强优质企业梯次培育，发挥龙头企业"链主"引领作用，鼓励中小企业走专精特新发展道路，培育更多专精特新"小巨人"企业和单项冠军企业，促进大中小企业融通发展。

三是控变量，深入研判重点产业市场变化。重点关注大宗原材料价格、能源价格涨跌变化，提前采取措施，稳住产业链供应链。持续深化实体经济调研服务，集中解决原料供应、融资、项目审批等问题，通过优质服务助力企业生产。

（二）提高创新链与产业链匹配度，增强产业创新体系整体效能

一是集中科技资源在优势产业领域缺项环节进行重点攻关。瞄准关键核心领域产业链堵点难点，紧扣产业转型升级和产业链高级化的现实需求来选择科技创新的重点领域、重点方向与重大项目，使创新链更好

地适应产业链价值链升级的需求，大力发展创新成果相对集中和领先的先进制造业和高技术产业，提高产业链对创新链的适应能力和创新成果产业化能力。

二是加大基础研究支持力度。围绕可能诞生科技革命重大成果的领域，超前布局重点领域基础研究，优化基础研究支持体系，发挥自然科学基金的指向作用，为原创性、颠覆性、支撑性技术创新奠定基石。完善基础研究配套，推进基础研究中心建设，为基础研究提供必要的运转资金保障，引导社会力量为科技基础设施提供支持，拓宽企业与研究机构之间的科研桥梁，为基础研究提供应用型实验基地。

三是不断推动创新链产业链融合发展。充分利用西安建设区域科技创新中心的契机，发挥秦创原科技创新中心策源地、创新产业集聚区和战略性新兴产业基地作用，依托在重要节点的共建园区，构建科技创新园区链，输出高端要素资源和先进管理理念，推动创新链实现更大空间的网络化，形成"技术创新—创新链网络化—创新成果产业化、工程化—产业链升级扩容"的创新链产业链高质量融合发展格局。

（三）建设共生产业集群，加强产业链协同发展

一是搭建产业链协同平台。摒弃传统的单一、僵化的合作模式，建立平台化、共享化、生态化的新型协同模式，搭建产业链协同平台，使企业能够通过平台发布简介以及产品和采购需求等信息，自主匹配上下游的合作企业，促进企业与企业、企业与政府、企业与科研机构之间的深度合作，通过共享资源、共担风险、共享成果，实现产业链的互利共赢，通过举办产业论坛、搭建产业沟通平台等方式，增进企业间的信任，为产业链协同提供有力的文化支撑。

二是破解企业的产业链上下游之间的技术壁垒。全面梳理现有产业链在关键环节与核心零部件方面存在的技术短板，寻找阻碍企业发展的潜在"技术孤岛"，列出技术清单，利用全省范围内的技术资源，进行产业链科技要素调整，灵活配置科技资源，提高科技资源的利用率，破解企业的产业

链上下游之间的技术壁垒，在科技层面增强产业链的独立性。

三是建设共生集群，增强集群发展内生动力。围绕"链主"企业和大型企业，构建分工明确、协作深入、稳固牢靠的产业链供应链体系，借助产业链、供应链上节点企业与链外金融机构等组织的合作，优化资金流管理，提高产业链供应链资金使用效率和效益，深化节点企业产业共生关系。鼓励集群内重点企业通过兼并重组等方式做大做强，提供必要的财税与科技政策支持，引导重点企业在创新驱动、产业链供应链整合、市场拓展等方面发挥积极作用。

（四）深化数智融合，推动产业深度转型升级

一是以数字化升级产业链供应链系统。加快新型数字基础设施建设，推进5G网络与实体经济各领域融合发展，打通产业链供应链信息大动脉。以产业园区为基本单元，开发重点产业链供应链动态协作地图系统，形成风险预警机制。针对产业链上下游企业，建立统一的数据标准与接口，实现不同系统间的数据无缝对接，打破信息孤岛，实现数据共享和互通。

二是推进关键领域数字技术创新突破。针对产业场景下的数字技术发展不足、数字技术对上下游产业链之间所需产品的详细参数的描述仍不够精准等问题，建议加强数字技术的研发与创新，将基于虚拟现实等产业的数字技术与企业数字孪生产品相结合，扩大复杂工业品关键信息虚拟化空间。

三是以数智化赋能牵引带动传统产业链转型。聚焦重点传统产业链，研究制定行业数字化解决方案，组建重点产业链数字化转型发展联盟，开展产业数字化转型关键技术联合攻关、技术转化落地等工作。增强数字技术基础研发和集成能力，研发有针对性的产业链共性数字化解决方案和普惠性的数字化转型产品，引导链上大中小企业协同开展数智化转型，打造智慧产业链。

（五）做优做强县域主导产业，健全县域特色现代化工业体系

一是增强产业支撑能力，重点发展比较优势明显、带动农业农村能力

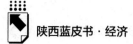

强、就业容量大的产业，在深入调研的基础上加强全局性谋划，让各县域的特色产业融入全省整体发展格局和统一市场，实现县域产业错位互补、协同发展。

二是延伸产业链条，形成特色产业集群，提高产业集中度。一方面，以关联度高、行业优势明显、辐射带动能力强的龙头企业为引领，吸引上下游配套企业集聚，完善产业链条，推进产业化协作；另一方面，持续拓展特色产业多元化价值，推进工业与农业、服务业融合发展，提高产品质量和附加值。

三是优化产业结构，以培育新质生产力为指引，支持传统产业加快数字化、绿色化、高端化转型，培育布局战略性新兴产业和未来产业，逐步实现由低端制造向高端制造、由资源型经济向创新驱动型经济的转变。针对县域工业产业梯次不健全等问题，通过智能化改造、绿色化改造、技术升级等方式推进产业"革旧"行动，推动生产工艺、生产技术迭代升级，注重加快发展新兴产业，尤其是加大对以互联网、信息技术、人工智能、区块链等为基础的新经济、新业态、新模式的支持力度，带动各个产业链实现质的飞跃。

B.4
2024年陕西服务业发展形势分析
与2025年预测[*]

曹 林 张爱玲[**]

摘　要： 2024年，陕西服务业持续回升，现代服务业增势良好，融合发展加力提速，新兴领域活力涌现，市（区）服务业竞相发展。然而，服务业持续恢复的基础仍不稳固，面临体制机制障碍、企业经营困难和压力等问题。伴随消费复苏和新型消费兴起，叠加政策效应持续释放、全面深化改革带来的利好，2025年，服务业将保持总体平稳增长态势，高质量发展步伐不断加快，体制机制改革深入推进。2025年，要持续推进服务业稳定发展，推进现代服务业与先进制造业深度融合，进一步完善服务业发展体制机制，强化服务业发展政策支持。

关键词： 服务业　现代服务业　高质量发展　陕西

2024年，陕西全省上下深入贯彻落实党的二十大和二十届二中、三中全会精神，深入学习贯彻习近平总书记历次来陕考察重要讲话重要指示精神，深化拓展"三个年"活动，着力稳增长、扩需求、育动能，坚定推进服务业高质量发展，服务业持续回升，现代服务业增势良好，融合发展加力提速，新兴领域活力涌现，市（区）服务业竞相发展。

---

[*] 本报告为2021年陕西省社科基金项目"陕西先进制造业和现代服务业深度融合发展的路径和对策研究"（立项号：2021D064）、陕西省社会科学院2025年重大课题"陕西发展现代服务业研究"（立项号：25SXZD09）的阶段性成果。

[**] 曹林，陕西省社会科学院经济研究所副研究员，研究方向为现代产业与服务经济；张爱玲，中共陕西省委党校（陕西行政学院）讲师，研究方向为产业经济。

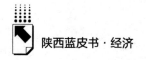

一 2024年陕西服务业总体运行情况

（一）服务业持续回升

2024年，伴随经济总体平稳运行，全省服务业持续回升。第一季度、上半年、前三季度服务业增加值同比增速分别为3.0%、3.5%和3.6%，呈现持续稳定回升态势（见图1）。服务业投资保持整体向好态势。第一季度，服务业固定资产投资增速为0.3%，上半年增速为-2%，前三季度增速回升至0.2%，高于全国固定资产投资增速0.9个百分点，尽管固定资产投资仍然处于低速增长区间，但呈现回升向好态势（见图2）。服务业拉动经济增长贡献显著。前三季度，服务业增加值占地区生产总值的比重为46.6%，

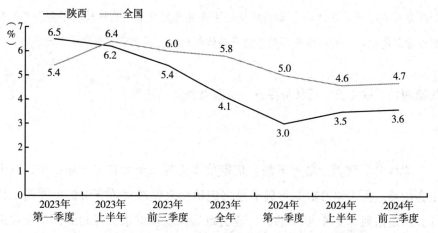

图1 2023年、2024年前三季度陕西与全国服务业增加值同比增速比较

资料来源：《2024年一季度核心指标》，陕西省统计局网站（2024年4月29日），http：//tjj. shaanxi. gov. cn/tjsj/jdsj/qs_ 440/202408/t20240822_ 2496548. html，最后检索日期：2024年10月25日；《2024年上半年核心指标》，陕西省统计局网站（2024年7月30日），http：//tjj. shaanxi. gov. cn/tjsj/jdsj/qs_ 440/202408/t20240823_ 2505676. html，最后检索日期：2024年10月25日；《前三季度全省经济总体平稳 质效齐升》，陕西省统计局网站（2024年10月28日），http：//tjj. shaanxi. gov. cn/tjsj/tjxx/qs/202410/t20241028_ 3065382. html，最后检索日期：2024年10月30日。

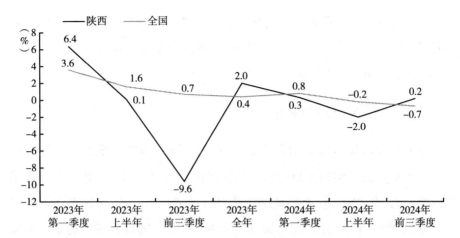

图2 2023年、2024年前三季度陕西与全国服务业固定资产投资同比增速比较

资料来源：《2024年一季度核心指标》，陕西省统计局网站（2024年4月29日），http://tjj.shaanxi.gov.cn/tjsj/jdsj/qs_440/202408/t20240822_2496548.html，最后检索日期：2024年10月25日；《2024年上半年核心指标》，陕西省统计局网站（2024年7月30日），http://tjj.shaanxi.gov.cn/tjsj/jdsj/qs_440/202408/t20240823_2505676.html，最后检索日期：2024年10月25日；《前三季度全省经济总体平稳 质效齐升》，陕西省统计局网站（2024年10月28日），http://tjj.shaanxi.gov.cn/tjsj/tjxx/qs/202410/t20241028_3065382.html，最后检索日期：2024年10月30日。

对全省经济增长的贡献率为36.8%，拉动全省地区生产总值增长1.3个百分点，服务业对全省经济发展持续发挥着重要的稳定支撑作用。

（二）现代服务业增势较好

现代服务业成为带动服务业增长的重要动力。2024年前三季度，以科学研究和技术服务业、租赁和商务服务业为代表的现代服务业同比增速分别为5.3%和11.2%，分别高于服务业同比增速1.7个和7.6个百分点。上半年，规上服务业中文化、体育和娱乐业营业收入同比增长8.1%，高于规上服务业营业收入同比增速3.6个百分点。现代交通运输持续发力。2024年前三季度，全省货物运输量和周转量分别为14.2亿吨、3388.1亿吨公里，其中，占主体的铁路货物运输量和铁路货运周转量同比增长15.2%和3.5%；旅客运输量、旅客周转量分别为3.49亿人次、588.09亿人公里，其中铁路、公路旅客运输量同比分别增长 15.6% 和 18.3%，铁路、公路旅客周转量同比分别增长 13.4% 和 7.0%；全省机场旅客和货邮吞吐量分别为 3885.0 万人次和 21.95 万吨，同比增长 14.1% 和 11.4%[①]。

（三）融合发展加力提速

数字化应用促进市场消费增长。2024 年前三季度，线上消费持续活跃，全省通过公共网络实现的商品销售同比增长 16.6%，占限上消费品零售额比重为 20.0%，较上年同期提高 3.2 个百分点。企业数字化转型加快。截至 2024 年 10 月，全省累计发布 85 个数字化典型应用场景，推动智能制造、智慧教育、智慧医疗、智慧商圈等领域数字化应用，延续 2023 年数字产品制造重点行业增加值增长 18% 的高增长态势[②]。文化旅游深度融合。以文物与创意、历史与生活融合，传统与现代、科技与文化交融激发陕西文旅新活力、新体验，一批"文化+科技+沉浸+地标性表演+网红打卡"的文旅消费场景激发文旅消费潜力。2024 年前三季度，全省接待国内游客 6.86 亿人次，国内游客花费 6367.79 亿元，同比分别增长 17.16%、20.51%。

（四）市（区）服务业竞相发展

在全省服务业持续回升的形势下，三大区域服务业发展分化，市（区）服务业竞相发展。从三大区域看，陕南地区服务业增长较快，2024 年前三季度，服务业增加值同比增速为 4.7%；关中地区服务业增速居中，服务业增加值同比增速约为 3.8%；陕北地区服务业增速最低，服务业增加值同比增速 2.8%。从各市（区）看（见表 1），西安服务业持续稳定恢复，2024

---

① 《2024 年 1-9 月交通运输邮电》，陕西省统计局网站（2024 年 11 月 20 日），http://tjj.shaanxi.gov.cn/tjsj/jdsj/qs_440/202412/t20241205_3220730.html，最后检索日期：2025 年 1 月 5 日。

② 《陕西省公布 30 个数字化典型应用场景》，陕西省科技厅网站（2024 年 10 月 18 日），https://kjt.shaanxi.gov.cn/kjzx/mtjj/324498.html，最后检索日期：2024 年 10 月 25 日。

年第一季度、第二季度服务业增加值同比增速均为 3.0%，前三季度为 3.3%；宝鸡、铜川、商洛服务业增加值增速较快；杨凌示范区、延安、榆林服务业增加值增速较慢。

表1 2023年、2024年前三季度陕西各市（区）服务业季度增长情况

单位：%

区域	市（区）	2023年第一季度	2023年上半年	2023年前三季度	2023年全年	2024年第一季度	2024年上半年	2024年前三季度
关中地区	西安	6.6	5.7	5.3	4.7	3.0	3.0	3.3
	铜川	5.1	2.9	3.6	2.4	3.4	8.0	7.6
	宝鸡	8.1	9.0	6.1	3.3	5.7	8.0	6.5
	咸阳	6.5	7.1	5.6	4.5	4.4	3.4	4.2
	渭南	4.9	5.9	4.4	—	1.5	3.4	3.6
	杨凌示范区	7.5	4.9	4.1	3.2	1.1	1.5	1.7
陕北地区	榆林	7.1	6.6	5.0	2.9	1.0	3.4	3.3
	延安	4.4	6.9	5.1	3.7	2.8	2.6	1.5
陕南地区	汉中	7.1	6.8	5.2	—	2.8	3.7	4.0
	安康	5.7	5.1	4.8	2.3	2.2	3.1	3.6
	商洛	5.7	7.2	7.3	4	5.0	5.6	5.2
全省		6.5	6.2	5.4	4.1	3.0	3.5	3.6

资料来源：《2024年一季度各市（区）生产总值》，陕西省统计局网站（2024年4月29日），http://tjj.shaanxi.gov.cn/tjsj/jdsj/qs_440/202408/t20240822_2496538.html，最后检索日期：2024年10月25日；《2024年上半年各市（区）生产总值》，陕西省统计局网站（2024年7月30日），http://tjj.shaanxi.gov.cn/tjsj/jdsj/qs_440/202408/t20240823_2505665.html，最后检索日期：2024年10月25日；陕西各市（区）统计局官方网站。

二 陕西服务业运行存在的问题

2024年，陕西服务业持续回升，但面临复杂多变的国内外环境和较大的经济下行压力，服务业运行持续恢复的基础仍不牢固，存在以下值得关注的突出问题。

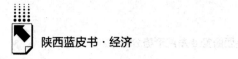

（一）服务业恢复发展的基础仍不稳固

自 2023 年以来，服务业承受下行压力，2024 年上半年、前三季度服务业增加值同比增速分别为 3.5%和 3.6%，呈现稳步增长态势，但其增长速度低于地区生产总值增速约 1 个百分点，服务业恢复的基础仍不稳固。从行业看，增加值占服务业增加值比重较高的两个行业，批发和零售业低位运行，上半年、前三季度批发和零售业增加值同比增速分别为 1.9%和 2.1%，分别低于服务业平均增速 1.6 个和 1.5 个百分点；房地产市场仍处于探底运行阶段，房地产开发投资虽降幅收窄，但商品房销售持续下行，销售市场仍然低迷。从动力看，服务业投资支撑薄弱，前三季度服务业固定资产投资同比增速虽然转负为正，但仍处于低位运行区间，尤其是高技术服务业固定资产投资增速下降 6.7%；消费总体需求动力不足，其中，公共服务消费供给有限，个人服务消费潜力有待进一步激发。

（二）面临服务业发展体制机制约束

制度环境是影响服务业发展的重要因素，完善的体制机制对服务业高质量发展发挥着重要促进作用。体制机制是制约陕西省服务业高质量发展的重要因素之一，主要存在以下制度障碍和制约因素：服务业管理体制不够完善，宏观管理运行机制不够健全，服务业行业管理不到位，中介服务不标准、不规范；服务业核算统计体系不完善，新产业、新业态尚未被完全纳入统计，缺乏服务业高质量发展运行监测机制；面临行业性体制机制障碍，制约现代服务业与制造业融合发展，影响生活性服务业多样化发展与品质提升；服务业支持政策有待优化，一些领域存在市场准入门槛，财税、金融、人才政策需要进一步强化和创新。

（三）企业经营困难和压力依然较大

2024 年，面对复杂严峻的外部环境和经济下行形势，受就业增收压力和消费需求限制，企业普遍面临服务市场需求不足和运行成本上涨的双重压力。从服务企业运行来看，伴随劳动力和原材料成本增加，经营成本、管理费用居高不下，企业普遍面临较大经营压力，盈利能力偏弱，企业亏损面较大，尤其是小微型企业经营较为困难。从规上服务企业新增量来看，2024年6月，规上服务企业新增1家，8月新增4家。从实地调查情况来看，规上服务业在库企业亏损面较大，服务业企业盈利仍然总体偏弱，服务业经济效益不高。

三 陕西服务业面临的形势与展望

2024年，随着政策效应不断显现，市场主体的市场信心进一步增强，经济发展的活力和动力进一步释放，为陕西服务业发展带来利好。但同时，服务业也面临不少困难与不利因素的挑战。

（一）形势分析

1.机遇

一是消费复苏和新型消费带来市场机遇。我国具有超大规模市场和消费需求优势。服务消费在我国消费中占据的地位越来越重要，2013~2023年，居民人均服务消费占比从39.7%提升到45.2%，提高了5.5个百分点，服务消费的空间和增长潜力巨大。2024年以来，国务院和中央、省（区、市）强力推动消费品以旧换新，采取多种举措促进服务消费，消费需求呈现总体恢复态势，为服务业发展提供了增长动力。2024年前三季度，我国最终消费支出对经济增长贡献率为49.9%，拉动GDP增长2.4个百分点。同时，数字消费、绿色消费、健康消费等新型消费快速兴起，智能家居、文娱旅游、体育赛事、国货"潮品"等新的消费增长点强势涌现，为服务消费开辟新空间，也为服务业新一轮增长注入新动力。[①]

二是进一步全面深化改革为服务业发展注入新动力。党的二十届三中全

---

① 《新消费新机遇："智能+国潮"》，《广州日报》2024年3月7日。

会审议通过的《中共中央关于进一步全面深化改革、推进中国式现代化的决定》提出"完善发展服务业体制机制",强调"完善支持服务业发展政策体系,优化服务业核算,推进服务业标准化建设""破除跨地区经营行政壁垒,推进生产性服务业融合发展""健全加快生活性服务业多样化发展机制"。中共陕西省委十四届六次全会审议通过的《中共陕西省委关于深入贯彻落实党的二十届三中全会精神进一步全面深化改革奋力谱写中国式现代化建设的陕西新篇章的实施意见》,提出"完善因地制宜发展新质生产力、促进实体经济和数字经济深度融合、服务业高质量发展等体制机制"。服务业是制度密集型产业,伴随中央、省市持续推进完善发展服务业体制机制,将持续为服务业发展注入新动能。

三是叠加政策效应持续释放带来利好因素。2024年以来,国务院和国家部委、省(区、市)陆续发布多项服务业相关政策,加速推动服务业发展。2024年8月,国务院发布了《国务院关于促进服务消费高质量发展的意见》,旨在优化和扩大服务供给,释放服务消费潜力。房地产领域出台了"517贷款利率调整""去库存""以旧换新"政策组合拳。文化旅游领域,文化和旅游部等部门发布了《文化和旅游部办公厅关于组织开展2024年全国文化和旅游消费促进活动的通知》《智慧旅游创新发展行动计划》《关于推进旅游公共服务高质量发展的指导意见》等促进政策。服务贸易领域,商务部出台推进内外贸一体化、跨境服务贸易负面清单等系列政策。陕西省及各市(区)结合各地实际出台推动服务业发展的具体政策措施,这些政策效应叠加,逐步显现,给服务业发展带来利好政策激励。

2.挑战

一是服务业发展受到外部环境复杂性和不确定性的影响。当前国际形势复杂多变,充满了不确定性和挑战。俄乌冲突、巴以冲突加剧地缘政治争端,给世界安全发展环境带来不确定性,也给世界经济社会发展带来不稳定性。全球经济增长动能偏弱,贸易保护主义抬头,贸易摩擦不断,对世界经济复苏和发展造成了阻碍,对我国服务业发展构成了挑战,也不利于陕西省经济回升和服务业发展。尽管,我国市场需求稳步增长，总体经济加速回升，但依然面临有效需求不足、结构亟待调整、动能面临转换等压力，给陕西省服务业发展带来不小挑战。

二是服务业发展面临内部结构亟须调整和新动能不足的挑战。陕西服务业内部结构不尽合理，传统服务业所占比重较大，生产性服务业发展滞后，优质公共服务业发展不充分，服务业供给结构亟须调整优化。服务业重点行业部门面临恢复发展和转型升级的迫切要求，房地产业依然处于探底运行过程中，房地产新模式有待加快构建；金融风险不容小觑，金融服务实体经济不足、服务中小企业能力不强；科技服务业产学研结合不够紧密、创新能力有待进一步提升。服务业内生动能亟待增强，服务业投资低位运行，服务消费需求需要持续拉动，以高技术服务业、新兴服务业为代表的现代服务业创新驱动动能有待进一步增强，新业态新模式有待进一步激活。

（二）发展展望

展望2025年，面对经济稳步发展的宏观经济形势，陕西服务业将持续恢复，保持总体平稳发展态势。

一是服务业总体平稳增长。2024年第一季度、上半年、前三季度，服务业增加值同比增速呈现持续上升趋势，同比增速分别为3.0%、3.5%与3.6%。进入第四季度，全省将紧紧围绕全年目标，围绕重点领域和关键环节持续发力，全力以赴稳增长、扩投资、促消费，为服务业稳定增长助力，预计服务业增速在5%左右。展望2025年，在全国经济持续恢复向好的背景下，伴随服务业发展体制机制改革深入推进，服务业叠加政策效应集中释放，消费市场持续回升向好，服务业发展具有持续发展的良好条件。预判服务业整体将呈现稳定向上势头，实现平稳增长，预计增速5%左右。

二是服务业高质量发展步伐加快。服务业新动能不断增强，服务业新业态更趋活跃。现代服务业加快发展，信息传输、软件和信息技术服务业，租赁和商务服务业保持强劲增长势头，房地产业加快调整步伐，以"五个金融"为着力点的金融业加快提升服务实体经济能力。科技服务、信息服务、现代物流等生产性服务业同先进制造业、现代农业加速融合,新业态、新模式更趋活跃。服务业的数字化程度稳步提升。旅游、餐饮、科教、文化等数字化服务转型加快,移动支付、电子商务、网约车、直播销售等新兴服务业蓬勃发展。

三是服务业发展体制机制改革深入推进。2025 年,将围绕服务业发展体制机制改革总的路线图,深入推进改革进程,进一步完善支持服务业发展的金融、财税、人才政策体系;优化服务业核算体系,推进服务业标准化建设;聚焦科技成果转化、知识产权、科技金融等重点环节分领域推进生产性服务业高质量发展;完善扩大消费长效机制,健全加快生活性服务业多样化发展的机制;进一步完善中介服务机构法规制度体系。

四 2025年陕西服务业发展的建议

(一)持续推进服务业稳定发展

积极扩大服务业有效投资,创新激发服务消费内生动能,推进服务业稳定持续发展。一是积极扩大服务业有效益的投资。优化财政资金支持结构,重点支持科技服务、知识产权、租赁与商务、空天服务等重点产业、关键领域、薄弱环节。持续扩大民间投资,明确鼓励民间资本参与的重点细分行业,建立重点民间投资项目库,优化民间投资项目的融资支持,激发民间资本投资活力。围绕新时代西部大开发、国家战略备份等重大国家战略,谋划一批重大工程、重大项目,争取国家倾斜投资支持。积极谋划、扩大专项债和超长期国债项目,争取更多重大项目纳入国家盘子。强化重大服务业项目策划储备,招引实施一批延链补链强链的重大服务业项目,提升高质量项目建设成效。打造"投资陕西"品牌,策划组织重大境内外招商活动,提高招商引资精准度、有效性。二是积极扩大服务消费。充分挖掘住宿餐饮、养老托育、家政服务等基础性消费潜力,不断激发文体旅游、教育培训、居住服务等改善型消费活力,培育壮大数字消费、绿色消费、健康消费等新型消费。创新服务消费场景，培育壮大智慧零售、智慧家政、数字文体、互联网医疗等消费新业态。

（二）推进现代服务业与先进制造业融合发展

加快推进现代服务业与先进制造业融合（"两业"融合）发展，积极培育新产业、新业态、新模式，增强服务业发展新动能。一是优化"两业"融合发展环境。清理制约"两业"融合发展的规章、规范性文件和其他政策措施，消除服务业和制造业在税收、金融、科技、要素价格等方面的政策差异。探索建立制造服务化、服务化制造标准体系、评价体系与监测体系。强化"两业"融合新型基础设施建设，积极推进传统基础设施向数字基础设施建设转型，为数字赋能、"两业"融合提供物质载体。积极营建新场景加快"两业"融合示范应用，聚焦"汽车+""智造+"等主题，梳理发布一批引领"两业"融合发展的新场景。二是探索重点行业融合发展新路径，培育融合发展新业态新模式。围绕"两链融合"，鼓励制造行业向附加值高的服务环节延伸，推动服务行业向制造领域拓展应用，探索创新高质量发展新路径。强化5G、大数据、工业互联网、人工智能等新一代信息技术在"两业"中的应用，培育制造融合、服务融合新业态新模式，鼓励跨界融合催生新业态新模式。三是强化"两业"融合发展要素保障。强化融合用地保障，鼓励探索业态复合、功能混合、弹性灵活的用地出让方式，盘活闲置土地和城镇低效用地，实行长期租赁、先租后让、租让结合等供应方式。加强财政金融支持，充分利用省服务业发展专项资金，以市场化模式撬动社会资金助力"两业"融合。强化数据资源使用保障，支持建立"两业"融合的数据平台、信息服务平台，推动对数据和信息平台的服务构建和资源购买；推动政府部门数据共享、公共数据资源开发利用。强化人才保障，构建"两业"融合的人才架构体系，制定和实施专项人才培训计划。

（三）进一步完善服务业发展体制机制

以改革的办法破解服务业发展面临的难题，加快构建公平、开放、有序的服务业发展制度环境。一是完善服务业管理体制。把握"十五五"时期陕西省将迎来"服务经济时代"服务业发展新阶段，确立服务业高质量发展战略。第一，完善服务业宏观管理体制，健全陕西服务业发展领导小组运行机制和全省服务业部门联席会议机制。第二，优化服务业核算与统计体系。将重点行业和新业态、新模式纳入统计范围，加强对服务业高质量发展综合评价和运行监测。第三，强化服务业提质增效制度导引。加快建立陕西重点行业服务标准。实施品牌提升行动，构建以陕西区域品牌、行业品牌、企业品牌、产品（服务）品牌为主的立体服务品牌体系。二是分类推进服务业体制机制改革。第一，深化生产性服务业发展体制机制改革。以推进制造业产业基础高级化和产业链现代化、提升制造业竞争力为核心，加快发展科技服务、科技金融、信息服务、空天服务、电子商务、产业互联网平台等知识密集型生产性服务业。第二，完善生活性服务业体制机制。聚焦居民消费升级方向和人民群众急难愁盼问题，加快促进多样化生活性服务业创新发展，积极扩大教育培训、文体旅游、医疗健康、养老托育等有效供给，提高生活性服务业多样化、品质化、便利化发展水平。

（四）完善服务业发展政策支持

完善的市场环境，完备的产业政策、财税政策、投融资政策是服务业高质量发展的重要保障。一是放宽市场准入政策。健全外资外商准入前国民待遇加负面清单管理制度，持续缩减服务业外资准入负面清单，推进科技服务、教育培训等重点领域开放，有序扩大电信、文化、法律、职业考试等领域开放。二是完善产业政策。推动制造业主辅分离、"两业"深度融合，完善现代服务业集聚区建设导引政策，明确各类省级集聚区的标准与条件。三是加大财税支持力度。构建"专项资金+引导基金+购买服务"的财政综合支持体系，提高省现代服务业发展专项资金使用效率，提升服务业政府引导基金专业化、市场化运作水平，完善首台（套）、首批次、首版次应用政策，扩大供给服务新场景应用。四是减轻服务业税费负担。加快完善服务业增值税进项税额抵扣政策，促进网络化、连锁化服务企业在合并报表基础上开展集中统一纳税,给予服务业小微企业减税降费、稳定就业奖补等政策支持。五是创新投融资支持。扩大政府融资增信,推出服务企业"融资增信"非固定资产抵押贷款产品;鼓励发展创新性非抵押类贷款模式,支持质押贷款融资方式;扩大优质民营企业债券发行规模,持续推进企业上市。

参考文献

《2023年陕西省服务业发展形势分析与2024年预测》,载程宁博、王建康、裴成荣主编《陕西经济发展报告(2024)》,社会科学文献出版社,2024。

曹林:《陕西现代服务业高质量发展研究》,社会科学文献出版社,2024。

新质生产力专题篇

B.5
陕西因地制宜发展新质生产力研究[*]

顾　菁　裴成荣　王振东[**]

摘　要：　新质生产力是创新起主导作用，摆脱传统经济增长方式、生产力发展路径，具有高科技、高效能、高质量特征，符合新发展理念的先进生产力质态，具有技术创新自主化、产业发展协同化、生产过程数智化、生产方式绿色化等重要特征。近年来，陕西积极打造创新发展引擎，全面深入实施数字陕西战略、大力发展四个万亿级产业集群，在推进新质生产力发展上取得了一定成效，但是依旧面临战略性新兴产业总体规模相对较小和实力相对较弱、创新驱动效率不高、数字产业竞争力不足等挑战。据此，本报告从陕西发展新质生产力的重点领域以及陕西培育发展新质生产力的保障措施两个层面，为陕西加快发展新质生产力、持续塑造高质量发展新优势新动能提出对策建议。

* 本报告为国家社会科学基金项目（项目编号：23BGL309）的阶段性成果。
** 顾菁，陕西省社会科学院经济研究所副研究员，研究方向为城市经济、数字经济；裴成荣，陕西省社会科学院经济研究所所长，二级研究员，研究方向为城市与区域经济、产业经济；王振东，陕西省社会科学院经济研究所助理研究员，研究方向为产业经济、区域经济。

关键词： 新质生产力　高质量发展　陕西

2023 年 7 月以来，习近平总书记在四川、黑龙江、浙江、广西等地考察调研时，提出要整合科技创新资源，引领发展战略性新兴产业和未来产业，加快形成新质生产力。12 月中旬，中央经济工作会议强调，要以科技创新推动产业创新，特别是以颠覆性技术和前沿技术催生新产业、新模式、新动能，发展新质生产力。新时代新征程，必须坚定不移推动高质量发展，充分整合科技创新力量和优势资源，提高自主创新能力，这样才能促进形成新质生产力，在激烈的国际竞争中真正掌握发展主动权。近年来，陕西积极打造创新发展引擎，深化科技成果转化"三项改革"，加快打造先进制造业、战略性新兴产业万亿级产业集群，新质生产力动能持续壮大，培养新质生产力已具备一定的基础条件。加快形成和不断发展新质生产力，将有效助推陕西现代化产业体系建设，为在中国式现代化建设中谱写陕西新篇章、争做西部示范注入强劲动能。

一　新质生产力的内涵与主要特征

"新质生产力是创新起主导作用，摆脱传统经济增长方式、生产力发展路径，具有高科技、高效能、高质量特征，符合新发展理念的先进生产力质态。"① 新质生产力以科技创新为核心驱动力，是传统生产力在数字时代发展衍生出的新形式和新质态，是传统生产力的跃迁提升。其起点在于"新"，包括生产要素的新特征、生产方式的新模式和产业发展的新形态，体现在数字化和技术含量更多的新质劳动资料、以信息化和智能化为特点的新质劳动工具、形态和领域大大拓展的新型劳动对象和以前沿科技

---

① 习近平：《发展新质生产力是推动高质量发展的内在要求和重要着力点》，求是网，http://www.qstheory.cn/dukan/qs/2024-05/31/c_1130154174.htm，最后检索日期：2024 年 10 月 20 日。

和新兴趋势为方向的新兴产业和未来产业。内核在"质",强调遵循科学发展的内在本质、基础规律和根本要求,通过全面贯彻新发展理念,着眼供给侧结构性改革,推动生产力由量向质转型赋能高质量发展,满足人民群众对高品质生活的需求。落脚点在"生产力",是新时代生产力跃迁的客观需求,具体表现为科技生产力、绿色生产力、信息生产力、数字生产力等新形态。当前,新一轮科技革命和产业变革突飞猛进,科技创新能力和产业体系完整性越来越成为衡量地方发展动力和潜力的重要指标。陕西正处于工业化中后期阶段,产业体系完备,战略性新兴产业发展迅速,科教资源丰富,创新实力雄厚。着眼高质量发展、加快形成新质生产力,是不容错过的重要战略机遇,是抢占发展制高点、培育竞争新优势的先手棋。

(一)技术创新自主化

新质生产力是由技术革命性突破、生产要素创新性配置、产业深度转型升级而催生的当代先进生产力,它以劳动者、劳动资料、劳动对象及其优化组合的质变为基本内涵,以全要素生产率提升为核心标志,是知识技术密集型的现代化生产力。在这个过程中,自主创新起到了至关重要的作用。自主创新通过在生产过程中开发新的技术、生产方式,使生产方法和产品发生根本性变革,不断创造产业新形态和经济增长点。

(二)产业发展协同化

新质生产力强调质变而非单纯的量的增长,涉及技术、生产要素配置、产业结构等跨领域、多元化要素的协同合作。数字化生产要素具备高效、无边界的特性,可以通过互联网等方式实现多种形态的互补与协同,打破行业间和部门间壁垒,实现优势互补和资源配置最优化,创造更多经济复合价值。数字化工具拓宽了技术共享和生产协作的范围,进一步撬动了在产业发展协作中技术进步的乘数效应。

（三）生产过程数智化

数字化是新质生产力的核心要素，数字化转型是新质生产力的主要发力点。随着数据资源进一步融入生产和交易过程，传统产业边界开始趋于模糊，社会生产过程逐渐向智能化和自动化演变，实现了经济社会交互活动方式的重构。现代高端先进设备的适应能力以及知识快速迭代能力，使社会生产中资源配置效率得到了极大提升，最终形成开放、共享的生产要素系统，使整体运营效率提高，实现社会生产的高效化。

（四）生产方式绿色化

新质生产力本身就是绿色生产力，强调在生产过程中实现资源的节约和环境的友好，追求经济效益、社会效益和生态效益的和谐统一。新质生产力将生态环境纳入生产力范畴，在全球极端气候风险和自然资源承载压力增大的背景下，将自然条件的再生产融入生产、生活过程，为实现人与自然和谐共生提供了有力支撑。通过把环境资源转化为发展资源，把生态优势转化为经济优势，铺就绿色发展底色，推动经济社会向绿色、低碳、可持续的方向发展。

二 陕西发展新质生产力的特色优势和面临的挑战

（一）特色优势

1.积极打造创新发展引擎

陕西科技创新实力雄厚，创新资源富集，建有45个全国（国家）重点实验室①、5个国家重大科技基础设施②、111所高校、20个"双一流"学

---

① 《面向重大原始创新 破解核心技术难题》，陕西省人民政府网，https://www.shaanxi.gov.cn/xw/sxyw/202407/t20240722_2366749.html，最后检索日期：2025年3月14日。
② 《陕西基础研究平台基地体系不断完善》，陕西省人民政府网，https://www.shaanxi.gov.cn/xw/sxyw/202408/t20240826_2505791_wap.html，最后检索日期：2025年3月14日。

科①，拥有"两院"院士74人②、1800多家科研机构③。围绕西安区域科技创新中心建设，着力培育国家战略科技力量，增强高质量科技供给，通过布局陕西实验室、构建具有陕西特色的重大科技基础设施集群等措施，打造在全国具有重要影响力的原始创新策源地。全省实验室体系持续完善，无人机、超导材料、增材制造等一批高新技术国内领先、国际先进，国产大飞机、"嫦娥""天问"系列工程、中国天眼FAST、北斗导航系统等国家重大工程中均有陕西创新成果的贡献。陕西围绕产业链部署创新链、围绕创新链布局产业链，部署了一批有组织的关键核心技术攻关。将创新成果精准嵌入产业链，加速推动产品创新、产业升级，实现了产业规模和经济效益的"双提升"。通过推动新旧动能有效转换，在加速传统产业升级"破圈"的同时开辟全新产业赛道、塑造发展新动能，走出了一条动能充沛、多点支撑、创新驱动的内涵型增长之路。2021年3月，陕西全面启动建设秦创原创新平台，以秦创原作为全省创新驱动发展的总平台，持续推动"三项改革"拓面扩量提质增效。三年来，陕西各部门围绕成果转化、企业培育、平台建设、技术攻关、产业发展、人才引用、科技金融、服务保障等方面出台160余项配套政策举措，形成了上下贯通、多维联动、层层递进、全社会协同的政策体系。在不断增强总窗口创新驱动力的同时，推动总窗口与各地市资源共享、创新协作和产业协同，有效驱动区域经济高质量发展。

2. 深入实施数字陕西战略

陕西抢滩数字经济新蓝海，着力在"一新四化"上下功夫，深入实施数字陕西战略。积极推进北斗定位、卫星遥感、地理信息等时空信息基础设施的建设，打造智能化综合性数字信息基础设施体系。制定了"数字工信"

---

① 《我省高等教育内涵发展取得新突破》，陕西省人民政府网，https：//www.shaanxi.gov.cn/xw/sxyw/202205/t20220518_ 2221299_ wap.html，最后检索日期：2025年3月14日。

② 《二〇二三年两院院士增选结果揭晓两名在陕科学家当选》，陕西省人民政府网，https：//www.shaanxi.gov.cn/xw/sxyw/202311/t20231123_ 2308005_ wap.html，最后检索日期：2025年3月14日。

③ 《释放科教潜力 强化科技支撑》，陕西省人民政府网，https：//www.shaanxi.gov.cn/xw/sxyw/202407/t20240709_ 2348415.html，最后检索日期：2025年3月14日。

顶层设计方案，明确提出了"1+5+N"的建设框架，旨在构建"大平台、大数据、大系统"的宏伟发展格局。在算力基础设施方面，截至2023年，陕西已成功开通5G基站9.6万座，实现了乡镇及以上行政区、重点商贸圈、交通枢纽节点等区域5G网络的高质量覆盖。高精度地基授时系统主体已落成，西安超算中心一期总峰值算力达到108P，水平行业领先，未来人工智能计算中心的算力达到300P。在加快数实融合方面，陕西以数字化巩固发展优势产业、改造提升传统产业，深度拓展数实融合空间，加快推动制造业"智改数转网联"。2023年，数字经济总规模突破1.4万亿元，占GDP比重逾40%，数字产品制造重点行业增加值增长18%。① 陕西统筹开放数字政府、智慧城市建设中的各行业应用场景和项目机会，建立信息化项目与场景机会清单的常态化发布机制，强化供需对接，培育多元应用场景生态，成功打造29个国家智能制造优秀场景、115个省级数字化典型应用场景。这些场景广泛覆盖社会治理、智慧城市、教育医疗、智慧文旅、农业生产、交通物流、产业平台等领域，全面助力千行百业数智化转型。在释放数据价值方面，陕西深度挖掘数据潜能，加速推动大数据产业的创新发展与蓬勃兴起，集中力量培育软件和信息服务、物联网等十大重点数字产业集群。成功打造西安高新区丝路软件城，汇聚超过4300家软件企业。智慧农业农村建设蓬勃发展，陕西成功设立了5个国家级"互联网+"农产品出村进城工程试点县。数字文化创意扶持行动亦取得显著成效，全省高A级旅游景区智慧景区覆盖率已实现100%，西安微短剧制作数量占据全国约60%的市场份额。

3. 培育壮大4个万亿级产业集群

陕西加快打造先进制造、现代能源、文化旅游、战略性新兴产业4个万亿级产业集群，构建现代化产业体系，实现了产业规模和经济效益"双提升"。在先进制造业集群方面，陕西聚焦新能源汽车、太阳能光伏、输变电装备、航空等产业链。其中，航空航天实力位居全国前列。西安集聚了国内

---

① 如无特别说明，本报告数据来源于陕西省统计局。

航空 1/4 和航天 1/3 的科研生产力量，是国内较少拥有航天系统完整产业链和创新链的城市之一①。西安航空产业集群入选第一批国家先进制造业集群。装备制造业迈向高端，2023 年，全省高端装备制造业增加值 445.9 亿元②。生产制造输变电、数控机床、石油机械等多种高端装备。汽车产业蓬勃发展，尤其是新能源汽车快速增长，2023 年，产量达 105.2 万辆，增长 33.9%；产量位居全国第三③。在战略性新兴产业集群方面，陕西聚焦新一代信息技术、新材料、高端装备制造等战略性新兴产业和未来产业细分领域。其中，新一代信息技术产业创新发展，西安集成电路产业集群入选国家战略性新兴产业集群，半导体及集成电路产业规模位居全国第四，奕斯伟 12 英寸大硅片项目产能位居国内第一。高端装备制造业竞争优势突出，拥有铂力特、同力重工等 10 亿级以上知名企业超过 10 家，创建了增材制造领域唯一国家级创新中心。新材料产业保持快速发展，钛材年加工总量全国占比 65%，宝钛钛材产量排名世界第一，金堆城钼业的钼金属采选能力排名世界第三、亚洲第一。④ 在现代能源产业集群方面，陕西念好能源"稳、控、转"三字经，加快建设榆林能源革命创新示范区、延安现代能源经济示范区，做强做优现代能源产业集群。基本形成包括煤制油、煤制乙二醇、煤基高端化工等在内的现代煤化工产业链，陕煤集团 180 万吨煤制乙二醇项目、50 万吨煤焦油制

① 《新质生产力在中国 | 火箭动力、卫星载荷、测控……西安打造国际级航空航天产业集群》，中央广播电视总台央视新闻官方账号，https://baijiahao.baidu.com/s?id=1793642660549905330&wfr=spider&for=pc，最后检索日期：2025 年 3 月 14 日。

② 《战略性新兴产业快速发展引领带动作用凸显——新中国成立 75 周年陕西经济社会发展成就系列报告之十五》，陕西省统计局网站，https://tjj.shaanxi.gov.cn/tjsj/tjxx/qs/202409/t20240930_2829893.html，最后检索日期：2025 年 3 月 14 日。

③ 《［省工业和信息化厅］新能源汽车产量居全国第三位》，陕西省人民政府网，https://www.shaanxi.gov.cn/xw/ldx/bm/202402/t20240206_2316626_wap.html，最后检索日期：2025 年 3 月 14 日。

④ 《高质量发展调研行 | 这份成绩单彰显了陕西工业高质量发展的实力》，央广网，https://baijiahao.baidu.com/s?id=1776282556155373510&wfr=spider&for=pc，最后检索日期：2025 年 3 月 14 日。

环烷基特种油品项目规模达到全球最大。[①] 在打造万亿级文化旅游产业集群方面，陕西以"文化+旅游+科技+商业"为指引，布局建设八条重点产业链群，推动形成迭代升级、链式发展的现代文旅产业体系，走在转型升级和国际文旅传播的最前列。

（二）面临挑战

1. 战略性新兴产业总体规模有待扩大、实力有待提升

战略性新兴产业体量较小、集群化水平有待提高，各产业发展不均衡。2023 年全省战略性新兴产业增加值同比增长 3.3%，占 GDP 的比重仅为 10.4%，低于全国平均水平约 2.6 个百分点。战略性新兴产业集聚度有待进一步提高，陕西仅有 2 家国家战略性新兴产业集群、1 家国家先进制造业集群，且规模偏小、整体层次偏低。战略性新兴产业发展不平衡不充分，新能源汽车产业产值增速最高，新一代信息技术、新材料、数字创意等产业平稳增长，节能环保、生物产业降幅较大。

2. 科技创新驱动效率不高

源头创新的动力与活力有待提升，颠覆性和带动性科技创新能力不足，"卡脖子"技术严重短缺。陕西大部分创新人才和研发机构都集中在科研机构中，作为创新主体在技术前沿领域活跃的企业主要为国企，中小企业普遍缺乏独立创新能力，科技成果"转而未化"的问题依旧普遍存在，科教资源优势尚未充分发挥。此外，"三项改革"对职务科技成果采用区别于一般国有资产的管理体系，与现行国有资产形成的股权形式有很大区别，在推广过程中面临一定的制度壁垒，使创新动力受阻。

3. 数字产业竞争力不足

陕西虽然是科教大省，但数字领域科技创新投入偏低，数字核心技术基础研究方面短板突出，数字基础设施的技术和服务水平不能全面满足高精尖

[①] 李旭佳：《陕煤集团榆林化学公司 180 万吨/年乙二醇项目：搭建从"一块煤"到"一块布"的桥梁》，《陕西日报》，https://esb.sxdaily.com.cn/pc/content/202410/24/content_ 885869. html，最后检索日期：2025 年 3 月 14 日。

技术的需要。具体项目落实中还存在数字经济重大项目少，各类要素投入不足，"数实融合"不全、不深等问题，亟待从"小"突破。此外，陕西数字经济企业的竞争力不强，截至 2023 年 8 月，八成以上的数字经济企业生存周期不超过 5 年，九成以上的数字经济企业纳税额不足 100 万元。国家"十四五"规划纲要圈定的七大数字经济重点产业的百强企业中只有 5 家陕西省企业，陕西严重缺少龙头企业①。

三 陕西发展新质生产力的重点领域

（一）加快新型储能产业发展，助推现代能源体系建设

一是提升新型储能建设水平。明确新型储能市场主体定位，完善新型储能项目价格机制，建立完善适应储能参与，具备短、中、长不同时间周期调节能力的市场机制，支持新型储能参与电力辅助服务市场、建立独立储能容量共享租赁制度等。以电力系统需求为导向，建立健全新建电力装机配套储能政策，强化电力系统顶峰、调峰、调频、爬坡等灵活调节能力，保障电力可靠供应，促进清洁能源消纳，助力储能产业高质量发展。统筹考虑陕西电网结构与新能源分布，引导新型储能重点布局在陕北、关中渭河以北新能源富集区域，在 750 千伏夏州、蒲白等缺乏转动惯量支撑的供电区探索发展压缩空气储能、重力储能等新型储能。

二是加快落实新能源建设布局。推动新能源优先开发和优先利用，落实"一心两区四走廊五基地"新能源布局，保障新能源产业供应链自主可控，重点建设陕北—湖北、陕北—河南、陕北—安徽 3 条新能源外送通道，提升新能源竞争优势。利用西气东输工程，建设太阳能光热与燃气联合发电示范工程，加快技术改造，推动电网调适，有序发展分布式能源和分布式微电网，促进大规模集中式新能源和分布式能源发展。在资源可持续、生态可承

---

① 数据来源于陕西省工业和信息化厅。

受、能源安全有保障的前提下，构建陕西煤炭产能动态约束机制，推动陕北能源产业向能源服务、能源装备等横向发展。全力推动氢能开发利用。以省级氢能运营平台企业统筹氢能供应和市场空间整体布局，以陕西旭强瑞清洁能源、陕西华秦新能源科技、陕西燃气集团、维纳氢能科技等氢能产业链"链主"企业为引领，科学有序开展氢能技术创新和应用示范，支持企业开展试点试验，加快形成覆盖"制—储—运—加—用"的全产业链。打造规模化、低成本绿氢供应体系，扩大氢能在新能源汽车、分布式能源系统、商业航天等领域的发展空间。

（二）促进产业链供应链升级，推动战略性新兴产业高端化

一是推进优势产业链群化发展。梳理电子信息、新能源汽车、高端装备等战略性新兴产业集群供应链图谱，重点培育处于产业链供应链核心地位，对优化资源配置、推动技术创新、构建产业生态有重大影响力的企业，促进产业链供应链配套企业集聚陕西。支持供应链核心企业建立供应链关键环节替代清单，构建稳定的供应链共生联合体，提升供应链的韧性和安全性，打造特色鲜明、安全可靠的区域产业链供应链体系。大力实施链式招商、以商引商，引导有实力的国有企业参与强链补链延链，做强链主企业、做深产业配套、做实应用场景，实现与现有优势产业融合集群发展的生态圈，切实形成集聚效应、裂变效应。力争在光伏、集成电路、航空航天、光子等领域培育一批价值链高端品牌，通过品牌影响力和号召力进一步优化供应链布局、巩固供应链集聚优势。

二是大力提升本省产业配套率。扩大生产性服务业规模，提升先进制造业和现代服务业融合发展水平。引导制造业企业跨界融合、协同对接多方资源，强化研发、生产、流通、消费等环节关联，加快业态模式创新升级。支持制造业龙头企业向供应链上游拓展协同研发、众包设计、系统咨询、综合解决方案等专业服务，向供应链下游延伸远程诊断、维护检修、技术培训、全生命周期管理、信息增值等服务活动，推动"生产型制造"向"服务型制造"转变，实现供应链价值增值。加快培育一批服务型制

造示范企业，通过制造与服务的全面融合发展，不断拓宽发展新空间、增强发展新动能、探索发展新路径，完善产业链上下游配套体系。做大做强供应链服务平台企业。围绕汽车制造、信息技术、高端装备、先进材料、消费品工业等战略性新兴产业，加快培育一批与各重点产业紧密相关的专业服务平台，提升价值创造能力。针对陕西供应链服务企业较少的短板，尽快颁布实施供应链服务企业认定的规范性文件，重点培育供应链服务龙头企业。支持专业服务平台开展科技创新、产品创新、服务创新、管理创新、市场创新。加快推进先进制造业、国内外贸易与专业服务深度融合、耦合共生。

（三）以先进技术为引领，统筹优化前瞻性未来产业布局

一是瞄准高端高质高新，科学布局新兴产业，统筹发展。积极开辟新领域、新赛道，加快人工智能、生物制造、量子计算等前沿技术的推广应用，在前沿产业变革领域组织实施未来产业孵化，创造有利于新技术快速大规模应用和迭代升级的发展环境。推进智能网联汽车、智能制造、绿色制造等新兴产业技术创新和规模化发展，前瞻性系统化布局人工智能、量子科技、生命科学等未来产业。重点鼓励开展新技术、新产品布局，推动重大科技基础设施建设，加强企业主导的产学研深度融合，加快布局制造业创新中心、产业创新中心、概念验证中心、新产品导入中心等。制定典型应用场景清单，加快新技术、新产品在重大项目中的规模化应用。在全省范围内因地制宜培育打造秦创原未来产业先导区。统筹布局一批未来产业概念验证中心、未来技术应用场景，强化构建具有陕西特色的现代化产业体系的科技支撑。以打造高水平创新平台、高能级产业平台、高标准运营平台、高效率建设标杆为目标，以产业聚集、政策聚力、要素聚合、项目聚焦为抓手，采取多方共建、平台共用、人才共招、成果共享等模式，推动创新要素高效集聚和优化配置，构建贯通"科研—中试验证—孵化—产业应用"链条的产业创新生态。

二是聚力核心技术攻关，推动科技创新成果转化为经济发展的"新支柱""新赛道"。围绕可能诞生科技革命重大成果的领域，超前布局重点领

域基础研究，优化基础研究支撑体系，为原创性、颠覆性、支撑性技术创新奠定基石。拓宽企业与研究机构之间的科研桥梁，为基础研究提供应用型实验基地。推动先进能源、数字智能、泛在网络、新型材料、量子信息、生命科学等未来产业逐步发展成为新增长点。坚持需求牵引、技术推动双向发力，围绕产业图谱编制创新图谱，实施"技术攻关+产业化应用"重大科技示范工程。以"启动区、拓展区、储备区"空间梯度体系，加大园区土地连片整备力度，为未来产业发展提供坚实的空间保障，加快聚集一流战略科技硬核要素，完善全链条、全周期的未来产业创新生态，加速培育发展未来产业。打造清洁能源装备、民用无人机、数控机床、智能机器人、北斗、高端聚合物、空间激光通信等具有核心科技竞争力的单项冠军和拳头产品。推动研发制造企业联合突破首台（套）装备、首批次材料、首版次软件等创新产品，打造技术知名品牌和区域特色产业名片。

四　陕西培育发展新质生产力的保障措施

（一）强化区域创新赋能

加快布局一批更高水平、更大规模的重大科技基础设施，推动向综合性国家科学中心倾斜集聚，支撑区域创新高地，不断提升原始创新能级。以西安建设综合性国家科学中心和科技创新中心为契机，围绕"支柱+重点"产业集群重点领域及重大战略需求，以重点实验室和重大科技基础设施建设为依托，构建跨领域、多元化的融合型创新平台网络。统筹省内外创新资源，突出需求导向，强化结果应用，建立健全中试服务网络体系，加强科技创新和产业创新对接。依托秦创原，探索"创新飞地""离岸孵化"等模式，推动市县、园区、高校、院所、企业协同创新，发挥秦创原示范牵引、集聚辐射作用。持续推广实施"一院一所一港一校一企"模式，大力发展实验室经济，建设一批概念验证中心、小试中试基地、公共技术服务平台，加快打造以源头创新为引领、以成果转化为特色、"科产创"深度融合的新型科研经济综合体。加强西安"双中心"科学基础设施建设，积极争取国家实验室、大科学装置、国际科技创新基地等落地布局，吸引国内外知名企业、大学、院所在陕西设立区域研发中心。

（二）提升秦创原服务功能

持续深化科技成果转化"三项改革"。放大"三项改革"点火器作用，制定和实施更加积极的科技成果转化政策和措施，提升转化效率和水平。密切跟踪科技成果转化"三项改革"、"十条措施"落实情况，同步开展实施效果评价，继续破解制约性问题，形成制度性解决办法。稳步扩大改革试点范围，向有条件、有意愿的省内高校、科研院所等推开，推动中央在陕高校、科研院所适用陕西省科技成果转化政策。深化产学研合作，支持面向市场的新型研发机构发展壮大，鼓励高校、科研机构和企业联合建立研发中心、联合开展科技项目，共同促进科技成果转移转化。大力发展科技服务业，培育专业服务平台，培养科技经纪人队伍，加速科技成果向现实生产力转化。强化引导和激励，加大科技成果转化优秀案例的宣传推广力度，吸引更多单位和个人参与科技成果转化，对作出突出贡献的单位和个人给予表彰和奖励。

（三）优化算力供应能力

优化数据中心网络架构，重点支持绿色节能、算力高效调度和自主可控的数据中心项目，保障国家级互联网骨干直联点安全稳定运行。围绕共建"一带一路"高质量发展，加强数据中心协同共建、联通共用的国际合作，提升全球化信息服务能力。支持各企业灵活部署边缘数据中心，积极构建全省重点城市内的边缘算力供给体系。逐步提高自主研发算力的部署比例，完善开源环境，推动算力互联互通开放社区发展。推动多行业、多领域的智能"脑核"建设计划，带动陕西的算力向算能转型升级，充分发挥陕西在"东数西算"工程中的"西引力"。推动数字资源共建共用、数字服务共享共用，探索智能社会治理的陕西路径，提升治理能力和治理现代化水平。加大对应用场景落地推广的第三方市场机构的培育力度，帮助已经成熟的应用场景项目寻找更广阔的市场空间。推广典型应用和试点示范项目，引导经营主体以应用场景为导向，按照用途用量发掘数据价值，打造"数据价值化"示范标杆，将场景建设成为陕西数字经济发展的新名片。

（四）完善要素支撑

以投行思维抓科技金融，设立政府引导基金，采取财政补贴、贷款贴息、资金支持等形式，吸引社会资本投向高新技术领域。支持银行开展知识产权质押融资，鼓励保险机构发展科技保险，支持保险资金投资面向科技企业的创投基金。实施"科学家+工程师"人才专项，推进新工科人才培养与产业充分结合，壮大高素质人才队伍。深化企业与职业院校合作，推动产教对话联动，联合实施大规模职业技能培训，培养一批面向市场、符合企业需求的高技能产业工人。加大柔性引才力度，采取"人才+项目+平台"模式引进国内外高水平科技人才和创新团队，创优留才环境，确保高层次人才引得来、留得住。

（五）建立监测指标体系

加强产业发展"含新量""含绿量"监测，常态评估创新作用发挥情况和绿色低碳发展水平，不断提升产业"含金量"。定期研判新质生产力发展变化态势，建立健全科学合理、可操作性强的统计监测指标体系，将新质生产力发展情况纳入高质量发展考核，增强全省发展"成色"，提高各地各部门推动形成新质生产力的意识和自觉。

参考文献

董庆前：《中国新质生产力发展水平测度、时空演变及收敛性研究》，《中国软科学》2024年第8期。

黄群慧、盛方富：《新质生产力系统：要素特质、结构承载与功能取向》，《改革》2024年第2期。

刘守英、黄彪：《从传统生产力到新质生产力》，《中国人民大学学报》2024年第4期。

童亚新、蒋永强：《新质生产力赋能中国式现代化：内在逻辑、动力要素与实践路径》，《社会主义研究》2024年第4期。

周密、郭佳宏、王威华：《新质生产力导向下数字产业赋能现代化产业体系研究——基于补点、建链、固网三位一体的视角》，《管理世界》2024年第7期。

B.6
陕西低空经济发展研究

陕西省社会科学院经济研究所课题组*

摘　要：　发展低空经济，已成为各省份竞逐新领域新赛道的战略选择，也是加快形成新质生产力的重要举措。陕西具有发展低空经济的先天优势和巨大潜力，应抢抓产业密集创新和高速增长的战略机遇，统筹产业发展和低空安全，打造因地制宜发展新质生产力的关键引擎。本报告通过对陕西低空经济发展的外部机遇分析，明确低空经济的理论内涵与发展逻辑，针对陕西低空经济发展面临的低空空域受限、典型应用场景缺乏、产业集群竞争力不强以及缺乏统筹，外部风险加大等瓶颈，提出加快推进低空空域改革、积极谋划低空经济先行试点、探索典型应用场景、加强低空经济科技创新驱动、培育壮大产业主体、优化低空经济发展生态的对策建议。

关键词：　低空经济　新质生产力　航空产业链　陕西

党的二十届三中全会提出"发展通用航空和低空经济"。低空经济是以低空飞行活动为牵引，辐射带动相关领域融合发展的综合性经济形态。当前，我国低空经济正以前所未有的方式迅速兴起，无人驾驶、数字低空、绿色能源成为主要方向。

---

* 课题组组长：裴成荣，陕西省社会科学院经济研究所所长，二级研究员，研究方向为城市与区域经济、产业经济。课题组成员：吕芬、张馨、王振东、顾菁。执笔人：吕芬，博士，陕西省社会科学院经济研究所助理研究员，研究方向为数字经济、科技创新等。

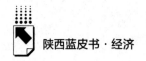

一 陕西低空经济发展的外部机遇

当前，世界各国通过多种方式加快在低空领域的布局，多家国际航空知名企业加大对电动垂直起降飞行器（eVTOL）研发制造力度，从而促进在城市空中交通（UAM）或先进空中交通（AAM）领域获得先发优势。面对快速迭代的外部新形势，我国也积极推动低空经济发展，在深化空域改革、研发制造、场景应用等领域不断出台相关政策引领我国低空产业持续健康发展。

2010年8月，国务院和中央军委联合下发《关于深化我国低空空域管理改革的意见》，标志着我国低空经济迈入初步发展阶段。近年来，我国不断完善政策保障体系，加快低空产业相关政策的出台，低空经济进入快速发展阶段。2021年，"低空经济"写入《国家综合立体交通网规划纲要》；2023年我国无人驾驶航空器立法出台，对空域管理条例进行不断完善；2024年政府工作报告提出发展"低空经济"。2024年3月，工业和信息化部等四部门联合印发《通用航空装备创新应用实施方案（2024—2030年）》，加快通用航空技术和装备迭代升级，建设现代化通用航空先进制造业集群，打造中国特色通用航空产业发展新模式，为培育低空经济新增长极提供有力支撑。

2010年，我国在四川、海南、湖南、江西和安徽等省份开展全国首批低空空域管理改革试点工作，持续推动空域管理改革和通用航空产业发展。截至2024年，多个省市将低空经济和通用航空发展列入政府工作报告，例如深圳、苏州、珠海、合肥、成都等均出台低空经济发展条例、实施方案、行动及产业支持措施等，主要聚焦低空经济基础设施建设、应用场景拓展、低空产业链培育、加大企业主体规模以及项目落地等方面。

二　陕西低空经济发展的理论分析

（一）低空经济的基本概念与特点

低空经济是指在垂直高度 1000 米以下（根据实际需要可延伸至不超过 3000 米）的空域范围内，利用各类民用有人驾驶和无人驾驶航空器进行商业活动的经济形态。低空经济涵盖领域广泛，包括载人、载货、航空摄影、空中游览、物流配送、应急救援等多个方面。具体来说，低空经济涉及低空飞行器的研发制造、低空飞行基础设施建设运营、飞行服务保障等多个产业链环节。其中，无人机产业是低空经济的主导产业，包括无人机的制造、研发、销售和运营等环节。此外，低空经济不仅包括民用有人驾驶和无人驾驶航空器的各种低空飞行活动，还涉及运人、运货、特殊作业等多场景的应用，并辐射带动相关领域的发展。例如，电动垂直起降飞行器是其中的重要组成部分。从战略意义上看，低空经济能够推动经济高质量发展，成为经济增长的新引擎；促进产业结构优化升级，提升国家竞争力；拓展新的市场空间，培育新动能。同时，低空经济还广泛体现于第一、第二、第三产业中，涉及民用、工业等多个场景，具有产业链条长、应用场景复杂、使用主体多元等特点。

（二）低空经济发展的理论逻辑

低空经济可以通过技术创新、政策支持以及场景应用来驱动。第一，低空经济的发展可以带动技术革新。低空经济的技术创新主要集中在无人机技术、电动垂直起降飞行器以及 5G 技术、人工智能技术等关键领域。这些技术的突破不仅提升了飞行器的性能，如续航能力、飞行稳定性等；还降低了运营成本、促进了相关产业的转型升级。从无人机技术领域来看，通过开发新型电池技术、无人机混合动力系统以及地面供电与无线充电结合技术，提升了无人机的续航能力。在电动垂直起降飞行器领域,技术创新主要集中在提升飞行器的安全性、稳定性和舒适性等方面。通过不断优化飞行器设计、提升电池能量密度以及加强飞行控制系统的研发,推动了 eVTOL 技术的快速发展。在 5G 与人工智能技术领域,5G 技术的应用为低空经济提供了高速、低延迟的通信保障,使无人机和 eVTOL 飞行器能够实现实时监控、远程控制和自主飞行。而人工智能技术的应用则提升了飞行器的智能化水平,使其能够自主规划航线、避障和应对突发情况。第二,低空经济的发展需要政策支持。从国家层面来看,国家将"低空经济"列为战略性新兴产业,并出台了一系列政策以支持其发展。例如,工业和信息化部、科学技术部、财政部、中国民用航空局等部门联合印发了《通用航空装备创新应用实施方案(2024—2030 年)》,明确提出了到 2027 年和 2030 年通用航空装备及低空经济发展的阶段性目标,并围绕增强产业技术创新能力、提升产业链供应链竞争力等五大领域明确了 20 项重点任务。从地方层面来看,各地政府也出台了一系列政策措施以推动低空经济的发展。这些政策包括加强航空器研发制造、低空飞行基础设施建设运营、飞行服务保障、低空经济与传统经济融合、技术创新和标准制定、应用场景拓展以及安防反制能力建设等多个方面。第三,低空经济需要场景驱动。低空经济已经形成很多成熟的应用场景,如通航飞机、直升机和无人机在农业、工业、文旅等领域的广泛应用。这些应用场景不仅为低空经济提供了广阔的发展空间,也推动了相关技术的不断创新和升级。近年来,人工智能等新兴技术加快与低空飞行器融合,电动垂直起降飞行器、智能化无人机等新技术新产品展现出广阔的应用前景。这些新技术新产品的成熟及其带动低空飞行服务的发展需要新的应用场景支撑,如智能化无人机在快递物流等领域的应用,以及 eVTOL 在城市和城际客运、商务出行、物流配送、紧急医疗救护服务等领域的应用。在低空经济发展的早期阶段,应用场景的创新尤为重要。不断挖掘和拓展新的应用场景,可以推动低空经济相关技术的不断创新和升级,进而促进整个产业的快速发展。

三　陕西低空经济发展的产业基础与瓶颈

2021 年，陕西省人民政府办公厅出台《关于进一步提升产业链发展水平的实施意见》，明确将航空产业和民用无人机产业纳入 23 条工业领域重点产业链，由陕西省政府领导牵头推动产业链加快发展。2023 年，《陕西省航空产业链三年行动计划》出台，为陕西低空经济高质量发展提供了坚实有力的支撑保障。

（一）产业基础

1. 研发设计

陕西低空经济产业上游研发设计优势明显，有多家无人机整机研发机构。拥有以西北工业大学、西安交通大学为代表的国家部属院校作为技术支撑，以及低空产业相关总装、设计等上游研发设计企业。同时，还拥有多家整机研发、先进材料、飞控系统和动力系统研发等领域实力突出企业。

2. 生产制造

中游生产制造以大中小型无人运输机、整机配套为主。目前，陕西无人机产业相关企业有百余家，已形成较为完备的无人机生产制造体系；拥有分系统和航空部件制造单位，以及爱生集团、中天飞龙、羚控科技等多家链上重点企业。

3. 运营服务

下游产业以无人机及通用航空应用服务为主，目前，陕西有多个通用机场。爱生集团、希德电子、海澜航空等企业在农林植保、警用安防、巡线测绘等方面打开应用市场。势加动力、通飞航空、兴航航空等企业提供操作培训、维修保障等基础服务。

（二）瓶颈

陕西具备较好的低空经济产业基础，形成了相对完整的产业链，尤其在无人机生产制造领域取得一系列发展成效，但仍面临空域紧、运营弱、民品

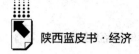

弱等突出短板。其中低空经济高质量发展的瓶颈如下。

1. 低空空域受限

由于安全保障压力大，低空飞行器"看得见、呼得着、管得住"难题尚未解决，因此当前低空空域呈现孤立分割特征。且低空飞行审批程序较为复杂、周期较长，导致起飞难、飞不远，严重制约上下游产业的发展。

2. 典型应用场景缺乏

低空经济涉及的农林植保、电力巡检、应急救援等传统飞行作业近年保持稳步增长，物流运输、空中游览、航空运动、城市空中交通等新业态市场需求尚待激发。商业模式和盈利模式不清晰，限制了行业的市场规模和盈利能力，严重影响了投资者的信心和参与度。

3. 产业集群竞争力不强

陕西虽有以爱生、中天飞龙、羚控为代表的无人机企业，但总体实力与大疆、中航无人机、纵横自动化、彩虹无人机等企业仍存在较大差距，龙头引领作用不强。先进技术成果转化不充分，对民用无人机带动作用有限，缺乏拳头产品。整机生产企业本地配套率仅为30%左右，产业链协同化不足，存在"卡脖子"风险。

4. 缺乏统筹，外部风险加大

低空经济产业链条长、应用场景广泛、涉及部门和领域较多。目前，陕西在从产业规划、空域管理、飞行审批、配套设施建设、法规标准体系等方面还缺乏统筹规划设计和布局建设。陕西省外低空经济产业快速发展对省内企业吸引力不断增强，企业和人才流失风险加大。

四 陕西发展低空经济的对策建议

陕西具有低空经济发展的独特资源和基础条件，应充分发挥教育、科技、人才等优势，统筹产业发展和低空安全，瞄准新领域新赛道，聚焦新技术新能源，在技术创新、标准政策、应用需求、安防反制领域持续发力，加快形成新质生产力。

（一）加快推进低空空域改革，发展数字低空飞行及监管服务技术

1. 构建高效的低空空域协同管控机制

着力构建"政府主导、行业监管、企业主体"的低空空域管理改革模式，形成央地协同、省市协同、政企协同的强大工作合力，建立联席工作机制，全面推进低空空域管理改革相关工作。划设低空空域，绘制目视航图，发布目视飞行规则，制定低空空域协同运行办法，构建全域低空空域协同运行管理的制度保障体系。

2. 探索合理的空域管理使用模式

制定陕西低空空域管理改革试点拓展实施方案，在榆林、神木、靖边等地区实施试点改革，统筹建设覆盖面积不大、功能较为齐全的飞行服务体系，在确保飞行安全的前提下合理使用低空空域，总结经验并逐步在省内全面推进低空空域改革。

3. 建立完备的低空管控基础设施

建设地面站和低空通信系统，实现省内全域低空通信全覆盖。构建由低空空情融合系统、低空综合服务平台、低空大数据中心组成的低空综合服务系统，强化数字化管理和新服务模式，支撑大规模低空融合飞行，确保对所有低空活动实施有效监管。

（二）积极谋划低空经济先行试点，争取建设国家低空经济产业综合示范区

1. 建设示范区低空基础设施

开展低空物流、城市空中交通等研究试点，丰富拓展低空应用场景，构建低空规章标准体系，加强数字化网络平台建设和低空服务基础设施建设。支持美团、京东等企业在示范区存量空间建设无人机起降场及末端配送设施。探索建设多功能智能杆，置入无人机起降平台，提供飞行器起飞降落、应急备降、充换电及中转货物装卸等服务。统筹建设城市空中交通、物流配送等地面基础设施网络，规划构建由大型起降枢纽、中型起降场、小

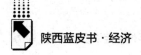

型起降点等组成的多层次、多场景起降点网络，支撑应用场景起降需求。推动西安交通大学、西北工业大学等高等院校打造低空创新实验平台，积极开展包括民用无人驾驶航空试验区在内的各类试飞基地建设。

2. 打造示范区低空应用场景

拓展低空末端配送应用场景，建设低空末端智能配送航线，开展"点对点"即时配送。推进示范区发展以 eVTOL 为主的城市观光、空中通勤等城市空中交通服务新业态。打造航空科普教育基地，支持在示范区、公共空间等区域积极建设科普教育展厅，推动 AR/VR 低空体验、有人机虚拟仓等智能化场景建设，培养青少年低空科技素养，展示陕西低空经济产业前沿成果。

3. 建设示范区低空空域智慧化服务体系

构建数字低空一张网，完善航路航线网络体系建设，加强北斗、5G 等卫星通导技术应用，拓展航空管理服务平台。加强低空飞行服务保障系统建设，提高数据情报服务支持能力，构建数字孪生系统，探索三维高清地图服务，高效助力低空飞行应用。

（三）探索典型应用场景，打造陕西低空经济特色品牌

1. 挖掘"政府端"应用场景示范

坚持政府先行、国企带动、省市协同，挖掘政府、国有企事业单位低空产品和服务的场景机会，开发开放一批在应急处置、医疗救护、消防救援、巡检巡查、国土调查监测、工程测绘、交通治理、城市管理、农林生产等重点领域等公共服务领域示范应用场景，开展典型应用场景案例复制推广活动。

2. 探索"交通端"应用场景实践

支持固定翼飞机、无人机、eVTOL、直升机等低空飞行器进行场景应用。鼓励有条件的运营企业开展城市空中交通应用示范，丰富城市空中交通的商业运营模式，培育空中交通新业态。鼓励关中、陕北、陕南等部分条件较好区域推进全空间无人体系建设，探索发展空地协同交通新业态。探索构

建西安都市圈低空飞行服务网，支持发展都市圈城际飞行、物流运输等多种类型的低空飞行服务，培育形成产品适用、价格合理、服务便捷的低空交通新业态。

3. 鼓励"商业端"应用场景创新

支持各类企业充分利用陕西丰富旅游资源，开发空中游览、航拍摄影、航空表演、私人飞行等低空消费项目，探索无人机竞速等低空飞行赛事，研究开辟低空旅游专线。鼓励低空运营企业开展无人机操控、通用飞机飞行、航空法律法规等培训业务。依托飞行营地、航空小镇提供航空研学服务，开展航空知识科普、飞行器参观、航模制作、模拟飞行等活动。

（四）加强低空经济科技创新驱动，加快关键核心技术攻关和成果转化

1. 建设高能级创新平台

支持各市（区）与高校、央企、科研院所等合作，建设一批低空经济领域重点实验室、技术创新中心、制造业创新中心、产业创新中心、工程研究中心、产业创新研究院、工业设计中心（企业）、企业技术中心等省级以上科技创新和公共服务平台。

2. 加快科创成果转化落地

推动国防科技先进技术、工艺、材料等攻关成果在低空产业装备领域转化应用。聚焦多领域的集成验证、快速试制、测试试飞、适航试验等功能打造专业化无人机试验鉴定机构，力争打造国际领先、国内一流的国家级无人机系统试验测试中心。积极开展包括民用无人驾驶航空试验区在内的各类试飞基地建设，构建完整中试生态。鼓励企业、科研院所和智库等共同组建低空经济创新联盟，为低空应用场景、产业协同、安全监管、创新发展提供决策咨询和公共服务。

3. 协同攻关关键共性技术

支持头部企业联合高校和科研院所围绕飞行器整机开展产业链协同创新和模式创新，推动中小微型航空发动机、机载系统、航电系统、航空材料等

领域关键技术升级，围绕低空感知管控体系和低空信息安全关键技术开展研究，有序推进要地防御技术创新迭代。引导开展新能源飞机总体设计、能源系统、全电机载系统等技术攻关，突出发展高能量密度、高放电效率、高安全性的动力电池技术以及高可靠性、高功重比、高效率的电推进技术，前瞻谋划氢燃料存储技术、氢燃料电池技术、氢内燃、氢涡轮发动机技术、氢涡轮混合电推进技术。

4. 增强企业自主创新能力

强化企业科技创新主体地位，培育一批低空经济科技龙头企业、领军企业，进一步提升企业创新决策话语权。引导企业加强与高校、科研院所合作，在低空制造、低空运营、低空基础设施等领域建立产学研用一体化机制，提升企业自主创新能力。

5. 健全产业服务标准体系

支持企业、高校、科研院所编制低空飞行器制造、低空运营服务、低空基础设施等领域技术标准、管理标准、行业应用标准，形成一批国际、国家、地方、团体等标准成果。

（五）培育壮大产业主体，加快提升低空经济产业集群水平

1. 培育融通发展企业梯队

聚焦固定翼飞机、无人机、直升机、eVTOL等整机的研制和规模化应用，集中力量招引和培育具有重要影响力的头部企业，壮大一批主营业务突出、竞争力强、成长性好的专精特新企业和制造业单项冠军企业。加大企业资质申报和认证力度，促进整机制造与关键配套协同发展。推动中小企业深度嵌入央企、省属企业等头部企业产业链、供应链、创新链和价值链，推动形成大中小企业融通发展格局。

2. 强化产业链供应链协同

围绕低空飞行器整机、动力系统、飞控系统、材料与元器件等领域，推动短板领域补链、优势领域延链、新兴领域建链，加快形成系统完善、富有韧性和竞争力的低空经济产业链条。加强整机企业与零部件企业协作沟通，

稳步提升零部件企业的配套水平，助力企业降本增效。坚持产业融合化、集群化、生态化发展，推动新能源汽车、新一代信息技术、新材料等优势产业参与省内低空经济建设，促进技术、产业和产业链跨界融合。

3. 提升智能绿色制造水平

推进低空制造业企业智能化改造、数字化转型，建设一批智能工厂和数字化车间，运用新一代信息技术提升企业能源、资源、环境管理水平。推行绿色表面处理、清洁加工、低能耗工艺，发展绿色设计技术和面向环境、能源和材料的绿色制造技术，培育金属、复合材料、动力电池报废拆解与再生利用等新业态。

4. 组织开展低空领域重大活动

积极发挥西安省会城市、特大城市、都市圈核心城市的资源优势，利用中国国际通用航空大会、世界文化旅游大会、西安无人机大会、榆林无人机产业大会等平台，支持举办规模以上的行业赛事论坛、会议会展，提高陕西在低空经济领域的国际影响力和知名度。鼓励企业加大品牌宣传力度，积极参与国内外重大会展。

（六）完善低空产业发展链条，不断优化低空经济发展生态

1. 打造低空领域高端智库交流、新产品展示、新场景发布平台

引导低空企业树立品牌意识，加大品牌投入和品牌宣传力度，创建自主品牌，参加中国品牌博览会等展会活动，争创陕西低空经济示范企业。

2. 提升金融服务能力

发挥陕西省新兴产业引导基金撬动作用，鼓励国有资本和社会资本投向低空经济。支持头部企业牵头设立低空经济引导基金，鼓励和支持金融机构创新信贷方式，加大信贷投入，大力发展科技金融，推动银行业、保险业支持低空科技创新和产业发展，支持企业挂牌上市。

3. 强化产业人才供给

大力培育引进低空经济领域的高端领军人才，培养储备青年科技人才。依托科技成果转化"三项改革"，下放企业人才评价自主权，授权产业创新

联盟、头部企业自主开展工程技术系列相应专业职称评审和高层次人才认定工作。鼓励企业与高校共建人才培养和实训基地，培养选拔卓越工程师，加大专业技术和技能人才输出。推动产教融合、科教融汇，强化低空产业相关学科专业建设，扩大低空相关专业招生规模，推动高校和企业双向交流，协同培育低空经济人才。

4. 推动产业开放合作

依托省内产业基础和区位优势，加强与京津冀、长三角、珠三角和中部地区省市协同发展，推动产业资源共享，促进产业链创新链融合发展。鼓励和支持低空企业依托"一带一路"倡议、自由贸易试验区等政策优势，引进、消化和吸收先进技术，开拓海外市场，提升自主品牌的国际竞争力。鼓励省内高校、科研院所和新型研发机构加强新技术研发攻关、高层次人才交流培养、重要学术活动交流等方面的合作。

参考文献

宋丹、徐政：《低空经济赋能高质量发展的内在逻辑与实践路径》，《湖南社会科学》2024 年第 5 期。

戴翔：《低空经济赋能新质生产力发展：逻辑及路径》，《阅江学刊》2024 年第 6 期。

刘先江、宋丹、徐政：《以低空经济发力打造新质生产力发展新引擎》，《北京航空航天大学学报》（社会科学版）2024 年第 7 期。

吕人力：《低空经济的背景、内涵与全球格局》，《人民论坛·学术前沿》2024 年第 15 期。

李牧南、谢天琪：《中国低空经济发展的实践进路：依托科技自立自强助力新质生产力形成》，《科技管理研究》2024 年第 17 期。

陕西打造全国领先的临地产业生态研究

任晓斌 刘 康 张文伟 刘杜娟*

摘 要： 临地产业是包含低空经济在内并向水下经济和跨域经济延伸的产业，其中，低空经济的发展对于临地产业的整体发展至关重要。陕西是中国航空产业资源最集中的省份，形成了集飞行器研究设计、生产制造、飞行试验、产品研发、综合保障及教育培训于一体的航空产业体系。独特的航空产业资源禀赋为陕西临地产业发展提供了核心竞争力。目前，低空经济及其所属的临地产业构成陕西发展新质生产力的重要着力点，可能成为陕西省未来发展的新动力。在此背景下，本报告分析了陕西临地产业的发展规模、细分产业和产业协同现状，并着重对低空经济产业的基础设施和创新、应用场景等现状进行了详细分析；深刻剖析了陕西省临地产业在顶层政策设计、产业集群、技术研究和应用场景开发等方面存在的问题；在此基础上，从做好陕西省在全国低空经济中的定位、发挥临地产业集聚效应和锻造临地产业协同发展支撑力方面提出了具体的对策建议，以支撑陕西打造全国领先、独具特色的临地产业生态发展模式。

关键词： 临地产业 低空经济 边海空防 产业生态 陕西

---

* 任晓斌，博士，中国飞行试验研究院中飞机场总经理，正高级工程师，主要研究方向为战略管理、科研管理、产业协作、试验测试、临地安防、低空经济；刘康，博士，西北工业大学副教授，主要研究方向为智能光电检测、监测与测量、临地安防；张文伟，博士，西安建筑科技大学讲师，主要研究方向为创业管理、战略与创新；刘杜娟，博士，西安航空职业技术学院副教授，主要研究方向为管理决策、战略管理、产业经济学、智能博弈。

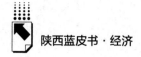
一 陕西临地产业的生态构成及发展现状

（一）临地概述

1.临地的定义与范畴

临地空间是指从海平面以下1000米到海平面以上10000米的水域、地面及空域。其中，海平面以下100米到地面以上1000米是其核心区。临地产业范围涵盖了与低空经济产业、水下经济产业、边海空防以及跨域经济产业相关的区域，对社会稳定、经济发展均具有重要意义。图1刻画了临地空间的区域范围。

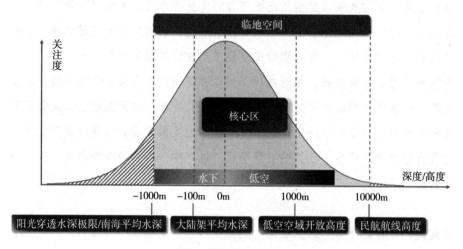

图1 临地空间区域

资料来源：李学龙《临地安防（Vicinagearth Security）》，《中国计算机学会通讯》2022年第11期。

2.临地的特点与分类

临地产业具有多元化、跨域化、立体化、协同化、智能化等特点。多元化体现在涵盖了低空经济、水下经济、边海空防以及跨域经济等多个产业领域，涉及航空、航天、航海等众多学科。跨域化表现为临地空间跨越了海平面以下 1000 米到海平面以上 10000 米的广阔范围，涉及水域、地面及空域、赛博等多个领域。立体化则是指临地安防体系在空间上呈现的多层次结构，包括低空、超低空、地面/水面、水下等。协同化强调各领域的协同合作，共同推动临地领域的技术创新和产业发展。智能化指利用人工智能技术，赋能并促进临地产业的科学技术研究和产业化应用。

3. 临地与低空、边海空防的关系

临地包含低空，且与边海空防的大部重合。低空作为临地的重要组成部分，其发展对于临地产业的整体发展至关重要。同时，边海空防也是临地产业的重要领域之一，陕西虽然地处内陆，但在边海空防方面也有着重要的责任和担当。临地产业是陕西新质生产力重要着力点，能够为陕西的经济发展和社会稳定提供有力保障。

（二）陕西临地产业的发展现状

1. 政策环境与法律法规

陕西省积极响应国家战略，高度重视临地产业发展。《陕西省新一代人工智能发展规划（2019—2023）》和《陕西省"十四五"科技创新发展规划》均对临地安防相关领域做了深入布局。陕西临地产业发展规模初步形成。

低空经济作为临地产业的重要经济范畴，得到陕西省委、省政府高度重视。借助陕西省先前的航空资源禀赋优势，低空经济产业发展快速，已然成为推动经济社会发展的新动力。2024 年，低空经济首次被写入陕西省政府工作报告。省发改委在实地调研省内重点地市低空经济发展情况的基础上，印发《陕西省促进低空经济高质量发展的实施意见》。紧接着，陕西省工信厅印发《推动低空制造产业高质量发展工作方案（2024—2027 年）》，确定了低空制造产业发展的总体思路。另外，为了落实低空经济应用场景，陕西省交通运输厅编制了《低空物流试点工作方案》。

全省各市也积极出台政策，加快布局低空经济新赛道。其中，西安市制定了《西安市加快推进低空经济发展实施方案（2024—2026）》，通过完善基础设施、壮大产业集群、拓展应用场景和强化服务保障，全面提升低空经济发展水平。西咸新区出台《促进低空经济高质量发展行动方案（2024—2026年）》以及《支持低空经济高质量发展的奖补措施》，明确了以低空应用为牵引、大力支持和发展低空制造与飞行服务业的发展思路，统筹推进新区低空经济生态体系建设。宝鸡市编制《宝鸡市通用航空产业发展规划》，大力推进通用机场和通航产业园建设。

陕西省将在《无人驾驶航空器飞行管理暂行条例》《民用无人驾驶航空器生产管理若干规定》《民用无人驾驶航空器系统安全要求》《民用无人驾驶航空器运行安全管理规则》等国家规范的基础上，持续加强低空经济领域的法规、规章建设，完善安全监管体系，确保低空经济安全有序发展。

2. 产业规模与应用场景

（1）低空经济产业

中国民用航空局发布的数据显示，到2025年，我国低空经济市场规模将达1.5万亿元，到2035年有望达3.5万亿元。业内测算，2023年我国低空经济规模已超5000亿元。陕西拥有丰富的旅游资源、农业资源，在旅游观光、航空物流、农业植保、应急救援等领域，低空经济发展有着广泛的应用前景。

依托深厚的航空产业基础，低空经济产业获得较快发展。目前，西安已聚集无人机产业链企业300余家，产业规模超过300亿元。截至2024年2月底，西安以2915家通用航空、无人机现存企业，位居全国城市榜单第3。2024年6月28日，十堰（西安）低空经济产业对接大会活动现场签约项目17个，签约总额达93.4亿元；中国低空飞行器制造中心项目在西安完成备案，项目总投资30亿元；秦创原揭牌成立低空经济相关的科技成果转化基地和联合实验室，多措并举力促低空经济产业持续发展。

①"低空经济+旅游"。2024年9月25日，在翠华山迎客松广场上，随着贝尔407直升机腾空而起，"空中看陕西"低空旅游活动正式拉开帷幕，

为游客提供了更丰富的游览体验。陕西云上未来通用航空有限公司成功试飞并验收首批 EH216-S 无人驾驶航空器，成为中国西部地区首家在低空经济+文旅领域实际落地并开展相关运营的企业。

②"低空经济+物流"。西咸新区水务发展智能科技有限公司通过了无人机在配送领域的应用测试。在消费者下单后，机器人即时响应，完成自动取件并转运至无人机，由无人机将货品送往收货地后再交由机器人完成入户配送。以长线配送航线全程约 10 公里测试，人工配送用时 25～30 分钟。但是，无人机配送可以缩短到 10～11 分钟，配送费仅为人工配送的17%左右。另外，鸿鹄-100 航空商用无人运输机首飞成功，奠定了陕西省发展重型无人运输机的基础。

③"低空经济+城市管理"。在应急救援、城市治理、电力巡检、国土测绘、农林植保领域，陕西不断拓展"低空+"产业链。例如，陕西省消防救援总队以西咸新区沣西新城大队为试点，建成两座自动化无人机机场。力图通过无人机协助消防员进行灭火作业。在湖南郴州的特大暴雨中，西安探索鹰航空科技有限公司的 FS100 无人机成功完成了救援任务。陕西引汉济渭工程深处秦岭腹地，交通不便，环境恶劣，氢动力无人直升机担任了该工程的巡查巡检工作，该机型还成为秦岭生态巡查巡检的"王牌空军"。西安君晖设计研发的无人机，通过吊装结构搭载了一台清扫机器人，实现了自动化清洁光伏发电板的作业。另外，垂直起降固定翼无人机被广泛用于森林防火、电力巡线、边防侦察、地理测绘、无人机大气质量检测、无人机桥梁检测等。

④"低空经济+中试产业"。逐鹿"低空之城"，陕西相关企业积极探索布局无人机试验测试平台、中试平台、适航试验服务中心等。例如，以西安阎良的中国飞行试验研究院为代表的航空器试飞产业，为民用飞机包括低空飞行器产业生态高质量发展提供了优质的中试平台。

（2）水下经济

随着海洋资源的开发和利用，水下空间的安全防护需求日益迫切。陕西在水下经济产业方面取得了一系列重要的技术突破和应用成果，包括水下监测设备、水下防护技术、新材料技术等，为水下经济产业发展提供了有力保障。西北工业大学研制的谱系化自主水下潜水器可执行水下环境监测、地形地貌观测、目标探测、水下通信等任务，首次实现仿生潜水器对我国南海珊瑚礁生长情况监测。西安中科西光航天科技有限公司研发了支持海洋经济领域发展的卫星，其产生的高光谱遥感数据能够为海洋生态环境监测、海洋资源勘探等提供坚实的卫星遥感数据支撑。

（3）跨域经济

随着信息技术的快速发展和普及，多个领域的协同配合和资源共享成为趋势。陕西在跨域经济产业方面进行了积极探索和实践，推动了多个领域的协同配合和资源共享，通过整合低空、水下和网络空间的技术与资源，实现跨域经济产业的发展。2024年4月13日，西安举办了首届空天前沿大会，学习交流航空航天材料创新、飞行器设计与制造、空天动力技术等多个空天科技领域的前沿成果和见解，并分别在4月和7月举办"网络空间安全技术前沿论坛"和"网络空间安全学术大会"，邀请全国网络空间安全领域的专家学者、企业家共同探讨网络空间安全领域的前沿技术、产业应用、行业标准、挑战与机遇。

3. 产业基础与创新能力

（1）基础设施建设

技术基础设施建设方面，2024年7月25日，西咸新区第一座5G-A基站升级完成，其在数据传输速度和时延方面远超传统5G，满足了无人机对高质量通信的需求，也为低空安全飞行和精确作业提供了保障。飞行基地建设方面，西咸新区打造了陕西一流的低空飞行测试基地，具备飞行测试、飞行验证、整机检测、飞行培训、适航审定服务功能。榆林的海则滩通用机场、渭南的蒲城内府通用机场专为无人机试验、试飞和测试提供了物理空间与基础条件。铜川市、安康市和杨凌示范区也在持续推进通用航空机场和直升机起降点建设。商洛市建成的丹凤通用机场成为集转场飞行、飞行员培训、航空展示、低空旅游、无人机训练和航模训练于一体的综合飞行训练基地。人才基础建设方面，西安航空职业技术学院牵头组建了全国工业无人机产教融合共同体及无人机模拟飞行实训基地，面向全国开展技能培训和技术服务。

（2）重点区域与产业园区

陕西省于 2024 年 8 月正式启动了秦创原无人机产业创新聚集区的建设，旨在形成覆盖全产业链的无人机创新集群。西咸新区规划建设了翱翔小镇、沣东低空经济无人机创新基地等特色园区。目前，聚集的低空经济企业涉及无人机整机研制、核心零部件、材料配套、飞控系统、应用服务等多个领域。园区还陆续引入高性能电机、飞控软件设计、光电传感器、无人机机体加工等无人机上下游配套企业，快速形成产业集聚；并计划在完善的产业链配套的基础上，引入无人机整机生产、制造、组装大型企业，打造特色定制园区。

（3）专精特新企业培育

据《城市低空经济"链接力"指数报告（2024）》评价结果，西安的低空产业链综合指数为 43.45，全国排名第五。截至目前，西安无人机产业链企业达 300 多家，涌现出爱生、德鑫、羚控、科为、因诺等一批优质企业。位于沣东新城的陕西蓝悦无人机，是一家集无人机飞控系统及飞行器平台研发、制造、销售于一体的高新技术企业，也是西北地区唯一拥有"四类"无人直升机培训资质的科技企业。再如沣西新城已引入西北工业大学无人系统技术研究院、西安爱生技术集团有限公司无人机产业化示范基地、西安科为实业发展有限责任公司智能飞行器研发生产基地等低空经济领域重点专精特新企业。

（4）技术研发与创新能力

陕西省拥有一定的低空产业基础。被誉为"中国航空城"的西安阎良航空基地和全国唯一以航天产业为特色的国家级经济技术开发区西安市航天基地，是中国空天资源最密集的区域。在此基础上，陕西积极培育无人机、垂直起降飞机、固定翼飞机等低空制造企业。如西安爱生技术集团，开发生产了我国多款第一型无人机。西安羚控电子科技有限公司在无人机系统总体设计、指挥控制系统设计、系统飞行试验等领域具有雄厚的设计研制能力。

技术创新方面，西安科为实业发展有限责任公司尝试通过数字仿真技术，构建"数字底座"，开展数字化飞行规则、自动飞行模拟等低空航线智能化研究。陕西水务发展智能科技有限公司与西安交通大学合作，利用石墨烯稳定包覆固态储氢技术，使无人机飞行作业时间大大延长。针对电动垂直起降飞行器（eVTOL）用锂电池续航短、成本高等痛点，瑟福能源实施"eVTOL用锂电池关键技术研发及产业化"推进计划，重点突破锂电池能量密度问题。

（5）临地产业协同

陕西积极推动临地产业与其他相关产业的协同发展。2024年7月21日，陕西省高层次人才助力低空经济高质量发展暨陕西省低空经济发展策略和路径研讨会在西安阎良召开。来自陕西省高校、科研院所、相关企业的专家学者和低空经济从业者参加了调研座谈。2024年8月11日，陕西省临地安防学会第一届会员大会暨成立大会在西安举行。学会聚焦边海空防建设和低空经济发展需求，团结和凝聚航空、航天、航海、兵器、电子、人工智能、新材料、网安等领域的相关科技工作者，在陕西这块科技厚土上，做细做实临地安防领域技术创新和产业孵化，加快培育新动能新优势，正在积极筹备成立陕西省临地安防重点实验室。通过独特的优势推动产业协同和技术创新，临地产业将有望发展成为陕西名片，为全国经济社会的高质量发展作出重要贡献。

二　陕西临地产业发展存在的问题

尽管陕西在低空经济临地产业领域展现了强劲发展势头，但是，该产业良好的生态系统发展模式尚未形成，具体表现如下。

（一）顶层政策设计需加速擘画

1.缺乏清晰的方向指引和目标设定

目前，陕西的低空经济发展缺乏清晰的方向指引和目标设定，难以系统、有针对性地推进各项工作开展，不利于形成产业集聚和创新生态。另外，没有构建与国际通行规制相衔接的制度体系和监管模式，无法有效规范低空经济市场行为，容易导致无序竞争、安全隐患等问题。

2.多部门协同推动机制尚待完善

低空经济相关的政策之间缺乏有效协同，政策合力不明显，陕西在统筹协调多部门多行业各方资源、引导产业发展方面存在不足。低空经济与其他产业的融合发展也缺乏有效的引导和支持。

（二）产业集群效应尚未充分发挥

1.产业环节衔接不足，资源未能实现有效整合与共享

一是产业环节衔接不足，通用航空、无人机、低空旅游、航空物流等领域缺乏有效的衔接与互动。二是资源整合不足，人才、技术、资金等资源分散在不同企业和领域，未能实现高效整合与共享。

2.上下游联动不强，区域协同未形成整体发展合力

上下游联动不强，上游研发制造与下游运营服务等环节之间的联动性不强、产业链传导不畅。区域协同欠佳也是突出问题，省内不同地区在低空经济发展上缺乏协同规划，未形成整体发展合力。

（三）关键技术研究与基础设施建设不足

1.物理平台建设支撑不足，空域管理技术落后

一是通用机场支撑不足，如覆盖范围有限、功能单一、建设进度缓慢、总体数量较少等。二是空域管理技术落后，目前陕西的空域使用效率不高、管理手段陈旧。

2.信息交互设施薄弱，产业创新投入不足

一是导航通信设施薄弱，如导航精度不高、通信覆盖不全、设施老化落后等问题依然严峻。二是飞行服务保障欠缺，如气象服务在低空领域的针对性和准确性不够，低空飞行的油料供应点较少，低空飞行的应急救援体系不完善，救援设备和力量不足等。

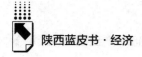

（四）典型应用场景开发不充分

1. 陕西特有资源禀赋与特色产业融合不够

陕西特有的航空、航天、兵器、电子、船舶等科研单位以及西安交通大学、西北工业大学、西安电子科技大学、西北农林科技大学等重点高校在陕西境内开展横向交叉研究、联合攻关、形成陕西特色的模式动作较少，缺少与"临地产业"这样的新模式、新生态的融合。此外，陕西在全国最先提出临地安防的理论体系、产业体系、发展路径最完整的学科交叉融合发展模式，其产业化发展的基础最扎实、最有望引领全国，亟须将陕西打造成发展低空经济的典型模式。

2. 集中优势资源打造低空经济陕西模式不够

航空飞行试验（即飞行器中试产业）这条产业链链主单位在陕西，使其成为全国航空产业链最全的省份，在陕西打造低空飞行器中试产业基础最好、优势最大，亟须将中试产业作为陕西发展低空经济的龙头产业。而且，陕西的旅游、农业植保、物流配送、应急救援等典型应用场景发展模式仍以传统模式为主，缺少低空中试技术体系的有效加持，无法形成在全国可复制推广的创新模式。

三 陕西临地产业发展的对策建议

相对广东、四川、湖南等省份，陕西省在低空经济发展方面仍具有较大的差异化优势和提升空间，特别是需要持续加强由政府主导的低空经济顶层设计，打造低空经济临地产业领域的龙头企业、链主企业和中试平台并形成品牌效应，提高优势资源的协同能力，集中资源在低空空域基础设施建设、低空飞行关键技术研究方面发力并实现聚集效应和拉动效果。

（一）进一步找准陕西在全国低空经济中的定位

1. 强化临地产业顶层设计

站在全国层面，以陕西独特的优势产业为主要发力点，制定低空经济发展专项规划，明确短期与中长期发展目标；建立并完善政策体系，包括产业支持政策、法规规章、适航标准、运营规范等；组建陕西省临地产业联盟，发挥秦创原、科研院校优势创新平台作用，成立智库，定期组织学术研讨，研判低空经济发展态势，适时更新产业扶持政策，加速引导国家级的示范企业、示范区投入运营。

2. 加强临地产业体系支撑

依托航空工业集团在陕企业领先的航空产品研发、制造和试飞能力，结合陕西省富集的高校和科研院所人才资源，更好地发挥临地产业领域的科技创新产业链对新技术的吸纳、转化、交叉融合和引领作用。集智攻关低空航路智能规划和安全管理、低空导航通信、新材料、新能源等低空经济领域核心技术与管理策略，形成全国标准。优化产业链，加快布局新构型飞行器设计制造、eVTOL 制造，在全国范围内整合高性价比、高成长性的航电、飞控、发动机等上下游核心产业链，促进产业链完善和协同稳健发展，形成强有力的临地产业体系支撑。

3. 强化低空基础设施建设

强化空域主管部门与机场、气象、油料等基础资源、设施保障等提供单位协调，广泛试行低空审批中心、指挥控制中心、运维保障服务中心等功能一体化、一站化，加大对低空经济运行实体保障服务力度，降低参与门槛。增强低空基础设施建设，如起降点网、停机坪、低空交管系统等，确保临地产业在低空范围内运行的安全与顺畅。

4. 明确发展临地特色产业

加强临地产业生态的培育，如临地产业生态示范园、协同创新中心等。在此基础上，开发临地产业特色项目，如整合低轨卫星、无人机、无人车、机器狗、无人船、无人潜航器和数字机器人/虚拟机器人等无人技术体系，形成在全国范围内的"空天地海赛博"一体的立体无人产业。

（二）充分发挥临地产业集聚效应

1. 基础创新聚集示范区

在西安建立临地产业基础创新聚集示范区，汇聚陕西范围内众多顶尖的科研机构、高校实验室以及创新型企业的研发部门。研究人员在这里围绕国家边海空防及国家战略相关需求，专注于临地产业相关的前沿技术（如先进的材料科学、电子通信等）探索及跨域高效协同体系的构建。通过合作与交流，不断推动技术创新，为临地产业的发展提供坚实基础和强大智力支持。同时，为示范区配备先进的实验设备和科研设施，为技术研发提供坚实的硬件保障。政府、科研院所、高校和企业也积极投入资金，支持各类前沿性、颠覆性、多学科交叉融合的科研项目，加速创新成果的形成。

2. 设计制造聚集示范区

在西安阎良国家航空高技术产业基地建立临地产业设计制造聚集示范区。该地是临地产业设计与制造的核心地带，众多优秀的设计师和工程师云集于此。通过将先进的设计理念与精湛的制造工艺相结合，实现基础创新聚集示范区的科研成果产品化和产业化，打造出高品质的临地产业明星产品。同时，聚集示范区内企业可以共享设计资源、技术支持和市场信息，提高产品设计水平和生产效率。省市政府同步提供政策支持和服务，帮助企业解决设计、生产和销售过程中的问题，促进产业链的完善和优化。

3. 中试产业聚集示范区

以中国试飞院及下属单位的人才、机场、空域、技术、设备设施等资源为依托，充分联动爱生无人机、爱邦电磁等龙头企业，开展无人机试飞、适航取证审定及检验检测服务，破解各类型无人机快速实现市场应用的瓶颈。构建以通航机场为主体、以无人起降点和临时起降点为末梢的分布式试验场体系，支撑和保障低空飞行器飞得起来、飞得安全、飞得高效、飞得可控。由政府牵头，试飞院、民航、公安部、交通运输部、专业化企业团队共同规范无人机放飞鉴定行业，确保飞行安全，立足陕西形成国家标准、通用软硬件平台、专业队伍和产业化推广模式。

4.特色场景聚集示范区

特色场景聚集示范区是一个以特定行业或领域为主的产业集群。在此，企业可以围绕特定的市场需求和技术特点，开展专业化、特色化的研发和生产活动。各级政府可以根据不同行业的特点，制定相应的政策和支持措施，推动特色场景聚集示范区的发展。根据陕西不同的特色资源禀赋打造智慧城市、智慧交通、智慧旅游、智慧物流、智慧应急等临地产业聚集示范区。通过集聚效应，提高陕西在全国的特色产业竞争力，促进区域经济发展。同时，借助特色场景聚集示范区为企业提供市场推广与合作交流的平台，促进产业的协同发展。

（三）锻造临地产业协同发展支撑力

1.构建陕西各市临地产业协同发展机制

陕西各市在临地产业发展中应明确协同发展机制，以实现资源的优化配置和产业的共同发展。首先，建立跨市的协调机构，负责统筹规划和协调各地市的临地产业发展。由该机构制定统一的产业政策和发展规划，避免重复建设和恶性竞争。如根据资源禀赋或需求，在西安打造低空基础创新聚集示范区，在榆林打造低空智慧交通聚集示范区，在杨凌打造低空智慧农业聚集示范区，在咸阳打造低空智慧物流聚集示范区，在渭南打造低空中试产业聚集示范区，在安康、商洛和汉中打造低空智慧救援聚集示范区等。其次，加强地市之间的信息交流与合作。通过定期召开产业研讨会、经验交流会，共享各地市在临地产业发展中的成功经验和创新成果，促进共同进步。

2.构建省市各部门临地产业协同发展机制

省市各部门在临地产业发展中应构建协同发展机制，形成合力推动产业发展。一方面，建立部门间的协调机制，明确各部门在临地产业发展中的职责和任务。通过协调机制，确保各部门之间的工作相互衔接、协同推进。另一方面，建立部门之间的信息交流系统。各部门应及时共享产业发展的相关

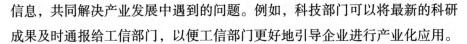

信息，共同解决产业发展中遇到的问题。例如，科技部门可以将最新的科研成果及时通报给工信部门，以便工信部门更好地引导企业进行产业化应用。

3.构建在陕高校、科研机构协同发展机制

在陕高校和科研机构能为临地产业发展提供技术支撑和人才培养基地。明确协同发展机制，有助于实现科研创新能力和人才培养方面的互补性。首先，政府牵头建立高校和科研机构之间的专职产学研合作平台，促进学术交流和科研合作。通过联合开展科研项目、共建实验室等形式，整合各方资源，提高科研效率。其次，加强高校、科研机构与企业的合作机制建立，鼓励高校和科研机构的科研成果在企业中转化应用，同时企业也可以为高校和科研机构提供实践基地与科研资金支持。此外，高校可以根据企业的需求调整专业设置和课程内容，培养符合企业需求的应用型人才。

4.构建在陕产业化发展团队协同发展机制

在陕产业化发展团队是推动临地产业高质量发展的重要力量。明确协同发展机制，有助于提高团队的创新能力和市场竞争力。首先，建立团队之间的合作机制，鼓励团队之间的交流与合作。可以通过联合开展项目、共享资源等形式，实现优势互补、共同发展。其次，加强团队与外部资源的合作。与高校、科研机构、企业等建立合作关系，获取技术支持、资金支持和市场渠道。此外，还可以通过团队内部的管理创新，提高团队的协作效率和创新能力。例如，建立合理的激励机制，激发团队成员的创新积极性和创造力。

B.8
陕西加快开发区改革创新
培育新质生产力对策研究

摘　要： 开发区是区域经济增长的重要引擎，是现代化经济体系建设的重要支撑，新形势下，应加快开发区改革创新，推动开发区成为发展新质生产力的主战场，引领区域经济高质量发展。陕西开发区持续推动园区体制机制改革、承载能力提升、产业转型升级、创新要素集聚，取得一定成效，但也存在一些问题。本报告从推进开发区管理制度改革、提升开发区承载运营能力、推动开发区创新能级提升、加快开发区产业转型升级、加强开发区高水平开放合作五个方面提出陕西加快开发区新质生产力培育的对策建议。

关键词： 区域经济　新质生产力　开发区　陕西

开发区作为产业聚集的"高地"、技术创新与产业升级的"试验田"、推动高质量发展的核心平台，是区域经济增长的重要引擎，其改革创新不仅深刻影响着区域经济的结构与活力，更是培育和发展新质生产力的关键所在。截至2023年末，全国共有2600个省级及以上开发区，创造了全国约50%的GDP，成为现代化经济体系建设的重要支撑。新形势下，应推动开发区成为发展新质生产力的主战场，不断厚植高质量发展新动能新优势，形成新的集聚效应和增长动力，使开发区引领全省经济结构优化调整和发展方式转变。

---

* 王晓驰，陕西省政协经济委员会主任，主要研究方向为宏观经济与产业经济。

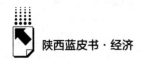

一 陕西开发区建设呈现新特征①

（一）加强顶层设计，经济规模效益跃上台阶

近年来，陕西开发区加快构建陕西特色现代化产业体系，持续推动园区体制机制改革、承载能力提升、产业转型升级、创新要素集聚，成为培育新质生产力发展的核心载体和重要引擎。2023年，34个经开区地区生产总值5541亿元，占全省地区生产总值的16.4%；规上工业总产值7551.3亿元，占全省的26%。29个高新区地区生产总值9646.3亿元，占全省的28.6%；工业总产值10282.9亿元，占全省的31.9%。7个保税区进出口额2101.9亿元，占全省进出口总额的52%。县域工业集中区工业产值13483.3亿元，占全省的41.8%；规上工业总产值12831.3亿元，占全省的44.3%。

（二）加强统筹调度，建设发展格局基本形成

逐步推进开发区差异化、特色化、梯队化建设，加快形成开发区分类管理制度体系。全省共有开发区148个，其中国家级12个、省级65个；通过合并、托管、共建等形式优化整合县域工业集中区114个，"一县一区"基本实现。

（三）推进改革创新，开发区承载能力不断增强

探索组织运行、财政管理、人事编制、薪酬分配等方面体制机制改革，推动政策、资金、人才、项目向开发区集中，开发区承载能力不断增强、产值比重显著提升。西安开发区经济总量占全市的比重为55%，咸阳15个园区工业产值占全市的77%，宝鸡14个园区工业产值占全市的80%。

---

① 本节部分数据来源于陕西网，https://www.ishaaxi.com/c/2024/1119/3296319.shtml，最后访问日期：2024年12月21日。

（四）聚力配优配强，园区提档升级初见成效

截至 2024 年，陕西建成高新区 36 个，新增 9 个；其中国家级 7 个、省级 29 个，开发区建设取得明显进展。西安高新区扎实开展"三个年"活动，高水平打造营商环境示范区，人均技术合同交易额稳居国家高新区第一，连续多年入围全国高质量发展百强园区前十，综合实力继续稳居国家级高新区"头部阵营"。

（五）集聚创新要素，产业创新能力持续增强

依托秦创原创新驱动平台，推动创新资源集聚共享，已建成国家软件产业基地、9 个国家创新型产业集群和 8 个国家特色产业基地；高新区聚集了 45% 的高新技术企业、38% 的科技型中小企业、1713 家研发机构、414 家创新创业孵化载体，发明专利 3.6 万件，技术合同成交额占全省的 30.35%。

（六）发展特色园区，产业集群效应逐步显现

围绕全省 34 条工业重点产业链，加快延链补链强链，发挥"链主"企业主导作用，加大"以商招商""产业链招商"力度，精准引进专业、优秀、强盛的链上企业入园发展，补齐产业链发展短板，凸显产业集群效应。西安经开区以吉利整车制造为"链主"，招引入驻 15 家国内知名汽车零部件配套及相关企业，构建吉利汽车零部件产业园，目前，园区已组建了吉利汽车零部件产业园等 11 个大型"园中园"，入驻企业达 140 家。

二 陕西开发区改革创新面临的突出短板

近年来，陕西在开发区改革创新方面取得了一定成效，但从发展实际效果看，对照国家级园区改革创新与高质量发展要求，与国内先进地区开发区建设比较，目前陕西在园区发展活力提升及能级提升方面尚需进一步发力。

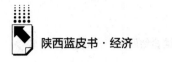

（一）组织架构不全，体制机制待完善

缺少统一管理，经开区、高新区、保税区分别归口商务、工信、海关管理。各地管理制度不统一，"管委会+公司"改革滞后。普遍存在园区综合服务水平不高，传统管理模式和单纯的土地运营、滚动开发初级模式难以突破，以园区企业需求为核心的服务体系不健全等问题。县域工业集中区"小而散"，多数未纳入全国开发区目录。

（二）科创能力不强，平台效能待发挥

市场主体自主创新能力不足，研发转化经费不够，产学研融合不到位。技术创新的市场导向机制、激励机制不健全，创新平台作用发挥不充分，科创成果转化效能低，"卡脖子"问题突出。有的开发区对新产业、新业态的培育偏少，对研发企业的引导力度不够，区内政策缺乏创新。

（三）产业结构不优，产品价值待提升

传统产业占比较大，技术含量和创新能力不足。高新技术产业发展滞后，高端装备制造业规模偏小、竞争力不强。战略性新兴产业偏少，高新技术产业竞争力偏弱，内生增长动力尚未真正培育起来。工业产品多处于产业链中下游和价值链中低端。

（四）资金保障不足，融资渠道待畅通

地方政府债务负担较重、管理从严，可用于园区建设及产业培育的资金有限。企业融资难度依然较大，金融机构放贷要求较高，小额贷款有限，资金流不畅成为制约企业生存发展的突出问题之一。社会资本应用能力欠缺，行动不积极，运作不充分，开发区普遍面临"融资难、融资慢、融资贵"难题。

（五）外贸依存度不高，开放水平待提高

2024年上半年，西安高新区外贸进出口总额为1438.11亿元，占全省

进出口总额的比例高达 63.4%。而咸阳、宝鸡、渭南、榆林、安康等开发区的外贸贡献度稍显不足，显示出极大的地区间不平衡。从全国层面来看，陕西的国家级开发区实际利用外资和进出口总额等指标与江苏、浙江、广东等东部沿海省份有很大差距，经济外向度有待提升。

三 陕西加快开发区新质生产力培育的对策建议

深化改革是驱动开发区实现高质量发展的核心引擎，进入新时代，开发区要主动适应新形势、明确新定位，创新发展理念、办区模式和管理方式，实现从以投资拉动为主向以创新驱动为主转变、从传统工业园区向现代化产业新城转变、由注重硬环境向创优软环境转变，加快发展新质生产力，以开发区的高质量发展推动全省经济高质量发展。

（一）推进开发区管理制度改革

充分发挥改革开放排头兵作用，努力打造体制机制改革创新的"试验田"，不断激发创新活力和内生动力，加快推动全省开发区创新提质、高质量发展。

一是优化组织架构。由省级领导牵头，建立开发区省级协调机制，并建立省发改委牵头，工信、商务、科技等部门分类管理的"1+3"工作推进机制，统筹全省开发区管理和政策制定。

二是推进规范管理。坚持"政企分离、管运分开"原则，深入推进"党工委（管委会）+公司"运营模式和"一区多园"管理模式正常运行、发挥作用。支持有能力、有发展需求的国家级和省级开发区代管或者托管其他园区。加大省级开发区对毗邻园区的整合力度，扶持申报国家级开发区。优化整合县域工业集中区，将符合条件的尽快升级为省级开发区，培育壮大一批后备力量。

三是健全推进机制。明确改革任务、责任单位及完成时限，将开发区管理制度改革纳入省委、省政府督查督办范围和综合考核评价体系。建立统一

117

协调机制，通过现场会、推进会、分析会等形式总结进展、分析形势、交流经验、调度解决重点难点问题。不断完善开发区考核评价体系，建立动态评估标准。借助第三方探索分层分级评估，优化评估标准和结果运用，尤其是加强对项目产出率、项目贡献度的评估。

四是加强市场体系建设。理顺开发区政府与市场的关系，发挥市场竞争机制对开发区资源的动态调整和优化配置作用，完善公平竞争机制，建立公平、开放、透明的市场规则。研究制定园区正面清单、负面清单和考核清单，原则上只设置园区发展红线，打破行政壁垒和市场分割，充分赋予园区自主权。

（二）提升开发区承载运营能力

实行专业化管理和市场化运作，多渠道引导社会资本参与开发区建设运营，提升运营效能。

一是创新多元化招商引资方式。把高层次招商引资作为发展新质生产力的关键举措，围绕重点产业链的关键环节和薄弱环节，梳理完善产业链上下游、左右链招商地图，定向集聚一批投资力度大、科技含量高、带动能力强的旗舰型产业项目。探索"园中园"模式招商引资，支持有条件的开发区通过组建、委托专业招商团队，吸引社会资本进入园区投资建设、运营"园中园""主题产业园"，探索合作办园区的发展模式。利用好链主及头部企业资源，优化细化产业链招商图谱，推动更多大项目、好项目的储备和落地。完善配套政策，强化要素保障，提升服务能力，通过提供优质的软硬件服务和构建良好的产业生态，吸引更多的企业和项目，实现可持续发展。

二是探索混合所有制参与运营。支持以各种所有制企业为主体或政府与社会资本合作的方式，进行开发区公共服务、基础设施等项目建设和投资运营。建立和完善"管委会+公司"运营模式，积极探索管理、开发、招商、运营、服务等新机制，招引专业管理团队负责开发区招商、建设和运营，有序推进政企分离、管运分开，提高市场化运作能力。

三是探索投资基金运作模式。加强产业引导基金与开发区公司投资基金合作，支持园区建设运营，支持国家级开发区根据产业发展需要申报设立政策性基金，支持企业设立科技创新发展基金、创业投资基金、产业投资基金用于关键核心技术攻关。壮大发展开发区耐心资本和长期资本，进一步调整开发区引导基金的机制设计和考核方式，优化创业投资基金的政策环境和管理制度，引导金融资本投早、投小、投长期、投硬科技。

（三）推动开发区创新能级提升

创新是推动产品走向价值链高端的核心路径，因此，要加快推动开发区创新载体平台建设，集聚创新人才，全面提升开发区创新资源承载力和供给力。

一是集聚创新载体平台资源。根据开发区主导产业、重点企业需求，推动产业研发载体平台建设，着力打造"一产业一研发平台"，争取引进国家级科研机构、重点实验室等大型科学装置落地，引导龙头企业建设共性技术平台。打造科技创新服务平台，在有条件的开发区优先布局技术研究中心、工程实验室、产业创新中心等科技平台和创新载体，支持开发区内企业高水平建设技术中心、研发中心、工程实验室、工业设计中心，鼓励开发区发展众创空间、大学科技园、科技企业孵化器等服务平台，加快研发设计、科技咨询、知识产权服务等生产性服务机构发展，提高创新服务水平。

二是加快科技成果转化。落实科技成果转化"三项改革"要求，积极复制推广"一院一所一校一港一企"模式，根据不同开发区功能打造集孵化、转化、产业化于一体的综合性平台，发挥企业科技创新主体作用，培育更多硬科技、专精特新、高新技术企业，并引导企业借助陕股交、新三板及沪深北交易所等平台挂牌融资，加快发展步伐。推动科技创新协同联动，加快推动人才、技术、信息等要素在开发区内和开发区间的自由流动与优化配置。

三是加大创新人才引进和培养力度。完善人才引进和培养机制，柔性引进高层次科技人才和创新团队，为重点企业匹配人才服务专员。构建开发区战略科学家、领军人才、高端科技创新人才队伍，向园区企业提供定向人才输出服务。优化人才事项办理，为人才入园提供"一站式"服务。建立以创新能力、实效、贡献为导向的人才评价体系和激励机制，进一步激发人才创新活力和潜力，确保人才"留得下""干得好"。

四是构建科技创新良好生态。保障科技创新方面的咨询、培训等服务畅通，打造开放包容、协同创新的生态体系，促使在陕企业真正拥有核心技术能力。守住关键核心技术底线，建立健全知识产权保护体系，为化解知识产权争议提供必要支持。完善多元化金融服务体系，加快促进金融资源与开发区重点项目等科创资源对接，创新"信用类科技贷"产品。支持符合条件的开发区开发运营企业通过上市融资、发行债券、股权投资、银行贷款等方式融资，促进市场融资与政府投入配套。

（四）加快开发区产业转型升级

积极推进产业结构调整，加快改造提升传统产业，着力培育战略性新兴产业，快速发展服务业特别是现代服务业，推动产业高端化、绿色化、数字化发展，构建具有陕西特色的现代化产业体系，因地制宜发展新质生产力。

一是推动产业高端化升级。紧抓国家重大战略调整机遇，支持传统产业技术改造，巩固先进制造业产业基础，培育战略性新兴产业、高新技术产业和现代服务业，形成高端化、集群化、高附加值的产业结构。加快传统优势产业建链延链补链强链，构建梯次升级的产业链条，着力打造精深加工产品。推进传统优势产业纵向联合，以龙头企业为先导，向下游扩散产品、延伸产业链。支持在全球新一轮产业竞争中建立领先优势的新一代信息技术、高端装备制造、新材料产业在开发区集聚发展，完善战略性新兴产业市场化电价机制，优先配置能耗和环境容量，强化资本、技术、人才、物流等要素支撑。前瞻布局未来产业，积极关注全球科技和产业发展趋势，提早布局人工智能、量子信息、生物技术等未来产业，抢占未来发展制高点。聚焦科技服务、现代物流、文化旅游、现代金融等重点领域，推动生产性服务业由服务制造环节向上下游延伸，形成全产业链条，实现具有较强竞争力和带动性的现代服务业集聚发展。

二是推动产业绿色化发展。推进绿色工厂、绿色工业园区建设，打造绿色供应链。实现厂房集约化、原料无害化、生产洁净化、废物资源化、能源低碳化。优化园区能源供给及工业用能结构，引导园区重点企业实施清洁能源开发利用和节能技术改造，支持园区开展分布式光伏试点建设，提高绿色用能占比。推进园区循环化改造，鼓励企业循环式生产、产业循环式组合，搭建资源共享、废物处理、服务高效的公共平台，促进废物交换利用、能量梯级利用、水的分类利用和循环使用，实现低碳化、循环化、集约化绿色发展。

三是推动产业数字化转型。充分发挥数字经济的引领带动作用，完善促进数字产业化和产业数字化政策体系，聚力打造数字产业，不断推动大数据、云计算、人工智能等新一代信息技术同园区产业发展深度融合，建设智慧化、智能化园区。通过培育新技术、新产品、新业态、新模式，为经济转型升级提供全新动能。深化"互联网+""人工智能+""数字+"，推动工业企业进行生产设备、生产流程数字化改造，为传统产业数字化转型提供集成服务，加快培育一批深耕传统产业数字化转型的领军型服务商。

（五）加强开发区高水平开放合作

把开发区打造成全省对外开放的新高地，坚持"引进来"和"走出去"并重，加快推进国际和区域合作，主动融入以国内大循环为主体、国内国际双循环相互促进的新发展格局。

一是加强区域间园区开放合作。鼓励有条件的开发区与东部地区等发展水平高、地理空间受限的开发区合作共建开发区、开办"区中园"。在区域间产业转移合作上取得新突破，共建省际产业合作示范区；在产业链供应链上下游合作上取得新突破，借助发达地区龙头企业产业链布局，利用其辐射带动效应促进本地产业链能级提升；在科技成果跨区域转移合作上取得新突破，围绕原始创新能力提升、科技与产业创新深度融合，探索科技创新共同体建设，推动先进科技成果在陕西园区落地转化。以优势产业为发展重点，加快开发区国际合作园区建设，推动重点开发区引进国际产业链关键节点企业。支持开发区完善外贸综合服务体系和促进体系，鼓励开发区积极吸引外商投资和承接国际产业转移，助力打造"投资中国"品牌，扩大国际合作。

二是加快园区"走出去"步伐。支持有条件的开发区与共建"一带一路"交通枢纽和节点城市开展合作，引导优势企业带动上下游企业联合"抱团出海"，鼓励借助央企、金融机构等"搭船出海"，带动陕西设备、技术等对外输出和海外工程承包。鼓励龙头企业拓展海外布局，加快构建设计研发、加工制造、营销推广、物流集散、售后服务等一体化跨境产业链体系。推动品牌企业的优质产品通过跨境电子商务扩大出口，支持有较高知名度与较强国际市场拓展活力的企业在跨境电子商务领域不断做大做强，提升品牌国际影响力。

B.9
科技金融创新助力陕西新质生产力发展路径研究[*]

薛伟贤　侯佳乐　金燕芝　张建国[**]

摘　要： 　科技金融创新作为服务科技创新发展的重要环节，是推动新质生产力发展的内在要求。准确定位科技金融创新与新质生产力的结合点，是促进陕西新质生产力发展的关键。本报告基于科技金融创新的内涵，构建公共科技金融和市场科技金融助力新质生产力发展的逻辑框架，分析科技金融的时代特征和科技金融创新影响陕西新质生产力的作用表现，进而提出科技金融创新助力陕西新质生产力发展的三条路径：一是建立以创新驱动原则为主的科技金融机制，二是构建以市场导向原则为主的科技金融平台，三是优化以科技赋能原则为主的资金支持方式。

关键词： 　新质生产力　科技金融创新　陕西省

习近平总书记在二十届中共中央政治局第十一次集体学习时指出，"发展新质生产力是推动高质量发展的内在要求和重要着力点"。科技金融创新作为服务产业重塑和科技创新发展的重要环节，是推动新质生产力发展的内在要求和重要支撑。科技金融居于五大金融首位，这凸显了科技金融在现代

　*　本报告为西安市软科学重点项目"科技金融推动西安科技创新高质量发展的路径研究：基于'双中心'建设视角出发"（项目编号：24RKYJ0003）的阶段性成果。

**　薛伟贤，西安理工大学社会经济系统管理与政策研究院院长兼首席专家，二级教授、博士生导师，研究方向为社会经济系统工程与创新管理；侯佳乐、金燕芝、张建国，西安理工大学经济与管理学院博士研究生。

化经济体系中作为核心组成部分的重要地位。2023年，陕西省在研究与试验发展（R&D）方面的资金投入达到846亿元，R&D资金投入强度为2.5%，这一数值低于同期全国平均值（2.65%），陕西在全国省份中处于中间偏后的位置。陕西省科技创新领域存在资金投入较低、科研成果就地转化差现象。科技金融创新助力新质生产力的发展，是陕西未来实践的关键落脚点。

目前，学术界对科技金融与新质生产力关系的研究有两点不足，一是相关研究大多是将新质生产力表现作为"结果现象"进行考察，未考虑科技金融在不同发展阶段表现的异质性；二是将科技金融创新作为不断发展的过程，未考虑科技金融创新影响新质生产力发展的阶段表现和特征。基于此，本报告通过构建科技金融创新助力新质生产力的逻辑框架，梳理科技金融创新助力陕西新质生产力的发展历程，提出科技金融创新助力陕西新质生产力发展的路径，为陕西经济高质量发展提供智力支持。

一 科技金融创新助力新质生产力的逻辑框架

习近平总书记在二十届中共中央政治局第十一次集体学习时指出，"新质生产力是创新起主导作用，摆脱传统经济增长方式、生产力发展路径，具有高科技、高效能、高质量特征，符合新发展理念的先进生产力质态。它由技术革命性突破、生产要素创新性配置、产业深度转型升级而催生"。首先，技术创新是推动新质生产力现代化转型的内源驱动力，技术的创新与突破可以带来生产力的飞跃，大幅提升生产效率与服务质量。其次，要素配置效率是检验新质生产力培育质量的核心指标，技术、数据、人才、资本等要素优化配置，能够有效提升这些要素的使用效率、加速产业升级步伐。最后，产业是新质生产力应用的重要场域和关键载体，传统产业可能会被淘汰，新兴产业的诞生将引导经济结构的升级，从而推动经济增长方式的转变。

在新质生产力发展过程中，科技金融扮演着至关重要的角色，它主要对基础研究、应用技术研发、科技成果的转化及产业化过程提供有力支撑，可分为公共科技金融与市场科技金融。准确定位公共科技金融、市场科技金融与新质生产力发展的结合点，是科技金融创新助力新质生产力发展的关键。

（一）公共科技金融助力新质生产力发展逻辑

公共科技金融又称为政策性科技金融，是支持科技创新与科技成果转化的一系列政策性金融安排，能够推动科技创新与产业发展。公共科技金融投资主体是政府，通过直接和间接的财政投入，能有效矫正市场失灵、分担科技创新过程中的风险，并激励市场主体增加金融资源的投入，不以营利为目的，注重投入的产出效率及可持续性。

公共科技金融助力新质生产力发展的关键有三点。一是优化金融资源配置。通过政府引导基金支持方式，加速技术研发与创新项目的实施，优化金融资源在不同行业、地区、企业的配置，引导资本流入具备创新活力且拥有广阔市场前景的行业与企业中，实现金融资源的精准投放和高效利用。二是降低产业创新风险。政府可以通过公共科技金融手段，如设立风险投资引导基金、提供税收优惠和信贷担保等，鼓励风险投资机构对科技创新项目进行投资，降低创新项目的风险水平，提高自主创新水平并实现产业转型升级，加快形成新质生产力。三是建立健全机构和担保体系。建立专门的科技金融政策管理部门，构建民间资本与政府资金参与的双层担保系统，降低银行贷款风险。另外，通过设立科技金融信贷准备金，对"信贷业务"中可能出现的损失进行补偿，确保企业能够获得稳定的信贷支持，从而保障其信贷业务的持续性和稳健性。这一举措旨在增强金融机构对科技型企业的信贷信心，促进科技与金融的深度融合和健康发展。

（二）市场科技金融助力新质生产力发展逻辑

市场科技金融主要涉及商业性金融机构以及相关参与方，它们为科技企业的创新与发展提供全面的金融工具、金融产品和金融服务。其核心特征在于充分利用市场机制来实现资本的有效配置。市场科技金融主体根据科技企业在不同发展阶段的资金需求，通过分析比较，评估科技创新投资项目的预

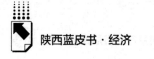

期收益与风险损失，选择预期收益高、风险可控的最优投资项目，在有效控制风险的同时，最大化自身的投资回报。

市场科技金融助力新质生产力发展的关键有三点。一是拓展融资渠道。与公共科技金融不同，市场科技金融通过市场化的手段，诸如风险投资、股权融资、科技信贷等，为创新活动提供资金支持，这些手段不仅能为企业提供高效的资金配置，还能提供多样化的融资渠道和风险管理工具，以适应企业从初创期到成熟期各发展阶段、不同融资渠道的资金需求，实现一套完整且流畅的金融支持链条。二是降低融资成本。通过市场科技金融，可以推进科技信贷、金融信贷等新型融资方式向中小微企业下沉，推进大数据、互联网等技术手段与企业经营活动实现更高层次的融合，降低融资成本，有效驱动新质生产力发展。三是提高金融市场的效率和稳定性。如资产证券化、衍生品市场等，拓展了金融市场的深度和广度，促进了资本形成和风险分散，为新质生产力的发展提供了良好的金融环境。

二 科技金融创新助力陕西新质生产力的发展历程

根据不同时期科技金融创新政策与中国科技金融时代发展标志性事件，可以发现，科技金融创新助力陕西新质生产力发展经历了三个阶段。

（一）科技金融创新1.0时代

1985~2005年是科技金融创新1.0时代。科技金融首次出现在1985年中共中央《关于科学技术体制改革的决定》中，该文件明确提出利用风险投资来助推高新技术产业的蓬勃发展。这一时期，中国政府开始重视科技创新对经济发展的推动作用，着重利用创新科技金融工具，打破传统金融工具的束缚，以提高生产效率和经济运行效率。

1.科技金融创新1.0时代特征

科技金融创新1.0时代的特征表现在两方面。一是良好的科技金融发展环境。在科技与金融的初步结合时期，科技金融在促进科技成果转化以及缓解科技企业融资困境方面发挥了显著的积极作用，得到政府部门与社会各界及企业的广泛认同。这种认同为科技金融的发展营造了良好的外部环境。在此背景下，科技和金融相互融合、相互促进的趋势基本确立，同时也极大地激发了各方对于探索科技与金融结合新模式、新路径的热情和活力，相关领域研究不断深化。1992 年中国科技金融促进会成立，1993 年《中华人民共和国科学技术进步法》和 1996 年《中华人民共和国促进科技成果转化法》相继颁布并实施，这些政策的出台从侧面反映了国家层面对科技金融融合及高新技术转化应用议题的高度重视与积极推进。二是基本确定科技金融发展框架。科技金融政策体系框架基本构建，各种形式的科技中小企业创新、科技成果转化、创业风险投资引导基金相继设立，同时银行针对科技型企业的产品、工具等形式正变得日益丰富，通过探索更加灵活多样的模式满足科技型企业多样化的金融需求。

2.1.0时代科技金融创新影响陕西新质生产力的作用表现

在此阶段，科技金融创新对陕西新质生产力的影响主要表现在两个方面。一是设立创新基金，助力新质生产力发展。1999 年，科学技术部、财政部颁发的《关于科技型中小企业技术创新基金的暂行规定》，对需要由政府支持的各种所有制类型的科技型中小企业的技术创新项目或为中小企业技术创新活动服务的公共服务平台给予资金支持。同年，陕西省科学技术委员会、陕西省财政厅印发《陕西省地市科技型中小企业技术创新基金筹集使用管理办法》，决定设立陕西省地市科技型中小企业技术创新基金。陕西省通过设立创新基金，积极扶持科技中小企业的技术创新活动，旨在提升企业的自主创新能力，在金融资本与科技创新融合中形成双轮驱动机制，为新质生产力的发展提供了强大动力。

二是拓宽融资渠道，助力新质生产力发展。1991 年，陕西省推动西安高新区与国家开发银行、国开金融有限责任公司签订合作协议，旨在推动投贷联动试点的深入实施。这一合作目的在于为科技企业特别是科技型中小企业和初创企业拓宽融资渠道，加速技术创新和产品开发，进一步推动新质生产力发展。

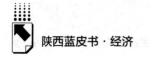

（二）科技金融创新2.0时代

2006～2022年是科技金融创新2.0时代。2006年，国务院发布《国家中长期科学和技术发展规划纲要（2006—2020年）》，标志着科技金融工具的全面泛化和科技金融工作体系及机制的完善。

1.科技金融创新2.0时代特征

科技金融创新2.0时代的特征表现在两个方面。一是科技金融服务的非标准化。针对中小型科技企业的融资需求，科技金融需要提供更多的个性化和定制化服务，包括风险投资、科技贷款等。二是科技金融体系的多元化。这个体系不仅包括大型的国有（民营）金融机构，还涵盖了众多中小型金融机构和小贷公司；资金来源多样，既有巨大金额的产业资金，也包括种类齐全的风投资金、私募资金等；资本市场方面既有像深交所、上交所这样全国性的统一资本市场，也存在区域性和地方性的资本与股权交易市场。

2.2.0时代科技金融创新影响陕西新质生产力的作用表现

在此阶段，科技金融创新对陕西新质生产力的影响主要表现在两个方面。一是资本市场融资助力新质生产力发展。科技创新的各个阶段对融资的需求是不同的，具体而言，处于较低科技创新水平的研发项目，更需要银行信贷融资支持，而高水平创新活动则更倾向于通过股权融资来获得资金支持。这种差异化的融资方式有助于满足不同发展阶段企业的资金需求，进而推动新质生产力的发展。2021年，我国金融管理部门相继推出科创公司债、科创票据等债券产品，拓宽科技型企业直接融资渠道；同时，引导创业投资和私募股权投资基金的健康发展，为科技型企业提供了更多的资金支持和市场机会。陕西省地方金融监管局联合有关部门研究制定了《关于金融支持秦创原创新驱动平台建设的若干措施》，提出加大信贷资金投入、加快创新资本形成等措施加快资本市场的资金流入。此外，陕西人民银行西安分行积极推动省级国有征信公司的设立，联合创建"秦信融"省级地方征信平台。这一平台在全省建成8个地市级地方征信平台和融资服务平台，实现了累计查询量645万次，撮合融资589亿元。通过在资本市场吸引大量资金进入优势产业,尤其是科技创新型企业,进而将新产品、新技术、新模式引入传统产业,打破了原有的均衡体系,优化了陕西省的产业结构,形成了产业集聚和规模经济效应,为新质生产力发展提供动力。

二是多元化的科技金融体系助力新质生产力发展。多元化的科技金融体系可以提供不同规模和类型的金融支持,满足科技创新型企业的多样化融资需求,通过设立产业基金、创新贷款产品等方式直接投资于产业链的关键环节,从而推动产业链的变革,助力新质生产力发展。多元化的科技金融体系包括股票、债券等资本市场工具,以及各类金融产品和服务,这些都大大提高了资本市场的资金吸引能力,将资金直接流入具有发展潜力的优势产业和高新技术企业,为其发展提供充足的资金。陕西省通过实现创新链与资金链的有机融合,支持具有核心竞争力的科技项目,帮助陕西科技企业实现产能扩张,进而促进产业链的整合升级,助推新质生产力发展。

(三)科技金融创新3.0时代

2023年进入科技金融创新3.0时代。2024年6月,中国人民银行、金融监管总局、中国证监会等七部门联合印发《关于扎实做好科技金融大文章的工作方案》。方案强调,金融机构要全面提升科技金融服务能力、强度和水平,加大对科技企业的金融支持力度,构建科技金融生态系统。

1.科技金融创新3.0时代特征

科技金融创新3.0时代的特征表现在三个方面。一是政策环境的优化。通过制定和执行有利于科技金融发展的政策,采取财政补贴和税收优惠等政策手段进行调控。2023年,《国务院关于推进普惠金融高质量发展的实施意见》发布,旨在构建高水平普惠金融体系与推动普惠金融高质量发展。二是科技金融服务产品的丰富。随着科技金融的不断发展,陕西的金融服务产品不断丰富。浦发银行西安分行推出的"浦科5+7+X"产品体系,为小微科技企业提供了全周期、多融通、数智化、可定制的金融服务。中国农业银行陕西省分行为科技型企业推出的"科技易贷"金融产品,依托大数据技术和金融科技创新满足企业融资需求。这些金融服务/产品的推出，为科技型企业的发展注入强劲的动力，有效解决了其融资压力。三是科技金融市场的深化。2023年6月，国务院常务会议审议通过《加大力度支持科技型企业融资行动方案》，强调为科技型企业提供覆盖全生命周期的多元化和连续性的金融服务，帮助企业克服融资难题，促进科技成果的转化和产业化。陕西省西咸新区积极响应国家政策，通过构建政策链、政务链、人才链等"七链"服务体系，精准发力，多点突破，打造出一个涵盖科创平台的全生命周期服务新模式。

2.3.0时代科技金融创新影响陕西新质生产力的作用表现

在此阶段，科技金融创新对陕西新质生产力的影响主要表现在两个方面。一是优化金融制度，助力新质生产力发展。中国人民银行陕西分行会同有关部门印发做好优化科技型企业金融制度相关工作实施细则，如出台《关于推进公司金融顾问制度　提升金融服务实体经济质效的指导意见》《关于强化金融赋能　精准有力支持西安"双中心"和秦创原高质量建设的实施意见》等政策，通过引入金融顾问制度、强化金融赋能精准支持科技创新，更好地发挥金融在资源配置中的核心作用，为科技创新和产业升级提供强有力的金融支持，为实现新质生产力奠定良好根基。

二是提升科技金融服务质效，助力新质生产力发展。2023年，中央金融委员会召开中央金融工作会议，强调提升金融服务经济社会发展质量水平的重要性。同年，中国人民银行、国家外汇管理局发布《关于提升银行办理资本项目业务数字化服务水平的通知》，旨在持续提升银行业务在资本项目的数字化服务水平。陕西为优化科技型中小企业金融服务，鼓励商业银行设立科技支行，并根据市场需求扩大业务规模，提供全方位、差异化的融资服务解决方案，引导辖内银保机构提升科技金融服务质效。强化秦创原"一总两带"发展引领，聚焦科技创新、产业发展等重点领域，深化金融改革创新，引导金融资源向科技领域倾斜，持续构建"科技+金融"高质量金融服务保障体系。

三 科技金融创新助力陕西新质生产力发展的路径

健全科技金融机制是推动科技金融赋能新质生产力、促进经济高质量发展的关键步骤，科技金融机制的创新和发展为新质生产力提供了有力支撑。同时，为确保新质生产力的稳健前行，构建以市场导向原则为主的科技金融平台，促进资源的有效配置与科技成果的市场化应用。优化以科技赋能原则为主的资金支持方式，精准投放资金，进一步加速了科技与创新向现实生产力的转化。这三者相辅相成，共同推动新质生产力不断迈向新的高度，为陕西发展新质生产力奠定坚实基础。

（一）新质生产力发展的基础：建立以创新驱动原则为主的科技金融机制

科技金融机制是推动新质生产力跃升的基础，在新时代背景下，要促进科技金融高质量发展，必须以创新驱动为引领，实现金融技术的革命性飞跃。

一是健全全生命周期金融服务机制。科技企业作为科技研发的主力，从种子期到成熟期，其资金需求和风险特征各不相同，要完善覆盖科技企业全生命周期的金融产品和服务体系。

二是优化科技金融产品和服务创新机制。通过实施知识产权质押贷款、科技保险、科技租赁等手段，创新科技金融产品，以满足科技企业的多样化融资需求。利用云计算、人工智能、大数据等领域的突破性创新，引领新型金融服务的变革，优化金融服务流程，提高服务效率和质量，为未来产业的蓬勃发展注入新活力。

三是构建科技金融生态机制。新一轮科技革命正在深刻改变人类的知识体系，交叉学科的兴起打破了传统学科的界限，推动了知识的深度融合与创新发展。因此，必须全面加强产学研的深度融合与合作交流，促进政府、金融机构、科技企业、科研机构、高校等多方合作，共同推动科技金融生态的构建和发展。确保科技与金融的深度融合和协同发展，提升新质生产力发展质效。

（二）新质生产力发展的保障：构建以市场导向原则为主的科技金融平台

构建以市场导向原则为主的科技金融平台能有效促使创新链与资金链有机结合。搭建科技金融共享服务平台是促进科技金融资源有效流通、区域经济高质量发展的重要策略。

一是以市场需求为锚，通过整合银行、保险公司、创投机构、券商等金融中介服务机构的市场反馈信息，建立大数据平台，提高金融服务效率。涵盖科技信贷、股权投资、专项债券等主要功能领域，为企业提供行业信息、融资信贷信息、科技企业研发信息以及后续项目申请、签约和跟踪的全流程服务。

二是以市场反馈为底，创立"市场反馈—数据平台"信息整合机制，提高金融机构的信贷效率和主动性。2024年，围绕陕西省确定的34条省级重点工业产业链，建立了数据平台与链主企业的信息整合机制。形成了以链主企业为主导、以大数据平台为引领、金融机构与专业服务机构参与的科技金融联合体。鼓励链主企业通过大数据平台提供的多渠道信息反馈链，发布具有专业性和权威性的项目信息，降低金融机构与企业之间的信息不对称，吸引金融机构主动寻找有价值的信贷项目，推动科技与金融深度融合。此外，优化整合相关部门的管理职能，打破信息壁垒，整合政策发布、内参报告、政策解读、投融资需求发布等多个信息板块，实现信息的共享和互通，同时，根据市场反馈的变化，不断调整和优化数据平台的信息整合机制，助力科技金融健康、高质量发展。

通过建设系统的科技金融服务平台，促进科技与金融资源的集聚和融合，引导资本向科技企业集中。增加对早期科技企业资金投入，促进科技贷款、保险、担保的协作，鼓励银行增加科技信贷额度，实施风险补偿和贴息贷款，加大对科技企业信贷支持力度。

（三）新质生产力发展的动力源：优化以科技赋能原则为主的资金支持方式

资金支持不足是制约科技创新发展的一大障碍。科技创新每个步骤都需要资金投入，提高科技创新成果转化效率就必须优化资金支持方式。在国际化背景下，优化资金支持方式就是提升科技金融竞争力。科技金融创新助力陕西新质生产力发展，应将优化资金支持方式作为一个长期发展的战略任务。

一是加大对西安"双中心"建设的资金支持力度。陕西应加大对西安综合性国家科学中心和科技创新中心建设的支持力度，吸引全国的创新资金，提高陕西在全国的科技金融地位与影响力。加大力度支持西安建设科创金融改革创新试验区，出台一系列相关政策措施和指导意见，以持续提升金融服务"双中心"建设及科创产业发展的能力，从而提升科技金融创新效能，为新质生产力加快发展提供持续的科技先导动能。

二是加大对科技人才培养基金支持力度。国际经验表明，科技金融业务和科技金融服务的竞争本质上是科技金融人才的竞争。政府和企业设立人才培养基金，鼓励陕西金融机构采取多种途径吸引、应用和培养具有国际视野的高端科技金融专业人才，为陕西科技金融的竞争与合作提供坚实的人才基础，推动科技人才带动科技资金流动，构筑新质生产力动力源。

参考文献

邓天佐、张俊芳：《关于我国科技金融发展的几点思考》，《证券市场导报》2012 年第 12 期。

邓宇：《发展新质生产力与深化科技金融创新——兼论国际经验与中国实践》，《西南金融》2024 年第 4 期。

房汉廷：《中国科技金融发展未来之像》，《科技与金融》2023 年第 5 期。

奉琪麟：《基于科技金融、科技创新与经济发展的研究》，《全国流通经济》2023 年第 8 期。

胡芳、刘婷婷：《新质生产力推动我国经济高质量发展：系统创新、升级难题与实践向度》，《改革与战略》2024 年第 5 期。

贺洋：《金融服务新质生产力发展的逻辑与路径》，《中国外汇》2024 年第 7 期。

胡争光、余浩：《科技金融理论研究综述》，《合作经济与科技》2022 年第 6 期。

蒋华：《科技金融创新发展的架构建设探究》，《金融纵横》2013 年第 4 期。

寇明婷、陈凯华、穆荣平：《科技金融若干重要问题研究评析》，《科学学研究》2018 年第 12 期。

芦锋、韩尚容：《我国科技金融对科技创新的影响研究——基于面板模型的分析》，《中国软科学》2015 年第 6 期。

李建军、焦文昭：《金融赋能新质生产力的内在逻辑与实现路径》，《当代中国与世界》2024 年第 2 期。

刘立云、孔祥利：《新质生产力与新型生产关系的双向度变革研究》，《西安财经大学学报》2024 年第 4 期。

陆岷峰：《科技金融赋能实体经济和新质生产力发展：经典理论、理论框架与应对策略》，《改革与战略》2024 年第 3 期。

李涛、吴耀伟、许李洁：《科技金融对陕西经济高质量发展的影响分析》，《新西部》2022 年第 11 期。

刘伟：《科学认识与切实发展新质生产力》，《经济研究》2024 年第 3 期。

李学武、杨俊凯、满超：《西安市"双中心"建设中金融供给提升与政策优化的路径研究》，《西部金融》2023 年第 7 期。

宋航：《新时期科技金融发展现状及前景分析》，《今日财富》2021 年第 22 期。

孙雪娇、朱漪帆：《科技创新与金融服务协同发展机制研究——基于中国科技金融平台演化视角的多案例分析》，《金融发展研究》2019 年第 1 期。

王世泰、李东民：《科技金融赋能新质生产力：现实意义、关键要点及行动切入——以科技金融推动人工智能发展为视角》，《企业科技与发展》2024 年第 7 期。

闻岳春、王婧婷：《科技创新型中小企业的资本市场融资策略研究》，《科学管理研究》2010 年第 2 期。

许东海、卢越：《金融科技创新与中国式现代化产业体系——基于新质生产力的中介效应分析》，《技术经济与管理研究》2024 年第 9 期。

余嘉欣：《向"新"求"质"银行业加力赋能新质生产力》，《金融时报》2024 年 7 月 18 日。

邹克、倪青山：《公共科技金融存在替代效应吗？——来自 283 个地市的证据》，《中国软科学》2019 年第 3 期。

周雷、王可欣、宋佳佳：《金融强国视域下数字金融服务实体经济高质量发展路径研究》，《农村金融研究》2024 年第 5 期。

张岭、张胜：《创新驱动发展战略的金融支持体系》，《西安交通大学学报》（社会科学版）2015 年第 6 期。

张元：《依托科技金融助力区域经济高质量发展的策略探析》，《商展经济》2024 年第 18 期。

张壹帆、陆珉峰：《科技金融在新质生产力发展中的作用与挑战：理论框架与对策研究》，《社会科学家》2024 年第 2 期。

Jiménez-Sáez F., Zabala-Iturriagagoitia J. M., Zofío J. L., "Who Leads Research Productivity Growth? Guidelines for R&D Policy-Makers," *Scientometrics* 2013, 1.

改革开放篇

B.10
统筹推动西安"双中心"
和国家中心城市建设研究

李 栋*

摘 要: 2022 年 12 月,国家发展和改革委员会同科技部批复同意西安建设综合性国家科学中心和具有全国影响力的科技创新中心(以下简称"双中心"),标志着西安继北京、上海和粤港澳大湾区之后,成为第四个获批建设"双中心"的城市(区域)。在第三次重大生产力布局的背景下,我国打破常规一次性将两大中心批复于同一城市,使西安一举跻身中西部地区首个"双中心"载体城市。当前,西安推动"双中心"建设还存在科技创新资源集聚能力不强、科创活动长期资金投入不足、科技成果就地转化效能不高等制约因素。因此,提出以下对策建议:再造万亿级经济体量,提升国家中心城市能级;深化央地合作机制,形成省市共建合力;发挥财政资金杠杆作用,探索多元化建设资金投入机制;建立科创产业互促机制,加快"两

---

* 李栋,西安通济区域规划研究院院长、西安市决策咨询委员会委员,主要研究方向为区域经济、产业经济、科技创新、对外开放等。

链"深度融合；弘扬包容型科创文化，营造浓郁创新创业氛围。

关键词： "双中心"　国家中心城市　科技创新中心　西安

一　"双中心"相关概念辨析

"双中心"是国家实现高水平科技自立自强和建设科技强国的战略支撑，是大国开展全球科技竞争、抢抓新一轮科技革命机遇的决胜性平台，是国家创新体系建设的重要组成部分和重大战略体系要素。

（一）基本概念

1.综合性国家科学中心

综合性国家科学中心归属发展改革部门基础设施建设规划范畴，是国家创新体系的基础性平台，是经国家法定程序批准设立，依托先进的国家实验室、创新基地、产学研联盟等重大科技基础设施群，支持多学科、多领域、多主体、交叉型、前沿性基础科学研究、重大技术研发和促进技术产业化的大型开放式研发基地。具有"尖而精"的特征，对应国家重大科技基础设施和共性技术，侧重基础研究，核心任务聚焦大科学装置建设。

2.科技创新中心

科技创新中心归属科技部门国家创新体系建设范畴，是科技创新资源密集、科技创新活动集中、科技创新实力雄厚、科技成果辐射范围广大，从而在全球价值链中发挥价值增值功能并占据领导和支配地位的城市或地区。具有"广而全"的特征，对应城市和城市群发展战略，强调区域协同创新和体制机制创新，主要功能侧重对区域的示范、引领和带动。

（二）内涵比较

对比综合性国家科学中心和科技创新中心可以看出，"基础研究""原始创新""重大关键核心技术突破""国家创新体系基础平台"是综合性国家科学中心的关键内核,"实现重大原创突破,攻克关键核心技术,增强国际科技竞争话语权"是综合性国家科学中心的国家使命。"尖而精"是对综合性国家科学中心的高度概括。科技创新中心则强调"广而全",侧重于构建科技创新生态系统,是服务国家创新驱动发展战略和建设创新型国家重大战略决策的重要支撑。综合性国家科学中心和科技创新中心既有地域上的差别,也有功能上的差别(见表1)。

表1 综合性国家科学中心与科技创新中心内涵比较

项目	综合性国家科学中心	科技创新中心
规模	依托大城市相对集中区域	以大型城市或城市群为承载
确立机构	国家发展改革委、科技部联合批复同意建设,在国务院印发文件中强调支持建设	北京、上海、粤港澳大湾区由国务院印发文件,其他为科技部印发文件或者与国家发展改革委联合批复支持建设
过程环节	主要发生在创新链上、中游环节	主要集中在创新链中、下游环节
核心功能	基础科学研究和关键核心技术研发,催生原始创新,突破重大科技瓶颈,增强国际科技竞争力	新技术研发、新产品生产和新兴产业发展,培育具有国际竞争力的战略性新兴产业集群,驱动区域创新发展
核心功能	知识生产、知识转化和关键技术孵化	知识应用、新技术研发、新产品生产和新兴产业创新发展
创新主体	以一流研究型大学、国家科研院所等为依托	以高科技企业、创新型企业及其研发机构为支撑
关键支撑	重大科研基础设施集群、实验室体系、国家技术创新中心等创新平台	技术研发人员、技术转移转化平台和风险投资网络等
空间载体	以特定科学(技)城为核心承载,建设多学科交叉、多领域集成、多要素协同的国家创新体系集成平台	以特定高科技产业园区为核心承载,构建产学研一体的区域创新体系基础平台
空间组织	全球创新网络中的关键节点和辐射带动全国科技发展的科学策源地与创新文化引领地	带动周边区域产业升级和驱动区域高质量发展的高科技产业集群与区域创新集散地
发展方向	国家融入全球创新网络的"国家队"	国家创新驱动发展的区域"增长极"

二 全国"双中心"建设的政策实践

作为我国第三次重大生产力布局的重要部署,本轮全国"双中心"布局建设有别于 20 世纪五六十年代自上而下布局、以中央统筹为主的模式,强调市场化竞争原则,鼓励自下而上争创布局,在建设过程中强调地方政府的积极作为,具有较为明显的在经济优势地区优先布局的政策意图。

(一)国家部署

习近平总书记指出,"成为世界科技强国,成为世界主要科学中心和创新高地,必须拥有一批世界一流科研机构、研究型大学、创新型企业,能够持续涌现一批重大原创性科学成果"。要尊重科技创新的区域集聚规律,因地制宜探索差异化的创新发展路径,加快打造具有全球影响力的科技创新中心,建设若干具有强大带动力的创新型城市和区域创新中心。在此背景下,综合性国家科学中心和科技创新中心应运而生。

"十三五"期间,《国家重大科技基础设施建设"十三五"规划》提出,建设北京、上海、合肥等若干具有国际影响力的综合性国家科学中心。其后,上海张江(2016 年 2 月)、安徽合肥(2017 年 1 月)、北京怀柔(2017 年 6 月)和广东深圳(2019 年 8 月)等 4 个综合性国家科学中心陆续获批建设,成为中国建设世界科技强国的核心组成部分和融入全球创新网络的"国家队"。

"十四五"期间,《中华人民共和国国民经济和社会发展第十四个五年规划和 2035 年远景目标纲要》将优化布局与区域发展战略相结合,提出支持上海(2016 年 4 月)、北京(2016 年 6 月)、粤港澳大湾区(2019 年 2 月)建设具有全球影响力的科技创新中心,并在有条件的地区布局建设区域科技创新中心,形成区域创新的增长极。其后,成渝地区(2020 年 1 月)与武汉(2022 年 6 月)分别确定建设具有全国影响力的科技创新中心。

2022 年 10 月,党的二十大报告强调,完善科技创新体系,强化战略科技力量，优化国家科研机构、高水平研究型大学、科技领军企业定位和布局，形成国家实验室体系，统筹国际科技创新中心、区域科技创新中心建设，加强科技基础能力建设，强化科技战略咨询，提升国家创新体系整体效能。12月，西安继北京、上海、粤港澳大湾区后，成为第四个获批建设"双中心"的城市（区域），成为党的二十大召开后批复的首个"双中心"城市，填补了西部地区"双中心"城市空白，同东部地区三个"双中心"城市（区域）一起成为我国实现高水平科技自立自强和建设科技强国的战略性支撑（见表2）。

表2 综合性国家科学中心与科技创新中心地域分布

项目	综合性国家科学中心	科技创新中心
分布	北京	北京
	上海	上海
	粤港澳大湾区（以深圳为主阵地）	粤港澳大湾区
	西安	西安
	合肥	成渝地区
		武汉

（二）地方实践

通过近十年的持续部署、布局和建设，北京、上海、粤港澳大湾区等三大"双中心"城市（区域）构成了中国科技创新的第一梯队。一方面，北京、上海、粤港澳大湾区三大"双中心"城市（区域）具备四大共性特征：聚焦国家级创新平台建设，着力提升战略科技力量；聚焦关键核心技术，不断增强产业竞争优势；聚焦科技体制机制改革，持续优化创新生态；聚焦区域交流合作，着力构建开放协同创新网络。

另一方面，三大"双中心"城市（区域）又具有各自比较优势，因此各有发展侧重：北京科学研究体系具备绝对优势，拥有高密集度、高端先进的科技创新资源,承担的重大科研任务与国家战略使命高度重合,体现了国家科技发展的总体方向;上海科研策源能力强劲,生物医药等领域的科研水平已经居于国际领先地位,拥有同国际接轨的包容式创新氛围,依托长三角科技创新共同体建设持续推进区域创新协同;粤港澳大湾区同时拥有内地、香港、澳门的科创要素,三地优势互补,有利于形成基于制度创新的内生合力,发挥地处沿海开放前沿、经济实力雄厚、产业体系完备、创新要素集聚、国际化水平领先等优势,打造全球科技创新高地和新兴产业重要策源地。

三 西安创建"双中心"的比较优势

西安跻身中国"科创第四城",既是国家基于通盘考虑,自上而下的历史性擘画赋能;也是西安长期沉潜蓄势、发挥比较优势、彰显地方特色的不懈努力。较之合肥综合性国家科学中心,西安是国家中心城市,是带动西安都市圈、关中平原城市群,服务西部大开发和融入"一带一路"倡议的极核与节点城市,具备打造"具有全国影响力的科技创新中心"的条件;较之成渝地区、武汉具有全国影响力的科技创新中心,西安高端科创资源密集、创新平台载体丰富、科技成果转移转化能力领先,具备建设"综合性国家科学中心"的基础。

(一)国家战略叠加

在世界百年未有之大变局加速演进、构建国内国际双循环新发展格局中,西安区位优势明显,地缘价值突出;深度融入共建"一带一路"大格局;西部大开发区域协调发展战略,黄河流域生态保护和高质量发展区域重大战略,以及关中平原城市群、西安都市圈新型城镇化战略叠加区域;承担着国家全面创新改革试验区、国家自主创新示范区等 20 多项国家级创新改革试点任务;为"双中心"创建提供了强有力的改革创新的制度支撑。

（二）科教资源富集

西安是国家重要的科研和文教中心，拥有83所高等院校，西安交通大学、西北工业大学等8所高校入选"世界一流大学"建设名单，19个学科跻身"世界一流学科"建设行列，27个学科在教育部学科评估中进入前10%。西安本科高校、"双一流"建设高校、全国重点实验室等数量均超过成都、重庆，与武汉不分伯仲（见表3）。集聚了460余家科研院所，数量上仅次于北京，领先于成渝地区和武汉。西安R&D经费投入强度多年维持在5%以上，稳居全国第三，连续五年居副省级城市第二，远超成渝地区和武汉（见图1）。

表3 西安与成都、重庆、武汉科教资源对比

项目	西安	成都	重庆	武汉
高等院校数量(所)	83	65	70	84
本科高校数量(所)	44	29	26	46
一流大学建设高校数量(所)	3	2	1	2
一流学科数量(个)	19	14	4	29
全国重点实验室数量(家)	26	13	10	30

资料来源：各地统计部门。

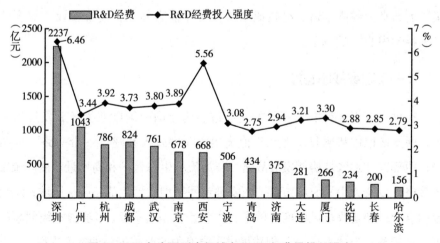

图1 2023年全国副省级城市R&D经费及投入强度

资料来源：各地统计部门。

（三）各类人才丰富

2023 年，西安人才总量达到 365.5 万人，在集成电路、人工智能、增材制造、飞机设计制造、航空航天材料、生命科学、环境科学等关键领域涌现出一批院士领军的创新团队，建成院士工作站 106 家、博士后创新基地 57 家。培养在校本专科学生 84.68 万人、在校研究生 18.75 万人、各类专业技术人员近 100 万人。在高端人才吸引和培养方面，院士数量、在校研究生数量和武汉不相上下，居于全国领先水平。2023 年西安入选"外籍人才眼中最具潜力的中国城市"前二十榜单，超越武汉，海外高层次人才吸引力不断增强（见表4）。

表 4　2023 年西安与成都、重庆、武汉创新人才

项目	西安	成都	重庆	武汉
人才资源总量（万人）	365.5	650.77	634.7	304.29
院士数量（人）	69	36	20	75
在校本专科学生（万人）	84.68	107.2	110.02	116.11
在校研究生（万人）	18.75	11.4	11.19	20.88
外籍人才眼中最具潜力的中国城市排名（位）	16	9	12	未进入前二十

资料来源：2023 年各城市官方公布数据。

（四）成果转化充分

西安围绕科技资源统筹、科技成果转化等领域的 12 项全面创新改革试验经验在全国复制推广。2023 年，与成都、重庆、武汉相比，技术合同成交额具有绝对优势，国家双创示范基地、国家级孵化平台等指标均居第二（见表5）。"一院一所一校一港一企"创新模式特色鲜明，西北有色金属研究院完成改制公司 45 家、孵化西部超导等上市公司 7 家。西安光机所孵化光电子领域科技企业 512 家。西北工业大学通过"三项改革"成功转化企业 71 家。

表5 2023年西安与成都、重庆、武汉创新能力

项目	西安	成都	重庆	武汉
国家高新技术企业数量(家)	12500	13146	7565	14500
发明专利授权量(件)	19464	25557	13600	22751
技术合同成交额(亿元)	3900.05	1614.2	865.1	2198.43
国家双创示范基地(家)	6	5	8	6
国家级孵化平台(家)	112	86	98	119

资料来源:2023年各城市官方公布数据。

(五)平台支撑有力

秦创原创新驱动平台是陕西举全省之力推动创新驱动发展的重要制度创新平台,围绕科技成果就地转移转化走出了一条富有陕西特色的创新之路,并成为全国瞩目的创新范式。秦创原创新驱动平台总窗口设于西咸新区和中国西部科技创新港,西咸新区和中国西部科技创新港同处西安都市圈核心区,为西安"双中心"建设提供了核心驱动、转化平台和空间载体。

四 西安推动"双中心"建设的制约因素

基于第三次重大生产力布局的总体特征,本轮"双中心"城市(区域)布局和国家战略增长极城市(区域)在空间上高度重合。京津冀、长三角、粤港澳大湾区、成渝地区双城经济圈是我国确立的四大战略增长极,与之对应的北京、上海、粤港澳大湾区相继成为"双中心"叠加城市(区域)。2020年1月,成渝地区获批建设具有全国影响力的科技创新中心之后,参照粤港澳大湾区"双中心"实现路径模式,跟进成为西部地区首个"双中心"叠加区域,契合本轮重大生产力布局的总体政策意图。比较北京、上海、粤港澳大湾区"双中心"和战略增长极空间重合的事实,"双中心"在西部地区出现了空间位移。西安在接续推进"双中心"城市建设过程中,还将面临一些挑战。

（一）科技创新资源集聚能力不强

2023 年，西安市地区生产总值为 12010.76 亿元，连续四年保持万亿元级规模，同武汉、合肥"双中心"潜力城市有较大差距，而成都、重庆已联袂迈入"两万亿俱乐部"。第三次重大生产力布局原则决定了市场主体活跃、经济实力强劲的城市或区域在"双中心"建设中具有优先地位，也深刻影响到"双中心"城市在增加重大科技基础设施、国家实验室和全国重点实验室等战略科技力量的跟进布局。

（二）科创活动长期资金投入不足

2022 年，西安全年一般公共预算收入 834.09 亿元，排名中国城市第 22 位。重庆（2103.4 亿元）排名第 6，成都（1722.4 亿元）排名第 9，武汉（1504.7 亿元）排名第 12，合肥（909.3 亿元）排名第 19。一般公共预算收入偏低将掣肘地方政府支持科创活动的支出意愿和能力。2022 年，西安共安排 52.79 亿元支持科技事业，同期成都、重庆该项支出分别为 151.8 亿元和 98.8 亿元。同时，重大科技基础设施建设具有规模大、周期长、投资巨大的特点，单纯依靠中央政府投资远远不够，要求地方政府积极作为，化解经费不足难题，确保大科学装置的先进性、领先性及创新性。

（三）科技成果就地转化效能不高

2023 年，在输出技术方面，西安市以 3900.05 亿元的成交额排名全国第 3，仅次于北京、上海；在吸纳技术方面，以 1434.73 亿元的成交额位列全国第 4，超过成都、重庆。技术贸易"逆差"高达 2465.32 亿元，也远超成渝两地，在全国范围居于较高水平，属于典型的科技输出型城市。造成这一巨量"逆差"的主要原因在于，全市"经济总量偏小，工业不大不强，创新潜能释放不够"，产业应用场景供给、市场需求均存在明显不足，导致科技成果无法在地实现完全充分转移转化。

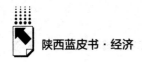

五　统筹推进西安"双中心"与高能级
国家中心城市建设的建议

统筹推进西安"双中心"和国家中心城市建设，加快建好西安"双中心"，努力打造国家重要科研和文教中心、高新技术产业和制造业基地，支撑更高能级的国家中心城市建设。

（一）再造万亿级经济体量，提升国家中心城市能级

1.拓展城市发展空间

全面吹响城市"北跨"发展"集结号"，坚持规划引领、交通先行、产业支撑、项目带动，推动各类资源要素、工作力量和项目布局向"北跨"聚集，促进产城融合、板块联动，构建渭河两岸南北呼应的拥河发展格局。实施"东西牵引、重点突破、南北联动"发展行动，构筑更高效开放、更创新合作、更健康活力、更绿色安全的空间新格局，支撑西安"双中心"先进制造示范带建设。

2.再造万亿级经济体量

系统构建"北跨"区域以实体经济为支撑的现代化产业体系，坚持优化区域产业链布局，推动北跨区域制造业高端化、集约化、绿色化发展，再造万亿级经济体量，夯实西部地区重要经济中心基础。引导鼓励汽车、航空、新材料、新能源和高端装备制造类项目向北跨区域优先聚集，把实体经济尤其是先进制造业做实做强做优。开展产业链联动协作行动，构建大中小企业配套、产学研用协作、上下游企业共生的产业生态格局。强化产业融合发展，培育人工智能、氢能、数字经济三大新兴产业，提升产业能级和核心竞争力。塑造以先进制造业为主体的产业应用场景，承载西安"双中心"成果转化。

3.打造西安"双中心"北跨科创走廊

围绕光伏、智能网联汽车、未来能源等前沿方向，加强平台建设、人

才培养和项目储备。聚焦先进制造业高质量发展,以补链、强链、延链为重点,共建多层次产业创新平台,建设一批企业技术中心、产业创新中心、工程研究中心和创新社区。依托渭河两岸存量高校院所,吸引国内外知名企业、高等院校和科研院所在渭河两岸设立新型研发机构和专业孵化器。发挥秦创原创新驱动引领作用,增强北跨区域科技创新的辐射带动作用。

(二)深化央地合作体制机制,形成省市共建合力

1. 健全央地合作体制机制

厘清央地合作推进西安"双中心"建设的角色定位。国家部委发挥总协调作用,依据国家创新战略导向与地方主导、特色产业发展需求,确定部省联动的应用领域和范围,根据关键核心技术攻关所处阶段,确定所需要的部省联动层级。央地联动开展关键核心技术攻关。坚持顶层设计,强化高位推动,从组织结构、管理模式和激励制度等方面破除制约关键核心技术攻关的制度藩篱。央地共建高水平创新平台。围绕重点产业链共性基础技术需求,打造以重点企业为引领,央企、军工单位及部属院校共同参建的创新联合体、技术研发平台等新型协同创新体。

2. 建设国家重大科技基础设施

强化央地联动,用好长短波授时系统,确保高精度地基授时系统、转化医学设施建成并高效运行,推进先进阿秒激光、电磁驱动聚变设施等"十四五"国家重大科技基础设施落地建设,谋划部署超精密跨尺度基标准与溯源研究装置、国家级加速器质谱集群中心等重大科技基础设施预研和论证,形成"1+2+3+N"国家重大科技基础设施梯度发展格局。加强省部合作,聚焦信息、空天、生命、材料和环境五大科学与技术领域,从国家战略布局、构建新型举国体制的角度,主动设计和积极争取承担重大基础和前沿科研任务。

3. 构建新型实验室开放共享体系

积极对接国家重大科技项目,结合产业发展需求,围绕空天、能源、信

息、材料等重点领域，建设突破型、引领型、平台型一体化综合型省级、市级实验室。加大省市资金补助力度，鼓励支持建设并申报国家级实验室和技术创新中心，积极争取创建国家实验室，努力参与全国重点实验室体系重组，加快形成一批国家级重点实验室和技术创新中心。大力推动科研基础设施和仪器设备开放共享，面向产业高质量发展和现代化产业体系构建需求，打造联通产业企业的开放型共享式实验研发体系。

4. 联动秦创原创新驱动平台

省市合力，统筹推进西安"双中心"和秦创原创新驱动平台建设。发挥秦创原示范引领作用，释放全省辐射带动、科技成果落地转化、科技企业培育、"两链"深度融合、创新人才教育培养、政产研深度融合等方面累积效应。纵深推动科技成果转化"三项改革"，不断完善成果转化服务体系。支持管理制度现代化、投入主体多元化、运行机制市场化、用人机制灵活化的新型研发机构优先在秦创原总窗口建设。加快促进省市科技创新要素整合，立足于实现产业创新生态系统内创新主体间的协作创新。构建以龙头企业为主导的产业联盟创新网络，形成点线群网相结合的集群创新体系。

（三）发挥财政资金杠杆作用，探索多元化建设资金投入机制

1. 优化财政科技资金投入结构

加大财政对重大科技基础设施、基础研究的直接投入力度。确定基础研究优先投入领域，建立以需求为导向、以推动经济可持续发展为目的的基础研究投入机制。鼓励社会资本参与大科学装置和基础研究投入。强化人才培育及引进作为财政资金投入重点。围绕省市重点产业链细化人才需求，有针对性地制定相关财政政策，优化人才发展的财政投入结构。

2. 转变财政科技资金投入方式

积极引导企业和社会增加科技创新投入，形成政府、企业、社会多元化、多渠道的科技资金投入新格局。充分发挥政府采购对科技创新的激励功能。在优先体现市场竞争、保持公平的前提下，体现一定的灵活性和引导性，从需求上降低企业研发风险，降低创新外部性风险，提升企业创新动力。

3. 培育壮大股权投资市场主体

大力引入优秀股权投资机构，充分对接秦创原e站等综合服务平台，按照"投研+投行+投资"的理念，打造高能级综合性的股权投资科技创新创业平台。对创业投资企业采取股权投资方式投资未上市中小高新技术企业、初创科技型企业的，严格按国家规定落实相关税收优惠政策。对符合条件的公司型创投企业，探索按照企业年末个人股东持股比例免征企业所得税。支持人才和资本对接，拓宽人才融资渠道，加强人才和科技股权投资支持，吸引更多带技术、带项目的人才落地。

4. 提升政府投资引导效能

发挥政府统筹引导职能，推进政府引导基金建设。积极探索设立面向科创企业的天使投资基金、创业投资基金、私募股权投资基金，引导产业资本、金融资本、社会资本共同参与国家重大科技项目。以政府信用为担保，通过设立创业投资引导基金，引导多元化社会资本投资处于种子期、起步期的科创企业。发挥产业投资引导基金作用，通过新设企业或并购重组实现产业结构优化升级。

（四）建立科创产业互促机制，加快"两链"深度融合

1. 制定科技经济协调发展战略

借鉴长三角、珠三角现代化产业体系发展经验，制定具有统筹建设意义的科技经济战略，明确构建科技引领、协同发展的现代化产业体系。围绕科技创新、战略性新兴产业发展、制造业转型升级，出台科技创新和产业升级双向联动的系列专项政策。突出企业创新和产业发展之间的联动性，把强化企业创新主体地位、提高企业自主创新能力作为产业布局、规划中的重点目标和核心工作。

2. 加强科技赋能产业升级

深化企业链条式发展。编制产业链全景图和现状图，支持现有重点企业并购延链，加大基础研究和应用基础研究投入，强化话语权和链主地位。加快推进重点产业共性技术研发。鼓励服务业企业与先进制造业企业跨界联

合，推动生产性服务业向专业化和价值链高端延伸。强化智能技术对传统企业的赋能。加快对制造业的数字化改造升级，支持优势产业上下游制造业、服务业企业开放数据，加强合作，共建安全可信的工业数据空间。

3. 推动产业反哺科技创新

加大对前沿探索类、先导性、重大工程基础研究的稳定性支持。聚焦类脑智能、量子信息、基因技术、未来网络、深海空天开发、氢能与储能等重点技术领域，继续深化省部合作、央地合作机制，在技术储备、场景应用、国内外合作机制创新上超前、主动布局。制定颠覆性技术研究专项计划，成立专门机构，创新组织管理体制机制。凝练具有变革性特征的关键技术，开展持续性、攻坚性、隐蔽性研究，大力培育发展颠覆性技术。推动企业与高校院所成立创新联合体，联合承担重大任务，开展核心技术攻关，拓展创新链的长度和宽度，推进颠覆性技术的产生和发展。

（五）弘扬包容型科创文化，营造浓郁创新创业氛围

1. 营造科技创新微环境

重视科创型小微企业发展与扶持，推动由抓大"放"小向抓大"扶"小转变，扶持小微企业的发展。制定"小企业特派员计划"，大力发展企业孵化器。培育企业家冒险、创业和创新精神。加强企业家与国内外同行的联系和培训机制。完善风险投资机制，促进政府引导基金与创投、风投合作。

2. 打造高品质人文环境

放宽创新人才引进制度。明确认定创新运营、管理人才和创新研发人才标准并向人才引进倾斜。打造生活环境优美舒适、产业氛围浓厚，同时又具有充分的知识交流空间的创新人文微环境。放大创意文化领域优势，利用存量创意产业园区、创意街区、文化设施等，营造创新交流环境。重视自然环境保护，提高空间功能的复合性，通过合理用地功能配比，为科学研究和其他社会活动提供多元化的场所空间，为人与人的交流创造更多可能性。全面提升城市生活品质、环境品质和人文品质，营造宽容、自由的工作环境。

3. 加强城市创新包容性建设

加强创新理念与文化宣传，创造良好舆论环境。加大对创新人物、创新成果宣传力度，内嵌"创新人人有责"的发展理念，提高市民创新的迫切感、产业转型的危机感，有效推动创新文化理念深入人心。加强教育体系中创新教育与创新思想培养。强化对现有"众创空间""创新屋""科技博览会"及各项科技创新基础设施的宣传和利用。举办大型的"科技创新节""创业节"等活动，鼓励与保护大众创新热情，营造大众创新氛围。加强对创新行为的包容性文化氛围营造，建立包容性创新基金，激励资本投资早期阶段的中小微企业。

参考文献

习近平：《努力成为世界主要科学中心和创新高地》，《求是》2021 年第 6 期。

王涛、王帮娟、刘承良：《综合性国家科学中心和区域性创新高地的基本内涵》，《地理教育》2022 年第 8 期。

王振旭、朱巍、张柳等：《科技创新中心、综合性国家科学中心、科学城概念辨析及典型案例》，《科技中国》2019 年第 1 期。

李红兵：《合肥综合性国家科学中心建设现状与对策建议》，《科技中国》2020 年第 4 期。

郝新东、刘菲：《区域科技协同创新效率互溢效应研究：以深圳先行示范区为例》，《特区实践与理论》2021 年第 4 期。

杨文硕：《科技成果产权交易体制机制的增值逻辑和赋能路径：以深圳科技成果产权交易中心建设为例》，《中国市场》2020 年第 20 期。

约瑟夫·阿洛伊斯·熊彼特：《经济发展理论：对利润、资本、信贷、利息和经济周期的考察》，叶华译，九州出版社，2006。

张景安、〔美〕亨利·罗文、罗晖等：《创业精神与创新集群：硅谷的启示》，复旦大学出版社，2002。

常旭华：《上海发起或参与国际大科学计划和大科学工程的路径和运作方式》，《科学发展》2021 年第 7 期。

蔚超：《政策协同的内涵、特点与实现条件》，《理论导刊》2016 年第 1 期。

祝佳：《创新驱动与金融支持的区域协同发展研究：基于产业结构差异视角》，《中

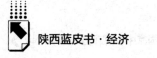

国软科学》2015 年第 9 期。

孙瑜康、李国平:《京津冀协同创新水平评价及提升对策研究》,《地理科学进展》
2017 年第 1 期。

陈劲、阳镇、张月遥:《共同富裕视野下的中国科技创新:逻辑转向与范式创新》,
《改革》2022 年第 1 期。

Haken H. , *Synergetics:Cooperative Phenomena in Multi-component Systems*, Stuttgart,
B. G. Teubner, 1973.

Alford P. , Duan Y. , "Understanding Collaborative Innovation from a Dynamic Capabilities
Perspective," *International Journal of Contemporary Hospitality Management*, 2017, 30.

B.11
陕西深化国资国企改革的
有益探索和路径研究

陕西省社会科学院经济研究所课题组 *

摘　要：　国有企业在全面推进中国式现代化进程中发挥着不可替代的重要作用。陕西在国资国企改革中积极部署，主要经济指标好于预期，在提升质量效益、深化国企改革、强化创新驱动、防范化解风险、强化国资监管方面取得成效。本报告总结了陕西部分国有企业资产管理的主要经验做法，提出推动陕西国有资本和国有企业做强做优做大、增强核心功能、提升核心竞争力的路径建议：优化资产结构，提升企业核心竞争力；强化资产运营，增强企业发展内生动力；推动科技创新，助力构建现代化产业体系；加快数字化转型，推动管理与业务升级；坚持底线思维，统筹发展与风险防控；完善监管体系，构建科学有效的监督评估机制。

关键词：　国有企业　国有资产　国企改革　治理体系　陕西

国有企业是中国特色社会主义的重要物质基础和政治基础，在全面推进中国式现代化进程中发挥着不可替代的重要作用，在决定我国社会主义市场经济的发展方向、保障国家经济安全、提高国民经济质量、维护市场经济秩序等方面发挥主导作用。党的二十届三中全会提出，"深化国资国企改革"，"推动国有资本和国有企业做强做优做大，增强核心功能，提升核心竞争

---

*　课题组组长：裴成荣，陕西省社会科学院经济研究所所长，二级研究员，研究方向为城市与区域经济、产业经济。执笔人：张馨，陕西省社会科学院经济研究所副研究员，研究方向为宏观经济与可持续发展。

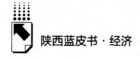

力"。在建设现代化国家新征程上，需要以更高站位、更大力度把国资国企改革向纵深推进，更好地履行国资国企的新责任新使命。

一 深化国资国企改革的重要意义

更好履行国有企业功能使命。国有企业主要集中在能源、交通、通信、金融等关系国民经济命脉的重要行业和关键领域，在保障国家安全和稳定、推动国民经济发展等方面发挥着不可替代的作用。通过深化国资国企改革，国有企业能够更好地贯彻国家政策，更好地实现资源的优化配置和高效利用，更好地为国家战略和重大项目提供有力支持。同时，国有企业积极履行社会责任，实现经济效益与社会效益的有机统一。

有力提升国有企业核心竞争力。国有企业是国家治理体系的重要组成部分。深化国资国企改革，以增强活力、提高效率为中心，抓重点、补短板、强弱项，不断提升现代企业治理能力和核心竞争力，提高国有企业市场化水平，加快锻造在发展方式、公司治理、经营机制、布局结构方面改革焕新的现代新国企。

加快推动国有企业发展新质生产力。国有企业拥有雄厚的资本实力和丰富的资源储备，通过深化国资国企改革，着力打通束缚新质生产力发展的堵点卡点，加大对科技创新的投入力度，不断突破关键核心技术，打造原创技术策源地。发挥国有企业在发展新质生产力中的中坚作用，在战略性新兴产业和未来产业领域积极布局和拓展，为经济发展注入新的动力，为现代化产业体系建设提供有力支撑。

二 陕西国有企业改革和国有资产管理成效

（一）提升质量效益，主要经济指标好于预期

一是规模效益稳步提升。2023 年，全省国有企业实现营业总收入 2.12

万亿元，同比增长 6.84%；利润总额 1102.02 亿元，超额完成年度目标任务；资产总额 7.22 万亿元，同比增长 8.67%；其中省属企业营业收入、利润总额和资产总额在全国省级监管企业中分别位列第 5、第 6、第 8。国有企业国有资本保值增值率为 102.51%，其中省级企业为 104.01%，市级及以下企业为 101.52%。二是重大项目加快推进。省属企业紧紧围绕全省重点产业链和"十四五"发展规划目标任务，聚焦主责主业，进一步谋深谋实投资项目，坚定不移壮大实体经济，充分发挥重大项目引领作用，以优质项目带动企业高质量发展，推动上下游产业链融通发展，用好"四个一批"工作机制和项目动态管理机制，一大批重大项目落地建设、投产见效。三是合作发展再结硕果。高质量筹办"创新引领　深化合作"央企助力陕西高质量发展推进会，央企与陕西省达成合作项目 120 个。成立 12 个调研组，及时掌握市（区）项目需求，推动中央企业和省属企业深度融入地方经济社会发展。

（二）深化国企改革，整合重组和上市融资加快推进

一是全面启动新一轮国有企业改革深化提升行动。制定出台《陕西省国企改革深化提升行动实施方案（2023—2025 年）》，全面启动新一轮国有企业改革，在国务院国资委地方国企改革三年行动完成情况检查评估中获评A 级。4 家企业入选世界一流专业领军示范企业创建名单。开源证券、陕西水电入选"双百企业"，全省"双百企业"总数达 12 家。二是国有资本布局不断优化。以市场化方式深入推进战略性重组和专业化整合，新组建的陕西水务发展集团生产经营稳中向好。扎实推进企业上市工作，秦川机床、兴化股份、宝色股份通过非公开发行股票实现直接融资，陕西能源、华达股份完成首发上市。扎实推进亏损企业治理专项行动，省属企业综合治理完成率为 45.23%。三是西安区域综改试验强力推进。西安市国资委成功举办 2023年陕西西安国资国企综合改革试验首批签约合作项目推进会，签约总金额超4000 亿元。

（三）强化创新驱动，现代化产业体系建设取得新成效

一是创新考核制度基本搭建。陕西省国资委研究制定《省属企业深入实施创新驱动引领高质量发展的实施办法》，深化拓展科技成果转化"三项改革"，将竞争类企业创新考核权重提高至20%，激发企业创新动能。省属企业集团层面科技管理部门和独立法人资格创新研究院（创新中心）实现全覆盖。二是传统产业加速提质升级。"一企一策"明确传统产业改造提升的方向、思路、举措，鼓励传统优势企业开展机器换人、设备换芯、生产换线、产品换代，推动能源化工、有色、冶金、建筑等传统产业核心技术、关键工艺、生产设备迭代升级，实现经济效益与生态效益双提升。省属企业积极推进延链补链强链，提升装备和技术水平，加快绿色转型，传统产业高端化、智能化、绿色化水平不断提高。三是新兴产业加快布局。培育壮大新能源、新材料、新一代信息技术等战略性新兴产业，前瞻布局人工智能、生命科学等未来产业，加快培育新动能、发展新质生产力。

（四）防范化解风险，夯实企业高质量发展基础

一是严管债务风险。印发《债务风险防控工作指导意见》和《加强银行账户及资金管理的意见》，开展债务风险排查专项行动，"一企一策"推进债务风险化解，督促省属企业建立健全债务风险管控长效机制。资产负债率整体可控，偿债能力持续增强，融资结构、成本趋于改善。二是严防投资风险。印发《陕西省省属企业投资监督管理办法》和《陕西省省属企业投资项目负面清单》，完善事前备案、事中监督、事后评价的闭环管理体系，规范投资决策流程，提升投资决策水准，不断提高监管质效。三是严控涉法涉诉风险。建立健全省属企业合规管理体系，优化合法合规性审查和重大风险评估等决策前置程序，加大控股不控权问题整治。对相关企业发送重大法律风险提示函，推进法治国企建设，提升合规管理能力。

（五）强化国资监管，确保国有资产保值增值

一是构建"1+N"国资监管制度体系。出台《关于进一步加强省属企业监督管理工作的实施意见》，坚持问题导向，加强监督贯通协同，统筹推进巡视巡察监督、审计监督、财会监督等各类监督，落实清单式闭环管理监督机制。二是科学精准设置考核指标。充分发挥考核指挥棒作用，更加突出省属企业服务全局战略功能定位和高质量发展导向，聚焦价值创造和盈利回报，实现经济效益和社会效益兼顾。三是实施省属企业问题清单管理。逐户建立"监管企业问题清单"，督促各企业研究制定整改工作方案和工作台账，强化问题整改监督检查。

三　国内先进城市国资国企改革经验

（一）深圳

深圳全面落实区域性国资国企综合改革试验"五个高地"的目标要求，坚持国资改革牵引带动国企改革，聚焦积极构建现代化产业体系，系统集成推动综改试验各项改革任务向纵深发展。

1. 优化国有资本布局

大力推动国有经济布局优化和结构调整，按照"整合、转型、提升"总体思路，在二三产业基础性牵引性重点行业领域、制造业产业链关键环节和空白领域加大布局力度，着力打造投资运营、重大项目对接、产业基金管理3类支撑平台。聚焦深圳国资"一体两翼"布局，即推动超85%的净资产集中到以基础设施公用事业为主体、金融和战略性新兴产业为两翼的"一体两翼"领域，加大战略性新兴产业、先进制造业、风投创投领域投资力度，把国有资本转化为耐心资本、长期资本、战略资本。同时，坚决退出一些充分竞争领域的非核心业务，全面提升国有资本的配置效率和运营效益。

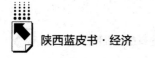

2. 加大重组整合力度

聚焦城市发展所急所需，新设组建深农投、城市安全、智慧城市、重大产投、深港科创等企业集团，组建深圳交易集团，整合市区两级14个交易平台，对政府采购、土地使用权和矿业权出让、工程建设招投标、药品等领域实现全市集中统一交易，推动公共资源制度性交易成本下降超20%。

3. 加大综合改革探索力度

探索以管资本为主改革国有资本授权经营体制。率先推动国有资本投资、运营公司体系内科技企业健全原始创新制度，构建科研人员中长期激励制度。大力开展劳动、人事、分配制度改革，不断完善"能进能出、能上能下、能高能低、能左能右"运行机制。

4. 强化有效激励约束

完善深圳国资国企绩效考核体系，加快构建国有企业履行战略使命评价制度和国有经济增加值核算制度。同时，加强内外部监督，确保国企经营合法合规、高效有序。

5. 增强国资监管战略协同

加强国资国企决策、收益、人事、纪检等领域战略协调，完善和优化大监督体系，建立健全智慧监管平台，实现国有资本的动态监测和分析评估。加强对国资国企巡视、审计队伍中具有企业经营经验的专业人才配备。

（二）上海

1. 以创新发展为第一动力，打造原创技术策源地

推进新兴产业核心技术攻关，形成关键核心技术攻关的重点企业、团队和项目"三张清单"。推动新旧动能转换，推进传统产业向高端化、绿色化、智能化转型。出台支持国有企业加快发展战略性新兴产业的相关政策，在资金支持、人才支撑、考核评价、工资保障、中长期激励等方面给予支持。鼓励国有企业签署创新使命责任书，并将创新指标纳入企业主要领导人员和职业经理人考核。出台国有企业创新驱动发展等相关政策，完善配套机制，在成果转化、激励分配等方面加大支持力度。

2.不断健全市场化经营机制，激发国有企业活力动力

率先开展国有资本投资运营平台的运作。优化投资运营功能，加大对平台公司赋能力度，围绕发挥产业投资、资本运作、国资监管的积极作用，打造定位清晰、错位发展、高效运转的投资运营平台。探索特色化的混改路径。出台混改操作指引，以分层分类和"一企一策"为主要方式，着力推进企业混改。通过证券市场、产权市场等引入投资主体参与改制重组，创新混改方式。推动国有控股上市公司高质量发展，支持通过并购重组、分拆上市、产业协同、引战转股等方式提升核心竞争力、提高市值水平。全面推行经理层任期制、契约化管理。深化职业经理人制度改革，推动职业经理人制度向重要子企业延伸。

3.构建国资国企监管"一盘棋"的大格局

上海国资国企持续推进国资监管深层次、宽领域全覆盖。构建"1+3+N"的国资监管架构，由上海市国资委、3个国有资本市场化运作的专业平台公司和N家监管企业构成。创新国有资产监管方式。形成"直接监管+委托监管+指导监管"的全市国资监管"一盘棋"格局，引入"受托监管"，开创跨省域国资监管新模式。形成"国资国企改革发展+城镇集资集企改革发展"管理体系，将城镇集体企业纳入监管体系。建立国资监管一体化体系。建立覆盖市级综合监管机构、市国资委、监管企业三个层次的，以信息互通、管理贯通、平台连通为重点的"三层三通"上海国有资产监管一体化体系。加强重点领域风险防控，建立全面风险预警体系，不断完善风险研判、决策风险评估、风险防控协同、风险防控责任机制，开展控股不控权专项治理，提升监管针对性。健全容错追责体系，激励企业领导人员依法合规经营、主动担当作为。

四 陕西部分国有企业资产管理经验

（一）延长石油集团

遵循"统一管理、分级负责，注重效益、合理配置，用管结合、账实

相符"的资产管理原则,聚焦主责主业,优化资产配置,运用全面预算、成本管控、数智化报表、财务共享等有效工具,通过资金运作、资产管理、资源配置、资本运营等有效手段,深化改革创新,促进整体资产高效运营、价值提升。

1. 以组织变革为牵引,完善资产管理体制机制

建成职能部门与产业板块双管齐下、集团化管控与板块化经营相辅相成的资产管理体制机制,资产管理的专业化、合规化、价值创造与抗风险能力持续提升。下设各职能部门,对不同类型资产进行归口管理、集团化管控,有助于集团资产统筹、整合,形成协同效应。同时,立足功能定位,形成油田、气田、炼化等业务板块,对不同类型资产进行专业化运营,提高资产经营效率和效益。

2. 以价值创造为核心,促进国有资产保值增值

加大投资收益率硬约束,狠抓项目建设达产达效。聚焦主责主业,开展油田提高采收率、气田挖潜增效、非常规油气效益开发,以及关键装置达产达标运行攻关。重点巩固优势产业、升级传统产业、发展战略性新兴产业,限制资源流向盈利能力低、占资多、风险高的业务领域。践行全员、全要素、全价值链精益化资产管理理念,持续纵深推进低成本战略。推动资源向科技创新倾斜,加快建设高水平研发平台,对难点、痛点及"卡脖子"问题开展技术攻关,同步加快布局新能源、新材料和新业态,打造新质生产力。

3. 以全面预算为抓手,优化资产资源配置

建立由投资预算、经营预算、财务预算、融资预算、专项预算组成,覆盖全部企业、全部业务,统筹"业务与资金、经营效益与发展质量"的全面预算管理体系。为强化预算执行结果考核评价,增强刚性约束,构建横向到关键因素、纵向到责任主体、时间细化到季度的网状预算责任体系。通过召开月度预算审议专题会,做好主要产品效益变动分析测算,保障月度预算方案合理、完整。健全以产业为核心维度的季度分析报告模式,按季向各责任主体下发预算执行通报,督促其针对负向偏差分析原因制定补欠措施,有

效发挥预算纠偏作用，为生产经营、资源配置提供决策支持，促进年度经营目标的实现。

4. 以数智化转型为支撑，实现资产精细化管理

加快推动资产管理向数字化、智能化转型。统一财务标准和核算体系，建设全面预算、财务共享服务、智能化报表3个平台，推进与ERP的深度业财融合，为资产管理决策提供视角多维化、管理场景化、信息实时化支撑。通过"业财资税"一体化财务共享服务系统，实现数据共享，强化对成本费用、收入、利润等主要指标的多维度、多视角监控和分析，及时发现问题，采取措施，降本增效，逐渐形成精细化、科学化的资产管理模式。

5. 以问题为导向，加大治亏处僵和盘活资产力度

加大亏损企业治理力度，成立集团亏损企业治理专班，开展总部机关部门与亏损企业结对子工作，积极发挥职能优势，提供精准有效的帮扶指导。加快盘活低效无效资产，开展资产清查，针对低效无效资产建台账、明任务，分门类、分步骤进行处置，资产归口管理部门进一步督导。同步加大闲置土地、闲置房产处置盘活力度，公开挂牌转让集中处置废旧物资。完善股权治理体系，进一步优化股权业务结构、产业结构，强化参股企业管理，依法行使股东权责，加快"两非"领域的股权退出，夯实主责主业发展基础。

（二）陕西煤业化工集团

持续加强国有资产管理工作，进一步明确企业功能定位，推进国企改革深化提升行动，规范国有资本管理，增强风险防范能力，实现了国有资产的连续保值增值。

1. 坚持强基固本、转型升级，推动企业做强做优做大

积极履行国企能源保供责任，持续巩固煤、化、电、钢、建材等传统产业优势。成立20年来，煤炭板块竞争力稳居全国第一方阵，化工产量增长15倍，钢铁产量增长5倍，智能化产能占比达99%。电力装机从不足百万千瓦跃升至5500万千瓦。在此基础上，加快创建世界一流企业步伐，大力

培育战略性新兴产业，在化工新材料、碳纤维、风光新能源等领域布局项目，打造"西部能源云""智慧运销"等综合管理信息化系统平台。陕煤产业配套和延链强链功能日益增强，为做强做优做大现代能源产业集群作出了标杆示范。

2. 坚持依法合规、科学管控，实现国有资产保值增值

按照"依法合规"的原则治企兴企，根据《中华人民共和国企业国有资产法》，完善国有资产管理体制，发挥了国有经济在国民经济中的主导作用。一是强化建章立制，防止资产流失。修订完善产权登记制度、资产交易制度，规范国有资产交易，建立产权管理信息化系统和产权登记台账，实现产权动态管理。二是强化企业科学管控，提升效率效益。实行"集团总部—板块公司—经营企业"三级架构管理，通过"分层架构、分类管控、分别发展"的管理方式，对所属企业实行以战略管控为主、兼具运营管控和财务管控特点的复合型管控模式，采取收放结合、集分有度的差异化管控机制，最大限度发挥各级作用，确保国有资本增效增值。三是强化经营管理，提升管理水平。全面倡导落实"四种经营理念"，推动投资合规向全集团决策合规延伸，亏损治理从"数量"减少向"量质并重"提升，成本管理向产供销一体化管控体系深化，严控非生产性支出向全面预算管理拓展，以点带面推动营收利润增长。

3. 坚持明确责任分工、有效监督，强化责任追究

明确集团总部的管辖范围和职责权限，联合实施资产交易的事前尽调、可研分析、决策审批、审计评估、评估备案、进场交易、价款回收、资料归档等全流程管控，确保各环节的有序畅通，实现了监督管理的全流程全覆盖。印发《违规经营投资责任追究办法》，对未按程序审批、未按规定审计与评估、披露虚假信息、低价转让资产、未按规定进场交易等事项，开展对直接责任人、主管领导、企业负责人的责任追究。注重审计、巡察结果运用，指导工作实践，推动管理水平提升，实现了国有资产有效监督，保障了企业合规、安全、稳健运行。

（三）陕西有色金属控股集团

大力推进体制机制改革和产业升级发展，坚持"材装并进、高端绿色"的主业总定位，全力推进安全环保"穿透式"管理、生产经营"预防式"管理、产业项目"收益式"管理、科技创新"生态式"管理、现代产业"图谱式"管理、政产学金"协调式"管理、从严治党"融合式"管理、企业发展"升级式"管理，建设现代化高新材料生产商、特色装备制造商、矿山绿色开发商和现代生产服务商的"四商"集团。

1. 强基固本加强管控，制度建设卓有成效

作为国有资本投资运营公司试点企业，陕西有色金属控股集团按照试点实施方案，在资产管理、企业治理、监督管理及评价考核等方面陆续出台或修订了一系列制度及管理办法，为国有资产安全完整、提高国有资产使用效率、提升企业治理能力、加强权属企业监管和确保国有资产安全及保值增值等方面提供了有效工具和强有力保障。

2. 聚焦关键真抓实干，推动工作落地见效

针对产业发展项目推进落地、科技创新项目谋划实施、亏损企业治亏创效、破产企业清算重整、总体债务风险防控等重点工作，实行"一月一调度一督导"，有效提升工作质效。以市场为导向组织生产，定期召开经济运行分析暨稳增长治亏创效推进会，提出稳增长的推进举措。坚持"安全第一，环保优先"原则，制定《安全环保问题治理升级三年工作方案》。

3. 推动产业结构调整，科技创新赋能升级

推动新产业模式、新产品品类、新市场开发，实现"质"的倍增；提升效率、效益、效能，体现"效"的倍增；大力发展以行业新技术及绿色、数字、低碳为特点的新质经济，体现"量"的倍增。突出"大抓产业项目"，积极与先进企业、院所高校、各类机构对接合作，与西安交通大学共建产业创新研究院，持续强化协同创新。暂停或调整一批低端过剩项目，围绕产业链图谱，持续滚动谋划实施产业项目。

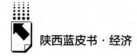

4. 风险防控穿透到底，隐患化解精准有效

持续拓宽融资渠道，切实降低企业偿债风险。深入开展权属企业经营绩效、经济责任、贸易风险专项等审计，深入排查清理风险资产，防范企业经营风险。制定《关于进一步深化权属企业法治建设的实施意见》，持续推进制度"废改立"，有效防范企业法律风险。

5. 国企改革深化攻坚，治亏创效稳步实施

编制"五级产业延链建群"产业链图谱1.0版，梳理出15种有色金属产业和3种综合服务产业的产品品类。制定《集团公司国企改革深化提升行动工作方案（2023—2025年）》，成立治亏工作领导小组和现场工作组，每月召开专题会"一企一策"推进改革工作，推动完成年度改革治亏任务。

五　陕西推动国资国企改革路径建议

（一）优化资产结构，提升企业核心竞争力

推动传统产业改造提升和传统优势领域企业全力挖潜增效，不断提升国有企业综合竞争力和行业影响力。积极培育和发展新质生产力，调整优化产业布局和资产结构，推进创新链产业链深度融合。推动国有企业在服务构建新发展格局、促进科技创新、建设现代化产业体系、发展新质生产力等方面走在前、挑重担，更好支撑全省高质量发展和现代化建设。陕西作为能源大省，国有能源企业对全省经济稳增长有着积极的推动作用。巩固发展油气煤电能源产业"基本盘"，以高端化、智能化、绿色化为引领促进煤化工、石油化工产业延链强链补链，将发展战略性新兴产业作为打造新质生产力的关键，加快布局新能源、新材料、新业态。在巩固优势产业、升级传统产业、发展战略性新兴产业上协同发力，推动高质量发展。

（二）强化资产运营，增强企业发展内生动力

扎实推进农业和商贸领域省属企业重组整合，加大非主业退出清退力

度，深入推进市场化改革，优化省属国有资本布局结构。国有企业结合自身产业布局特点及资产属性，推进资产分类管理，在摸清资产底数及状态的基础上，开展效能评价工作，建立高效、低效、负效资产差别化管控策略，优化资源配置，积极推动"优良资产多创效、有效资产再提效、低效资产变有效、无效资产处置掉"，不断提升资产运行效率，实现国有资产的保值增值。持续推进上市公司提质增量专项行动，鼓励企业积极开展资本运作，不断扩大上市公司规模和市值，提高资产证券化率。

（三）推动科技创新，助力构建现代化产业体系

全面开展科技企业中长期激励，在考核指标、资源分配上对科技成果转化孵化予以倾斜。鼓励激励企业培育新兴产业，推动传统产业升级。以科创产业转化、解决战略性新兴产业"卡脖子"技术为目标，梳理"国之重器"项目，加大聚焦主业升级的科创项目支持力度。国有企业承担起打造原创技术策源地的重任，为国家科技进步和产业升级作出更大贡献。

（四）加快数字化转型，推动管理与业务升级

全面启动省属企业信息化建设工程，以数字化引领产业质量、效率、动力变革。将数字化转型作为改造提升传统动能、培育发展新动能的重要手段，开展工业互联网基础平台建设，推动企业核心应用系统上云上平台，推进数据入户及大数据模型建设，推进5G+网业融通示范工程，推广数字化场站、智慧矿井、智能工厂建设，加快数据资源开放共享与开发利用。

（五）坚持底线思维，统筹发展与风险防控

多措并举有效防范经营风险，及时妥善化解投资、债务、法律合规等重点领域风险。严防投资风险，加大项目前期审核论证力度，"一企一策"建立备案项目清单，聘请专业机构进行项目审核。严防债务风险，强化分类管

控，加强融资管理，压存量、控总量、管增量，确保债务风险可控。严防法律合规风险，加强新《公司法》宣贯实施，稳步推进企业依法治理，坚决守住依法合规经营底线。建立更加完善的风险管理、内部控制、合规管理体系，切实提高管理水平、决策能力和管理效率。

（六）完善监管体系，构建科学有效的监督评估机制

强化问题导向、考核评价、监管力量协同，做好企业问题整改清单闭环管理。统筹考虑企业经营业绩与发展实际，实施更加科学精准有效的考核。建立党委会、董事会、总办会确定事项的常态化督办机制，形成任务部署、督办落实、结果评估的闭环式管理。建立三级考核评价机制，实现经理层任期制和契约化管理全覆盖，推广市场化用工制度和全员绩效考核。

参考文献

张玉卓：《深化国资国企改革》，《人民日报》2024 年 8 月 16 日。
杨宜勇、黄燕芬：《深化国企改革必须坚持目标导向和问题导向相结合》，《现代国企研究》2024 年第 8 期。

B.12
陕西深入推进科技成果转化
"三项改革"研究[*]

寇晓东　秦飞燕　贾颖颖[**]

摘　要： 　陕西作为我国西部地区的科创高地，其科技成果转化效能对区域经济发展具有举足轻重的作用。近年来，陕西大力推进科技成果转化"三项改革"并取得显著成效，探索出一条彰显陕西科教优势的高质量发展新路。与此同时，"三项改革"仍存在政策贯通实施效力待增强、科技成果供需匹配失衡待缓解、科技成果转化支撑能力待提升等问题。针对上述问题并借鉴国内高校典型经验做法，本报告提出陕西深入推进"三项改革"的路径及建议，包括加强高价值专利培育布局、建立需求导向的转化机制、促进科技与金融深度融合、加快科技成果转化人才队伍建设，以及用足用好政策、突出政策协同、强化政策学习、关注政策溢出等。

关键词： 　科技成果转化　三项改革　职务科技成果　陕西

---

* 本报告为陕西省 2024 年创新能力支撑计划软科学项目"陕西省职务科技成果管理改革深化路径研究"（项目编号：2024ZC-YBXM-058）、西安市 2024 年科技计划软科学重点项目"'三项改革'背景下驻市高校院所促进科技成果高效转化的机制和路径研究"（项目编号：24RKYJ0001）的阶段性成果。

** 寇晓东，博士，西北工业大学公共政策与管理学院公共管理系主任、副教授，研究方向为行政管理、科技政策与管理等；秦飞燕，西北工业大学公共政策与管理学院硕士研究生，研究方向为科技政策与管理；贾颖颖，博士，西北工业大学国家大学科技园业务主管，研究方向为科技成果转化等。

习近平总书记在党的二十大报告中强调："必须坚持科技是第一生产力、人才是第一资源、创新是第一动力"，"加强企业主导的产学研深度融合，强化目标导向，提高科技成果转化和产业化水平"。习近平总书记在二十届中共中央政治局第十一次集体学习时强调，"要深化经济体制、科技体制等改革，着力打通束缚新质生产力发展的堵点卡点"，"让各类先进优质生产要素向发展新质生产力顺畅流动"。科技成果转化是科技与经济融合发展的关键环节，高校作为科技成果的主要供给主体和国家科技创新体系的重要组成部分，其科技成果转化成效对于加快发展新质生产力具有重要意义。

2022年以来，陕西以科技成果转化"三项改革"为突破口，通过解除高校院所科技人员的后顾之忧，激发科技人员实施成果转化的内生动力，形成了小切口、大突破的积极效应。2023年11月，新修订的《陕西省科学技术进步条例》把"三项改革"上升为地方性法规的重要内容，形成了源于陕西实际、能够复制推广、获得广泛认可的创新举措。

一 "三项改革"的实践成效

"三项改革"指针对科技人员面对成果转化"不敢转、不想转、缺钱转"等问题，推出职务科技成果单列管理、技术转移人才评价和职称评定、横向科研项目结余经费出资科技成果转化等三方面的改革举措。"三项改革"打通了科技成果转化为现实生产力的通道，激发了科研人员创新、创造、创业的活力，有效促进陕西省新质生产力加快形成。

（一）有效破解科技成果转化的难点问题

"三项改革"消除了高校院所科技成果转化过程中的顾虑，解决了科研人员面对成果转化"不敢转、不想转、缺钱转"难题，极大地激发了高校院所和科研人员转化科技成果、把案头论文转化为产品商品的热情和动力，推动科技成果加速从"实验室"迈向"大市场"。截至 2024 年 9 月,全省试点改革单位扩大至 157 家,单列管理科技成果 9.3 万项,完成科技成果转移转化 2.5 万项,科研人员成立科技成果转化企业 1572 家,576 名科研人员凭借科技成果转化贡献晋升了职称。

(二)有力放大秦创原创新驱动平台功效

在"三项改革"的推动下,一批高水平研究型大学、重要科研机构发挥了学科优势、技术优势和人才优势,着力打造科技成果"产生、转化、孵化、产业化"一体联动的高能级平台,在推动科技成果高效转化的同时,深化了校(院)企合作,促进了校(院)地融合。"三项改革"实施以来,一批成长性好、发展潜力大的科创企业应运而生,氢能、光子、新材料等战略性新兴产业发展壮大,形成了产业集群链式发展的聚合效应,放大了秦创原创新驱动平台功效。

(三)着力营造最佳科创生态环境

科技成果转化链条长、环节多,从实验室的"最先一公里"到成果转化、市场应用的"最后一公里",风险重重。立足于为"三项改革"科技成果转化、孵化、产业化提供全周期、全方位的优质服务,秦创原"一中心一平台一公司"积极拓展服务功能,"三器"样板持续优化服务,不断完善从研发到孵化再到产业化的科创生态体系,着力营造最佳科创生态环境。

(四)加快构建全省创新大格局

"三项改革"以科技成果转化项目为纽带,为各市区承接西安科技成果提供通道和途径,推动秦创原更好辐射带动市县区、园区、院所、企业在全省创新格局中协同发展。如铜川市率先打造"三项改革"成果转化试验区,积极开展"先投后股"等试点,由市领导牵头包抓"三项改革"科技成果转化,遴选 25 所高校梳理合作方向,建立了"一对一"精准对接机制。

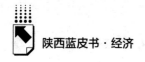
二 "三项改革"存在的问题

(一)政策贯通实施效力有待增强

"三项改革"政策覆盖面偏窄。对省属高校来说,《陕西省深化全面创新改革试验 推广科技成果转化"三项改革"试点经验实施方案》《陕西省深化科技成果转化"三项改革"十条措施(试行)》《关于全面深化科技成果转化"三项改革"的若干措施》及其他配套政策文件的出台,已将成果转化的全链条打通,政策贯通实施基本不存在问题。但对中央驻陕单位来说,在实施中存有顾虑,每年产出大量成果,却受机制约束无法有效转化和落地。

部门协作和政策协同程度较低。在部门协作方面,"三项改革"突破现有的行政体制机制,工作内容涉及科技、财政、税收、组织人事、审计监督以及纪检监察等多个职能部门,然而这些部门间的协调尚存不足。在政策协同方面,"三项改革"推行以来,多部门发布的多条政策措施尚未深度整合,没有形成一个系统性的政策体系。此外,尽管《陕西省深化科技成果转化"三项改革"十条措施(试行)》规定"将高等学校、科研院所横向科研项目结余经费视为科技成果转化收入。横向科研项目结余经费出资科技成果转化的,视同科技成果投资入股,可选择使用递延纳税政策",但由于税务系统属中央国家机关的垂管系统,仅依靠地方推动,税收优惠政策目前仍难以落实到位。

(二)科技成果供需匹配失衡有待缓解

科技成果与市场应用脱节。高校院所的科技研究追求创新,但在实际应用时,往往缺乏与市场需求有效衔接机制,导致科技成果无法迅速找到市场。原因在于,一方面,当前的学科、人员评价相对重视发表和获奖,对于面向实际应用的成果重视不足，高校教师的研究重心主要依靠跟踪学术前沿和自身学术积累，对市场的认知存在局限乃至盲点。另一方面，高校科技成果往往成熟度较低，不能直接应用于产业领域，即使研究者有意愿推动成果投入实际应用，也因为缺乏后续中试、熟化经费和平台支持，无法进行高质量的技术落地与转化。

企业承接意愿与能力较弱。目前陕西处于产业转型时期，企业创新主体地位不够突出，企业创新能力整体还不够强。首先，一些处于产业链主导地位的企业对于引领产业技术前沿创新、构建核心竞争力的技术需求认识不够明确，在发起科研任务、承担创新风险时的主动性和积极性也不足。其次，不少国有企业重生产、重效益、轻研发，对新技术吸纳不敏锐、不主动，承接高校科技成果转化意愿较低。最后，民营中小企业与高技术企业因受资金限制，其创新导向以一般性技术和产品创新为主，在关键领域的研发创新短板明显，承接高校科技成果转化的能力不强。

（三）科技成果转化支撑能力有待提升

金融机构服务科技成果转化的效能需加强。"三项改革"落地企业多处在种子期、初创期，具有轻资产、高成长、高风险的特点，传统的信贷服务难以高效满足需求。但目前金融机构投早投小，基金规模偏小，针对科技型企业不同发展阶段的科技金融产品少，不能满足企业个性化融资需求。创投基金即使在不断寻找有潜力的项目，但科技型企业特别是小微企业融资难的问题依然存在。这些问题归根结底在于省内金融市场发展水平还不高，束缚了创投基金的培育发展。

科技成果转化服务的人才队伍需强化。当前，高校院所的技术经理人培训主要集中在初级层次，对中高级层次的技术经理人培训还未普及，由此带来的专业性不足，使技术经理人在成果转化实践中难以提供高效的支撑。技术转移人才评价方面存在职称评定机制不完善的问题，既缺乏独立的技术经理人职称序列，也缺少清晰、可操作的量化考核标准；在收益分配方面，虽然政策鼓励高校院所可在科技成果转化净收入中提取一定比例用于奖励技术

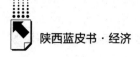
经理人，但目前成果转化收益多在单位和成果完成人之间进行分配，对技术经理人的重要价值尚未达成共识。

三 国内高校的经验

（一）清华大学相关做法

政策体系完备。《清华大学关于促进科技成果转化的若干规定》《清华大学知识产权管理规定》《清华大学专利管理实施细则》等文件，全面覆盖科技成果登记、商务谈判、校内审批、交易公示、合同签订、收益奖励等环节，为科技成果转化提供了有力的制度保障。

组织体系完善。学校知识产权管理领导小组、成果与知识产权管理办公室（OTL）以及技术转移研究院等机构，承担不同职责，共同推动科技成果转化工作。领导小组由主管科研、技术转移、校地合作的校领导、总会计师、科研院院长等成员组成，统一领导学校知识产权和技术转移工作，OTL作为领导小组的日常办事机构，负责专利管理、技术转移、科技奖励、政策法务等工作内容，起到了中介桥梁的作用。技术转移研究院旨在聚焦国家战略需求与国际学术前沿问题，集聚资源促进重大技术创新，通过市场驱动与技术驱动相结合，强化学校与工业界的互动，形成协同创新。

科创投资充裕。清华系的荷塘创投、北极光创投、水木创投、力合科创、启迪之星创投、英诺天使基金和众多校友系创投基金，都在清华科技成果转化过程中发挥了重要的催化和促进作用。同时，清华大学联合地方政府、国企及市场化机构共同发起成立科创母基金，通过设立母基金来链接科研成果和社会资本。

（二）北京理工大学相关做法

创新体制机制。北京理工大学抓住中关村"1+6"先行先试政策试点的契机，率先开展学科性公司转化机制创新。通过"学校技术入股+实施股权奖励+团队现金入股"的方式，支持教师在岗创业转化重大科技成果，实现了学校、集体和个人之间的利益共享与风险共担。在国内高校率先设置专门的技术转移中心，负责全校职务科技成果转让、许可和作价入股的归口管理。成立技术转移公司作为运行实体，突破传统事业体制的制约，建成独具特色的新型技术转移机构。首倡"事业化管理+市场化运营"机制和理念，实现工作成效和部门运行经费的直接挂钩，激发了团队活力。探索"先赋权后行权"的新机制，即学校先不入股，将职务科技成果使用权赋予团队，授权其创办企业实施转化，成功后学校再入股行权。

探索新型监管制度。针对科技成果转化的高风险性，学校提出了对技术类国有资产的保值增值实施按年度、分类型、分阶段的整体考核方案。探索设立专门的技术类持股平台，简化股权管理流程，提高决策效率，为科技成果转化提供更加便捷的服务。

（三）上海交通大学相关做法

政策体系完善。构建新时期成果转化"1+5+20"政策文件体系，包括1个实施意见、5套管理办法和20个操作细则，覆盖了科技成果转化组织、管理、奖励、过程、保障全流程。

服务系统高效。建立科技成果转化"一门式"服务系统，形成多部门协同、全流程贯通的科技成果转化管理服务体系，为有科技成果转化需求的科研人员提供全流程服务。率先在全国高校建立一支由体制内外混编的高校成果转化专员队伍，为学校教师开展成果转化提供全流程、首问制服务。

强化配套保障。建立技术转移人才评价体系和机制，完善成果转化人才专业技术职务评聘办法，增设成果转化及推广系列高级专业技术职务，旨在调动技术转移人才的积极性，提高科技成果转化效率。学校还创建了教职工参与科技成果转化的保障体系，制定教职工离岗创业管理制度、校外兼职管理制度等。

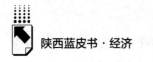

四 深入推进"三项改革"的路径

（一）加强高价值专利培育布局

以"导航、布局、运营"手段开展高价值专利培育，形成一批高价值专利和专利组合，实现知识产权强保护，提升产业竞争优势。探索建立标准化、可持续发展的高价值专利培育运营机制，通过高效运营获得知识产权商业价值，充分发挥知识产权对企业发展、产业升级的支撑和带动作用，推动高校高价值专利转移转化。开展高校存量专利"全样本筛查"，形成可转化专利清单。建立健全专利转化运营的长效机制，推进高价值专利培育转化行动，加强专利申请前评估，建设高价值专利产学研运营联合体，推进开展专利开放许可、交易转让、作价入股等，促进高校专利技术向专精特新中小企业、知识产权优势企业、科技型企业等优质中小企业转移，打通"源头创新—技术开发—成果转化—产业聚集"全链条，形成一批高质量专利组合，推动知识产权优势转化为产业竞争优势。

（二）建立需求导向的转化机制

建立以需求为导向的成果转化机制，充分发挥企业在成果转化中的主体作用。支持高校院所、金融投资机构等在科技成果的商业化转化中协同发力，共同开辟从技术研发到商业应用的顺畅通道，确保科技成果高效地从实验室走向市场，实现价值最大化。充分利用数字化企业服务平台，收集企业技术需求，搜寻外部技术，围绕需求组织行业领军企业、产业链上下游企业、高校院所、第三方服务机构等共同参与，合力攻坚关键核心技术中的共性问题、基础性问题。构建一支高素质的知识产权特派员团队，建立企业侧的专利技术需求数据库和高校院所侧的专利技术供给资源库，再通过知识产权交易平台，实现知识产权供需信息的精确对接。此外，引入高品质服务机构，为知识产权供需双方定制个性化服务方案，满足其多样化需求。

（三）促进科技与金融深度融合

支持金融机构向科技型企业提供定制化融资授信方案，持续优化科技型企业"白名单"制度，以提高金融服务的精准性、扩大覆盖面。加大"投（资）保（险）贷（款）"联动政策的宣传力度，以政策引导促进金融资源向科技领域倾斜。鼓励商业银行运用大数据、人工智能等先进技术，构建适应科技型企业特征的信用评估模型与评价体系，适度放宽融资信贷的准入条件，降低科技型企业的融资门槛。推动银企对接活动的常态化，依托科技金融服务平台，深化金融机构与科技企业的相互理解与合作。充分调动科技金融特派员队伍的积极性，为企业提供全方位的金融支持与咨询服务，切实缓解科技型企业在发展过程中的融资困境，促进科技与金融的深度融合和协同发展。

（四）加快科技成果转化人才队伍建设

畅通技术转移人才职称晋升通道，健全收益分配制度。高校在教学科研队伍中增设技术经纪岗位，技术经纪专业职称资格评聘实行单列管理。完善高校技术经纪人职称评聘机制，将科技成果转化成效作为职称评聘的重要指标，打通高校科技成果转化人员职称职务晋升通道。统筹学校、学院、成果完成人和转化机构等各方利益，制定科技成果转移转化奖励和收益分配办法。推动高校科研人员与企业人才双向流动。支持职业院校、高水平高校和龙头企业共建职业教育"双师型"教师培训基地和培训者队伍。支持高校科研人员到企业开展技术服务，支持高校聘请企业家和企业技术人才兼职从事教学和科研工作，完善高校科研人员兼职兼薪、离岗创业、返岗任职等制度。

五　深入推进"三项改革"的建议

（一）用足用好政策，推广试点经验

当前，陕西省内"三项改革"的政策体系已基本完备，涵盖实施方案、

十条措施、新修订的《陕西省科学技术进步条例》、"新二十条"以及《职务科技成果单列管理操作指引（试行）》《科技成果转化尽职免责工作指引（试行）》等，对省属高校全面推进改革起到了保驾护航的积极作用。党的二十届三中全会《中共中央关于进一步全面深化改革、推进中国式现代化的决定》提出深化职务科技成果赋权改革、建立职务科技成果单列管理制度、赋予科研人员更大的转化收益分配自主权等涉及知识产权"权、责、利"的重大基础性制度创新，要求建立高效的知识产权综合管理体制，为下一阶段科技成果转化机制的深层次改革指明了方向。未来应进一步用足用好科技成果转化"三项改革"政策，为西北工业大学、西安交通大学等高校以及中央驻陕单位"松绑"，全面推广"三项改革"试点经验，深度释放科技成果转化的活力和动力。

（二）突出政策协同，提升执行效率

"三项改革"核心政策内容涉及多个省级部门和双重管理机构，容易造成政策执行的合力不足。同时，单个部门出台的配套政策更多立足部门职责和边界，较少考虑政策内容与现有政策体系的协调和适配，造成整体工作的系统性、集成性不够。更为重要的是，政策缺乏协调会造成社会对发展预期的不一致，导致不同群体预期产生分化，对政策预期引导带来较大挑战。对此，要强化对"三项改革"的领导和政策体系设计，更多由省委深改委、科技委、金融委等机构来牵头制定政策，与此同时，要将政策目标一致性作为后续政策出台的首要条件，一方面，建立部门间的协调沟通机制；另一方面，从政策目标、政策协调性、效果预测、监测反馈、调整建议等方面开展一致性评估。

（三）强化政策学习，跟进先进典型

在对外学习方面，为避免"起个大早、赶个晚集"的被动局面，始终保持陕西省改革进程与政策体系的领先地位，要及时跟进北京、上海等地的先进经验做法，主动将其政策内容融入"三项改革"政策体系。如面向科技成果资产全流程管理的需求，复旦大学建立学校层面的科技成果管理系统，覆盖科技成果披露、专利申请前评估、分级分类管理、专利申请到授权、专利转移转化、转化后管理等多个环节。又如清华大学探索开展科技成果处置尽职调查，制定较为完备的尽职调查职责规定与程序规定，通过"程序合理性"降低了科技成果处置失误的风险，而且在一定程度上也降低了科技成果转化人员中技术受让人、参与人被问责的风险。在对内普及方面，要进一步加大"三项改革"系列政策的信息公开、专家解读、主题宣讲、媒体报道等工作力度，通过建设数字化案例库、评选先锋人物、树立转化企业样板乃至拍摄影视作品等举措，真正在全省范围内掀起一轮抓改革、强创新、促发展的舆论热潮。

（四）关注政策溢出，全面评估绩效

"三项改革"在全省推行两年来，极大地激发了科研人员参与科技成果转化的积极性，较好地破解了困扰陕西科技与经济融合不紧的问题，为陕西省高质量发展注入强劲动能。需要明晰下一阶段政策制定的焦点和重点，进一步评估"三项改革"对相关高校原有教学科研、学科建设、人才培养秩序带来的影响，以便全面了解和掌握该项改革的社会影响，从而及时应对。同时，要在评价"三项改革"绩效及其影响的基础上，提前关注并谋划改革行稳致远与大学高质量发展的内在机理和互促机制，让改革成果持续惠及大学的科学研究、学科建设，特别是人才培养，从而真正打造教育、科技、人才一体化发展的陕西经验与陕西路径。

参考文献

张鑫：《实施"三项改革"，发展新质生产力》，《陕西日报》2024 年 3 月 6 日。

程静：《打造企业蓬勃发展的"热带雨林"让科创"关键变量"成为发展"最大增量"》，《西安日报》2024 年 7 月 17 日。

王雪莹、薛雅：《加快突破高校科技成果转化中的瓶颈问题》，《科技中国》2023 年

第 9 期。

《清华大学"联合共建类科研机构"发力推创新 "校地合作办公室"聚能促转化》,《中国经贸导刊》2020 年第 12 期。

吴艳、李雪:《清华大学:创新体制机制 促进专利转化》,《中国知识产权报》2016年 9 月 14 日。

刘苏雅:《"试验田"结出丰硕"科技果"》,《北京日报》2024 年 8 月 16 日。

张亦筑、郑佩茹:《推动高校科技成果加快形成新质生产力》,《重庆日报》2024 年2 月 2 日。

蔡姝雯:《专利产业化为新质生产力"蓄势赋能"》,《新华日报》2024 年 4 月26 日。

张炜、陶庆梅、于新颖:《研究型医院科技成果转化中技术经理人的作用》,《中国研究型医院》2024 年第 11 期。

王影航、黄训波、李金惠等:《高校职务科技成果资产管理的制度困境与出路——以"放管服"的现实视角为观照点》,《中国高校科技》2023 年第 3 期。

B.13
陕西深化与中亚地区农业产能合作研究*

刘泽莹 韩一军**

摘 要： 深化农业产能合作是完善推进高质量共建"一带一路"机制、推动农业对外开放的重要途径。2023 年，首届中国—中亚峰会的成功举办，开启了中国与中亚国家合作共赢的新时代，农业合作机遇更为凸显，陕西与中亚地区在农业科技交流、产业投资合作等领域取得了显著成效。然而，面对全球市场的复杂形势和资源需求矛盾，陕西与中亚地区的农业产能合作亟待进一步深化，以实现互利共赢和可持续发展。本报告立足于陕西与中亚地区农业合作现状，进一步探讨陕西与中亚地区农业产能合作主要模式及经验启示，提出建立健全农业合作机制体制、优化农业产业链布局与资源配置、强化科技交流、健全服务体系与交流平台、加强政策引导、推动绿色农业技术合作六方面对策建议，为陕西与中亚地区农业产能合作提供参考。

关键词： 农业合作 农业产能 陕西

中亚作为中国向西开放的第一站，是"一带一路"合作的重要区域，深化产能合作逐步成为国际合作的新亮点和增长点。2023 年 5 月，中国—中亚西安峰会开启了中国与中亚国家合作共赢的新时代，为陕西与中亚地区高质量合作注入强劲动力，农业国际合作新格局正在加速构建。一年来，陕

* 基金项目：国家社会科学基金青年项目"粮食安全视域下中国与中亚农业合作机制与路径优化研究"（项目编号：24CGJ037）。
** 刘泽莹，管理学博士，西安财经大学经济学院讲师，研究方向为农业经济理论与政策、农产品市场；韩一军，管理学博士，中国农业大学经济管理学院教授，中国农业大学国家农业市场研究中心主任，研究方向为农业市场与贸易投资。

西与中亚地区在农业领域的合作取得显著进展，展现出全面加速的积极势头。深化陕西与中亚地区农业产能合作，能够充分发挥地区间的比较优势，有助于构建新价值链网络，激发农业全产业链创新，对完善推进高质量共建"一带一路"机制和推动农业现代化进程具有深远意义。本报告立足地区农业合作进程视角，在回顾和梳理陕西与中亚地区农业合作进展及合作模式的同时，结合当前中亚地区农业合作面临的复杂形势，提出陕西积极推动与中亚地区农业合作的对策建议。

一　陕西与中亚地区农业合作现状

陕西在高质量共建"一带一路"农业合作体系中发挥着极为重要的作用。上海合作组织（以下简称"上合组织"）农业技术交流培训示范基地位于陕西，技术推广的参与主体西北农林科技大学亦坐落于陕西。此外，在中亚地区的首个农业加工园区并规模性回运粮食的西安爱菊粮油工业集团也是陕西企业。这些事实充分表明，在"一带一路"倡议的推动下，陕西已深度融入共建"一带一路"格局中，有力地促进了高水平对外开放。

（一）农业科技合作与技术推广显著加强

陕西作为我国首个国家级农业示范区的所在地，拥有丰富的农业科教资源，为开展农业技术援外培训及集成示范推广工作奠定了坚实基础。此外，上海合作组织农业技术交流培训示范基地设于杨凌，为陕西与中亚地区的农业科技合作和技术交流提供了广阔平台。陕西与中亚地区在农业科技合作领域的联系正不断深化加强。截至2024年，陕西已在中亚多国成功设立了多个农业科技示范园区，诸如中乌节水农业海外示范中心、哈萨克斯坦农业科技展示园等。这些园区不仅展出了前沿的农业技术与装备，还组织了多元化的农业技术培训活动，有效地促进了技术的传播与应用。同时，陕西依据区域特色，在种质资源、节水农业等领域，与中亚国家积极开展合作。杨凌示范区所推广示范的干旱半干旱地区农业技术和作物品种，与中亚地区的气候条件相适配，如节水灌溉技术、土壤修复、抗旱作物育种等在中亚地区取得了显著的增产效果，数据显示，节水灌溉技术可使中亚地区的棉花产量提高50%、节水50%[①]。

（二）农业人才培训持续开展

陕西拥有丰富的农业资源和先进的农业科技，依托上合组织农业技术交流培训示范基地等平台，持续开展中亚地区农业人才的培养和技术应用。截至2024年，上合组织农业技术交流培训示范基地拥有20个农业技术实训基地，建成了现代农业发展研究院、现代农业交流中心和5个联合实验室[②]。据陕西省农业农村厅统计，自2023年以来，陕西已在中亚地区举办了多期农业人才培训班，培训学员超过300人次，同时面向中亚国家农业官员、专家学者、农业技术人员累计培训1万余人次。这些培训班涵盖了农作物高产栽培技术、农产品加工技术、农业节水灌溉、机械化生产技术等多个领域，有效提升了中亚地区农业人才的技术水平。此外，陕西还积极与中亚地区的农业院校和科研机构开展合作，通过互派学者、联合研究等方式，双方共同推动了农业科技的创新和应用。2024年，"丝绸之路大学联盟"启动"中国—中亚高等教育合作机制"，新增10所中亚高校，入盟中亚高校数量达到25所[③]。这种合作模式不仅促进了双方的学术交流和技术合作，也为中亚地区的农业发展注入新的活力和动力。

（三）农业合作模式不断创新

陕西与中亚地区积极开展农业合作，探索出一系列具有产业特色且符合区域特征的农业合作模式，农业合作的主体与方式不断丰富。2024年陕西省商务厅统计数据显示，陕西与中亚地区的农业合作项目已超过50个，涵

---

① 数据来源：西北农林科技大学水利与建筑工程学院朱德兰教授在中乌节水农业海外示范园调研后得出的研究数据。
② 根据上海合作组织农业技术交流培训示范基地的官方网站数据整理。
③ 数据来源：2023年中国—中亚西安峰会涉陕阶段性成果清单。

盖了农产品种植、加工等多个领域。并且,农业合作模式也越来越多元化,包括海外农业合作示范区、扩大农业对外投资以及强化农业产能合作等多个层面。例如,杨凌示范区携手中亚地区,共同创立了多个农业示范园区,通过引入前沿的农业技术设备,有效促进了当地农业产业的升级与转型。在此过程中,农业示范园区积极发挥市场引领功能,大力推进企业"走出去"战略,形成显著的产业集聚效应。此外,陕西积极推动与中亚地区的科研院校开展技术合作,共同培养农业科技人才,推动农业科技的应用与持续发展。

(四)农业经贸合作逐步深化

陕西与中亚地区在农业经贸合作方面取得了显著进展,双方合作关系不断深化,展现出互利共赢的良好局面。陕西与中亚五国 2023 年进出口总值为 57.9 亿元,同比增长 178%,其中出口增长 221.9%;2024 年 1~5 月增长 136.2%,充分凸显了双方良好的经贸合作关系。在农业经贸合作的具体表现上,首要特征为农产品贸易规模的扩大。随着双方农业合作层次的深化,陕西与中亚地区之间的农产品进出口贸易额呈现迅速增长趋势。以 2024 年前两个月的数据为例,陕西与中亚五国的农产品进出口贸易总额已达到 14 亿元,相较于上年同期,实现了高达 267.2% 的显著增长。其中,农产品出口额为 3355 万元,增长 861.9%。在这一贸易往来中,陕西对乌兹别克斯坦的贸易额占比超七成,显示出陕西与中亚国家间贸易关系的紧密性。其次是对外投资不断增加。2023 年 5 月至 2024 年 4 月,陕西同中亚五国新增对外直接投资额达到 5116 万美元,其中农业项目投资占重要的一部分。2024 年 1~4 月,新增对外直接投资额 1721 万美元,同比增长 123%,进出口额 4.43 亿美元,同比增长 205.6%[①]。此外,企业数量的显著增加及业务范畴的广泛拓展也是重要表现。陕西在中亚地区的农业对外投资呈现企业类型多元化的特点,涵盖了国有企业、民营企业以及合资企业等多种形态,涵盖农

---

① 数据来源:陕西省商务厅。

业种植、加工等多个领域。诸如西安爱菊粮油工业集团、杨凌千禄生物科技公司、陕西省外经贸实业集团及陕西投资服务有限责任公司等企业，均在这一领域发挥着积极作用。

综上，陕西与中亚地区的农业合作已经取得了显著成效，但仍面临一些问题和短板。首先，双方农业技术差距较大，技术输出效率较低，推广应用效果有限。尽管陕西在农作物种植和农业科技方面拥有丰富经验，但中亚部分地区的农业技术仍处于相对落后状态，生产设备和农业管理模式的现代化水平不足，农业生产仍依赖传统方法，这种技术差距导致合作的技术成果难以在当地充分转化和应用，制约了合作效率的提升。同时，双方在农业合作中的政策协调和资源整合不完善。陕西与中亚地区在农业合作项目中的具体政策、资金支持和项目管理等方面尚未形成有效的联动机制，导致部分农业合作项目难以顺利实施，合作效果未能达到预期。各方利益的差异和政策执行的脱节，使一些合作项目的推进受到影响、合作效果未能最大化。因此，为促进双方农业合作的深入开展，亟须通过深化和创新农业产能合作模式，破解现有瓶颈，推动陕西与中亚地区农业合作向更高水平发展。

二 陕西与中亚地区农业产能合作主要模式

（一）农业产业园区合作模式

在陕西与中亚的农业产能合作中，农业产业园区合作模式是一个重要的合作方式。本部分将杨凌现代农业国际合作有限公司与乌兹别克斯坦的中乌现代农业科技示范园项目作为典型案例进行分析。乌兹别克斯坦作为中亚的重要国家，拥有丰富的土地资源和农业潜力，但农业技术和设施相对落后。杨凌现代农业国际合作有限公司依托陕西杨凌的农业高新技术优势，在乌兹别克斯坦建设现代农业科技示范园，取得了显著成效。一是示范效应显著，示范园在乌兹别克斯坦成功栽培了多个高产且品质优良的农作物品种，结合先进技术与高效管理，推动了农业技术的普及和应用。二是技术培训广泛，示范园为当地农民和农业技术人员提供了多次培训，培训内容包括作物种植、病虫害防治、农业机械化等方面。这些培训提高了当地农民的农业生产技能与管理效能，为区域农业注入了发展活力。三是经济效益提升，示范园发挥了显著的引领和催化作用，促使当地农业产业经济效益显著提升、农产品产量和质量双重提升、农民收入显著提高，为区域经济繁荣作出积极贡献。

1.合作模式

中乌现代农业科技示范园项目作为陕西与中亚地区发展农业产业园区合作模式的典型代表，有以下特征。一是产业园区共建共享，示范园由杨凌现代农业国际合作有限公司与乌兹别克斯坦相关机构共同投资、建设和运营，共同分享建设成果和农业技术，实现互利共赢的长效机制。二是技术转移方面，杨凌现代农业国际合作有限公司通过直接转移或间接转移的方式，将先进的农业技术和管理经验引入示范园，如智能灌溉、精准施肥、病虫害防控等，以此提升了当地的农业生产效率，为农业先进技术的持续应用奠定了坚实基础。三是依托产业驱动策略，借助示范园的引领效应与辐射作用，促进本地农业产业的转型，进而提升农产品的市场竞争力及增值能力。示范园不仅涵盖基础农作物栽培，还深入农产品加工、市场营销等多个产业链条，构建起全面的农业产业链条，此举不仅有效增加了农产品的附加值，而且为当地农业产业的持续健康发展注入强劲动力。

2.经验启示

（1）构建科技园区框架，加速产能合作项目推进

针对农业企业在"走出去"的过程中，仍面临的零散无序、缺乏长远战略规划、资源整合能力不足及协同发展效应未显等问题，杨凌示范区积极谋求发展，在中亚地区布局建设了一系列农业科技园区，这些园区作为中国企业海外发展的孵化器，通过引领示范作用，有效地推动了项目的落地实施，并取得了显著成效。具体策略概述如下：首先，深入调研，以确定园区的地理位置及主要发展方向；其次，通过政府间协作，确保园区建设开发的法律合规性；再次，依据当地的发展实际，科学合理地制定园区建设规划；

又次，甄选具备实力且信誉良好的本地合作伙伴，携手启动园区建设进程；最后，采取分期分批的方式引入投资项目，有力推动园区的整体建设，加速产能合作项目的实际推进。

（2）构建科教企联盟体系，强化资源整合与协同发展

在农业国际合作园区的构建过程中，科技资源的有效支撑及企业投资项目的合理引进扮演着举足轻重的角色。然而，现实中往往因资源整合手段欠缺、组织协调机制不健全，园区难以获得稳定且高水平的技术支持，企业项目间亦存在无序竞争、缺乏协同的问题，难以形成互利共赢的发展合力。针对陕西与中亚地区农业产能合作，高效整合现有科教资源，有序组织企业参与项目建设显得尤为关键。由杨凌示范区创建的"丝绸之路农业教育科技创新联盟""丝绸之路经济带杨凌现代农业企业创新协作联盟"，助力园区建设和项目实施、形成产学研协同发展的良好局面。此外，示范区还设立了"一带一路"专项基金，支持上述两大联盟开展对外合作，进一步推动了资源的优化配置与协同发展。

（3）发挥国有企业经验优势，优化产业链布局

杨凌现代农业示范园区开发建设有限公司结合国有企业的资源优势，充分利用上合组织农业基地、农业自由贸易试验区及综合保税区等高级别对外开放平台，积极推广先进农业技术以及农资机械设施等，相较于民营企业，国有企业的资金实力更雄厚、抗风险能力更强、经验更丰富。鉴于中亚地区地缘政治环境较为敏感，农业资源特别是土地资源的直接利用有所限制，合作项目可考虑适度调整策略，灵活处理。与此同时，国有企业应抓住中亚地区的合作机遇，结合本身的资源和规模优势，加强全产业链合作，优化并拓展农业产业链布局。

（二）技术转移与培训合作模式

技术转移与培训合作模式是国际产能合作的重要方式之一。在陕西与中亚的技术转移和培训合作模式中，选取西北农林科技大学与中亚地区的技术转移和培训项目作为典型案例。中亚国家拥有丰富的农业资源和巨大的农业

发展潜力，但面临着技术落后、人才短缺等问题。西北农林科技大学作为中国顶尖的农业教育机构，拥有先进的农业技术和丰富的教育经验。西北农林科技大学创立"丝绸之路农业教育与科技创新联盟"，与11所中亚高等教育机构建立了深度的教育科研合作，同时参与共建了哈萨克斯坦农业科技示范园、乌兹别克斯坦节水灌溉示范园、吉尔吉斯斯坦农业科技示范园等8个海外科技示范园，积极开展农业技术推广①。双方开展技术转移和培训合作，显著提升了农业技术水平，推动了中亚地区农业可持续发展，目前已经取得突出的合作成果。一是技术转移成果显著，在中亚地区成功推广了节水灌溉、作物育种等先进技术，提高了农业生产效率和产品质量。双方共同研发的新品种、新技术在中亚地区得到广泛应用，农业生产的经济效益显著提高。二是培训合作成效突出，通过培训，中亚地区的生产主体、技术人员和政府管理部门掌握了先进的农业技术和管理经验，提高了农业生产能力和管理水平。

1. 合作模式

西北农林科技大学与中亚地区的技术转移和培训项目作为技术转移与培训合作模式的典型代表，有以下特征。一是技术转移，西北农林科技大学已研发应用的抗旱作物育种及节水灌溉技术有效地满足了中亚地区旱作农业生产需求，因此，开展节水农业、良种繁育等领域的技术转移合作具有重要意义。西北农林科技大学将先进的农业技术，如节水灌溉、作物育种、病虫害防控等，转移到中亚国家。同时，双方共同开展技术研发和创新，针对中亚地区的特定环境和气候条件，研发适应性更强的农业技术。二是培训合作，西北农林科技大学派遣专家团队前往中亚国家，为当地农民、技术人员和政府管理部门提供农业技术培训；同时，设立了联合培训项目，邀请中亚国家的学员来中国学习先进的农业技术和管理经验，并推动国际合作项目实施；此外，通过线上培训，利用互联网和远程教育技术，为中亚国家提供便捷、高效的培训服务。

---

① 数据来源：西北农林科技大学官网。

2. 经验启示

（1）明确技术需求，建立稳固的合作关系

技术转移的首要任务是厘清合作双方的目标需求，避免无目的性地转移可能引发的资源损耗，实现合作发展的精准契合。构建稳固的合作关系是技术转移成功的关键所在，这要求合作双方在信息与技术上保持深度交流沟通。西北农林科技大学在中亚地区布局了多个农业科技示范基地，并与当地农业科研人员开展了系统深入的研发协作，形成了长期的研发互动机制。在技术推广中，注重对栽培管理措施的实施，农作物产量与质量均实现了显著提升，这一案例有力地证明了技术转移过程中对接合作技术需求与构建稳固合作关系的重要性。

（2）注重人才培养，以科教合作促产能合作

注重人才培养和技术创新是提升技术转移效果的重要途径。西北农林科技大学注重人才培养和技术交流，通过科教合作促进国际产能合作。一方面，通过与中亚地区科研机构和专家团队的紧密合作，在中亚地区建立实验室和研究基地，通过科研机构"走出去"，将科研成果直接在当地转化为农业生产力，促进了信息共享和技术资源的整合，提高了技术转移的效率和成功率。另一方面，通过签署合作备忘录、加入"丝绸之路农业教育与科技创新联盟"等途径，有效促进了陕西与中亚地区在农业人才培养、科学研究、技术推广等多个领域的深度合作，为技术转移活动的顺利推进构建了坚实的支撑体系。

（3）创新培训合作方式，推动务实交流

西北农林科技大学在中亚农业产能合作中，针对中亚农业培训合作的模式逐步探索出一套系统且高效的机制。这一机制突出国际化农业人才培养的重要性，通过设立国际化人才培养实践基地，实施涵盖"本土导师+海外导师+产业导师"的多元化培育体系，为中亚地区储备大批农业领域的国际化精英。此外，注重对于应用实践能力的培养，该校依托海外农业科技示范园等载体，开展实地教学与技术示范，以此提升中亚农业技术人员的技术应用和创新实践能力。此外，西北农林科技大学还积极开展农业技术的远程培训

项目，通过线上教学平台，拓宽了中亚农业人才的视野，为中亚农业产能提升提供了人才与技术双核驱动。这一培训合作机制不仅加速了中亚农业技术的现代化进程，也进一步加深了中国和中亚国家在教育交流、科技合作领域的互动与融合。

（三）订单农业合作模式

在陕西与中亚地区的农业产能合作框架中，订单农业合作模式扮演了关键角色。本部分选取西安爱菊粮油工业集团（以下简称"爱菊集团"）与哈萨克斯坦的订单农业合作项目作为典型案例进行分析。爱菊集团作为中国的大型粮油行业领军企业，掌握着先进的粮油加工技术和丰富的市场运营经验。哈萨克斯坦，作为中亚地区的重要农业大国，拥有广袤的土地资源和优质的农产品产出。爱菊集团创新性地在哈萨克斯坦实施了"政府—银行—企业—农户"的新型订单农业模式，开展了农产品种植与加工的切实合作。爱菊集团还在当地成立了新型订单农业合作社，签订了大规模的"订单农业"合作协议。截至2024年，爱菊集团已在哈萨克斯坦建立粮食订单种植基地达150万余亩，累计运输了12万吨优质原粮回到国内市场[①]。作为农业企业"走出去"的代表，爱菊集团在产能合作项目中取得了显著成效。一是农产品质量得到显著提升，通过爱菊集团在生产种植方面的技术指导，哈萨克斯坦的农产品质量达到国内外市场的严格标准，实现了高质量产品输出。二是农产品产量大幅增加，订单农业合作模式有效地激发了哈萨克斯坦农民的生产积极性，推动了产量增长，为合作双方带来了显著的经济效益。三是市场拓展取得新突破，爱菊集团依托自身的渠道优势，成功将哈萨克斯坦的农产品推向更广阔的市场。

1. 合作模式

爱菊集团与哈萨克斯坦的订单农业合作项目作为订单农业合作模式的典型代表，有以下特征。一是订单签订，爱菊集团与哈萨克斯坦的生产主体通

---

① 数据来源：爱菊集团官方数据。

过签订订单，在合同中明确种植品种、数量、质量标准、收购价格等内容，为生产者提供了明确的市场导向和技术支持，确保了农产品供给的稳定性和可持续性。二是技术指导，爱菊集团派遣专业技术人员前往哈萨克斯坦，为当地农民提供全方位的种植技术指导，从土壤改良、种子选育、病虫害防控到灌溉施肥，爱菊集团的技术专家手把手传授先进农业知识，有效地提升了哈萨克斯坦农产品的种植水平，保证了农产品的产量和质量。三是收购与销售，根据订单合同的约定，爱菊集团在农产品成熟后进行收购，并在国内市场上进行销售，依托强大的供应链体系，降低了物流成本。同时，爱菊集团还利用自身的渠道优势，充分利用国内外市场渠道，拓展了农产品的销售范围，提升了农产品价值。

2. 经验启示

（1）构建全方位合作体系，共筑利益共同体

在项目扶持方面，在项目初步的可行性分析阶段，爱菊集团积极主动搭建了多方考察平台，邀请了哈萨克斯坦贸易投资部及驻华使节亲临企业现场进行考察，全面展示了企业综合实力及项目实施的作用意义，以此争取哈方政府对于合作项目的支持与帮助。与此同时，爱菊集团还积极联络国家发展改革委及中国驻哈萨克斯坦大使馆等机构，定期提交项目进展，促进政府间的协作推动。在项目运行方面，为确保项目的高效推进，爱菊集团专门成立了专项管理小组，负责对接项目的沟通与协调事宜，确保每个环节的高效落实。得益于这一管理体系，项目得以快速落地。在项目融入当地社会方面，爱菊集团坚持平等尊重的原则，灵活调整实施策略，针对民众对于土地租赁的问题争议，将由原先的"租地种植"模式转为"订单农业"模式。这一转变不仅有效促进了当地民众就业，还消除了民众的顾虑。目前，该项目已被哈方列为农业示范工程，成为中哈两国在农业产能方面深入合作的标杆。

（2）挖掘生产潜力，创新合作模式

随着陕西与中亚地区在农业投资合作领域，特别是在科技研发与人才交流方面的联系日益加强，企业应把握此契机，将新型合作模式融入合作框架。针对哈萨克斯坦在农业生产种植环节的薄弱，爱菊集团采取了"政府+

银行+企业+农户"的新型订单农业合作模式。该模式不仅促进双方在育种技术和田间管理上的产学研合作，还有效控制了原料质量、保证了供应链的稳定性。鉴于中亚地区资源禀赋差异显著、投资环境各异，合作模式应避免同质化，应立足于中亚地区农业生产现实问题。企业应深入挖掘市场潜力，结合自身业务基础与优势资源，灵活采用创新合作模式，以实现合作效益的最大化。

（3）强化交流沟通，促进"融入式"合作

在推进国际化合作进程中，合作双方的成效沟通与价值观融合是项目高效运行的前提保障。因此，企业在开展对外投资合作时，不仅要注重"走出去"步伐，更应注重"融入式"发展进程。爱菊集团在尊重多元文化的基础上，吸纳熟悉多边文化及业务的专业人才协同进行交流沟通。在项目启动初期，爱菊集团即对哈萨克斯坦的文化背景与民俗习惯进行了全面深入的调研分析，并据此对外派工作人员进行了系统的培训，同时对于各方员工强调平等待遇，有效避免了文化观念方面的潜在冲突。这一系列举措不仅推动了投资项目的顺利推进，更为项目的长期发展奠定了坚实的文化根基。

三 陕西深化与中亚地区农业产能合作的对策建议

（一）建立健全农业合作体制机制

首先，建立完善多层次的农业合作网络，促进政府间、企业间以及非政府组织间的沟通协作。通过签署合作协议、建立联合工作组等形式，加强政策沟通与战略对接，为农业产能合作提供制度保障。其次，完善市场准入与监管体系。构建陕西与中亚地区农产品市场准入标准的互认和对接体系，消除贸易壁垒，增强农业领域的贸易自由度与便利度，推动产能合作的持续深化。并且强化金融支持与资本融通。鼓励金融机构创新金融产品，构建推进农业国际化的金融服务体系，为农业合作项目提供多元化的融资支持，促进陕西与中亚地区农业市场的深度融合和协同发展。

（二）优化农业产业链布局与资源配置

推动农业产业迈向集群化发展，需依据陕西与中亚地区的独特优势，精心规划布局，以培育出具备强大竞争力的农业产业集群，进而提升整个农业产业链的综合竞争力。在此基础上，强化农业基础设施的完善与产业链的全面升级至关重要。这包括加大对农田水利设施的投资力度，完善仓储物流体系及冷链物流网络，以此提高产品流通效率。同时，积极推广智慧农业技术，实现产业链数据资源的深度整合，驱动产业朝智能化方向迈进。此外，还需注重农产品加工、仓储物流等产业链各环节的协同进步，促进产业链上下游的紧密融合，构建形成优势互补、利益共赢的农业国际合作机制。

（三）强化科技交流，提升科技创新能力

积极搭建农业科技交流的高层次平台，深化陕西与中亚地区在农业科技交流、种质资源共享及联合育种研发等领域的协作，提升陕西与中亚地区农业生产的技术水平和生产效率。在此过程中，重视技术示范与知识普及，借助农业科技论坛、上合组织农业基地、现代农业科技示范园等多种平台，促进技术成果的转化与应用。同时加强农业科技人才队伍建设，通过联合培养、学术交流、科研合作攻关等形式，实现教育资源与科研成果的跨境共享，提升陕西与中亚地区农业科技工作者的专业技能和创新能力，推动农业科技的持续发展。

（四）健全服务体系与交流平台，促进互联互通

为深化农业务实合作，需构建基于互惠互利原则的合作平台，秉持开放包容的态度，增强多边政治互信与友好关系，推动区域间深度互联互通，携手构建双边及多边沟通合作新机制。加速在中亚地区设立经贸代表处的进程，并部署中亚各国的商务联络机构，形成政府引领、企业入驻的服务架构，广泛收集市场需求信息，为企业提供精准信息服务，强化经贸联系。此外，应积极构建陕西在中亚地区的商协会网络及知名企业办事机构服务平

台,利用品牌展会作为经贸合作的桥梁。同时,精心筹备各类国际会议,打造多元文化交融平台,促进文化交流与协作。

(五)加强政策引导,扩大合作领域

为优化农业投资政策框架,确保中亚地区农业投资项目获得坚实的政策支撑,需强化合作双方在投资政策、法律规章层面的沟通与互动。倡导农业企业采取"双向并进"战略,即"走出去"与"引进来"相结合,借助合资、合作、并购、整合等多种模式,达成资源共享与优势互补,拓展国际农业市场份额。鉴于陕西与中亚在农业发展上的互补性,应充分考虑当地农业资源的丰富性与技术需求的空白点,重点增进农业技术研发领域的合作,促进双方在作物遗传改良、节水灌溉技术推广、病虫害综合防控及集约化农业生产等核心环节的技术交流与产能合作。

(六)推动绿色农业技术合作,拓展农业市场空间

绿色发展是推动现代农业和扩大农业对外开放水平的发展方向,对于深化国际农业合作、拓展农业市场空间具有深远意义。首先,加强农业科技研发合作,共同探索和推广生态农业技术,如节水灌溉、生物防治、有机耕作等,保护农业生态环境。完善绿色农业技术转移与转化机制,促进先进技术在区域内有效流动与应用,提升全球农业绿色发展水平。其次,构建并完善绿色农业的标准化认证体系。共同推动绿色农业标准的制定与实施,制定涵盖农产品生产、加工、运输全过程的绿色农业标准,建立相应的认证机制,促进农业贸易的绿色发展。

参考文献

张永旺、高强、张寒:《"一带一路"框架下中国农业国际合作的成效、挑战与对策》,《国际贸易》2024年第7期。

石先进：《"一带一路"框架下中国与中亚五国农业产能合作路径》，《云南大学学报》（社会科学版）2020 年第 1 期。

邓浩：《构建中国—中亚命运共同体的时代价值和实践路径》，《当代世界》2023 年第 6 期。

李娜：《全球化治理的中国实践方案："一带一路"发展成果研究》，《河南社会科学》2020 年第 8 期。

刘泽莹：《高质量共建"一带一路"积极深化农业对外开放》，《陕西日报》2024 年 9 月 12 日。

尹丽英、赵捧未、魏明：《"丝绸之路经济带"互联互通的区域合作模式与路径——以陕西省为例》，《中国流通经济》2015 年第 8 期。

赵捷：《"一带一路"倡议背景下中国企业对中亚农业投资的模式选择研究》，中国农业科学院硕士学位论文，2022。

李治、王东阳、胡志全：《"一带一路"倡议下中国农业企业"走出去"的现状、困境与对策》，《农业经济问题》2020 年第 3 期。

王亮、周靖、李莲英：《典型发达国家国际合作对中国与"一带一路"国家科技创新合作的启示》，《科技管理研究》2023 年第 2 期。

现代化产业体系篇

B.14
陕西县域特色产业高质量发展的
推进模式和重点任务研究

陕西省发展和改革委员会课题组 *

摘　要：　加快培育特色产业，是推动县域经济高质量发展的重要路径和必然选择。本报告基于陕西县域特色产业发展总体情况和县域特色产业发展模式的比较分析，提出县域特色产业高质量发展的推进模式和重点任务，聚焦特色发展，持续深化管理机制改革；聚焦争优创先，不断发挥龙头带动作用；聚焦主导产业，不断壮大县域富民产业；聚焦强链补链，深化精准招商空间协同；聚焦平台承载，优化功能，筑牢产业底座；聚焦开放合作，持续激发动能，释放活力。

关键词：　特色产业　县域经济　陕西县域

---

* 课题组成员：徐田江，陕西省发展和改革委员会党组成员、副主任；张建涛，陕西省信息中心副主任，研究员，主要研究方向为陕西省发展战略与规划、产业经济学和区域经济学；李青俊，陕西省信息中心产业发展研究处处长，主要研究方向为产业经济；白津卉，陕西省信息中心助理工程师，主要研究方向为县域经济。

习近平总书记高度重视县域经济发展和发展特色产业，2024 年 4 月在主持召开新时代推动西部大开发座谈会时强调，要坚持把发展特色优势产业作为主攻方向，因地制宜发展新兴产业，加快西部地区产业转型升级。6 月在青海考察时强调，产业发展必须坚持有所为、有所不为，着力培育体现本地特色和优势的现代化产业体系。党的二十届三中全会明确提出"壮大县域富民产业"，并作出具体安排部署。

特色产业是一个国家或地区在长期发展过程中积淀、形成一种或几种特有的资源、文化、技术、管理、环境、人才等方面的优势，从而形成的具有国际、本国或本地区特色的具有核心市场竞争力的产业或产业集群。这些产业往往依托当地的资源禀赋、历史文化、技术创新或政策优势，发展成为具有区域标志性的经济支柱。对处于西部地区的陕西而言，引导资金、技术、人才等要素向重点领域集中集聚，促进主导产业特色化发展，加快培育特色产业，成为推动县域经济高质量发展的重要路径和必然选择。

近年来，陕西全省上下全面贯彻党的二十大和二十届二中、三中全会精神，贯通落实习近平总书记历次来陕考察重要讲话重要指示精神，把发展县域经济作为缩小"区域差距、城乡差距、收入差距"三大差距、逐步实现共同富裕的战略抓手，持续完善推动县域经济高质量发展体制机制，围绕主导产业培育，以"一县一策"为重要抓手，有效推动全省县域经济规模壮大和结构优化。目前，陕西已进入总量整体跨越、质量系统跃升并重的关键期和改革攻坚、释放活力的突破期。未来，应深入贯彻落实党的二十大和二十届二中、三中全会精神，以完善城乡融合发展体制机制为引领，对标全国百强县发展模式，高水平谋划、系统化推进"十五五"时期县域特色产业高质量发展和主导产业特色化发展，推动县域经济高质量发展，促进城乡共同繁荣。

一　陕西县域特色产业发展总体情况

全省县域经济统计口径为 83 个县（市、区），占全省 80% 的土地面积、55% 的常住人口。

（一）发展成效

1.县域经济总量整体跃升

2023年，全省县域地区生产总值1.62万亿元，增长4%，占全省地区生产总值的比重达到48%（总量较2021年增加2000亿元，占比提高0.7个百分点）；陕西有全国百强县2个、西部百强县8个，神木市跨上2000亿元台阶，府谷县跨上1000亿元台阶。地区生产总值上200亿元台阶的县达到24个，经济总量为9931.74亿元，占全省县域地区生产总值的61.3%。新创建省级高新区6个、省级经开区3个。

2.产业规模持续扩大

2023年，全省县域第一产业增加值2141.89亿元，增长4.1%（全省增长4.0%）；第二产业增加值8911.05亿元，增长4.5%（全省增长4.5%），其中县域工业增加值占县域地区生产总值的比重为51.8%（全省增长39.2%）；第三产业增加值5152.46亿元，增长3.3%（全省增长4.1%）。三次产业结构为13.2∶55∶31.8，第一产业和第三产业增加值占比分别比上年提高0.1个、0.9个百分点。

3.特色产业支撑作用显著增强

2023年，162个主导产业总产值1.44万亿元，较确立之初（2021年）增长了2400亿元，带动就业466万人，新增就业43万人，70个县居民人均可支配收入增速超过全省平均水平。其中首位产业总产值1.18万亿元，第二主导产业0.26万亿元。在首位产业中，县均总产值为141.7亿元，高于平均水平的有16个县，其中神木市煤炭清洁高效利用2923亿元，鄠邑区、高陵区汽车及装备制造产业分别为1592.28亿元和968.6亿元；低于平均水平的有67个县，其中不足10亿元的有9个县，首位产业主要是农业和文化旅游业。

4.形成了一定的典型

府谷县瞄准"高端化、多元化、低碳化"方向，在发挥传统能源化工产业优势的基础上深化产业转型升级，利用煤炭生产中的废气煅烧金属镁，形成"镁煤与共"的发展新格局,被誉为"中国镁谷·世界镁都",探索出资源型城市高质量发展的新路径。子洲县按照"科技赋能、区域协同、绿色发展、开放共享"思路,聚力打造超细白绒山羊跨区域百亿级产业集群,推动陕北羊绒产业质效实现全面跃升,形成县域因地制宜、加速培育新质生产力的新突破。武功县大力发展以农产品深加工为重点的电商物流。立足本地,服务前置仓。加强农贸采集数据流、贸易流、资金流、物流和票据流集中管理,2023 年电商企业总发单量 1.37 亿单,销售额 61.56 亿元。大荔县坚持把冬枣产业发展放在首位,不断促进冬枣产业兴旺,目前冬枣年产量达60 万吨,产值突破 70 亿元,"小冬枣"已经变成"金蛋蛋"。留坝县立足高水平保护,践行"绿水青山就是金山银山"理念,探索形成享誉全国的县域文旅"小而美"民居新时尚。2023 年,留坝县民宿平均入住率为 65%,全县旅游接待游客和综合收入同比分别增长 12.33% 和 18.57%。陕南各县围绕移民搬迁"让数量庞大的劳动力搬得出、稳得住、能致富",抢抓东部地区产业"腾笼换鸟"机遇,积极承接产业转移,形成以汉中现代材料、电子信息,安康毛绒玩具、生物医药,商洛智能制造、新能源等为重点的"承接产业转移+"产业发展新模式。

(二)存在的主要问题

1.产业实力不强

一是能源资源富集县普遍存在产业链条短、能耗大、资源综合开发利用不足等问题。例如,神木市能化产业链条延伸不足,抵御市场风险能力低,土地、水、能耗、环境容量等指标受到明显约束;府谷金属镁产业创新能力不强,受到投融资、环保政策双重约束;靖边县非能源工业发展水平分化,制造业发展存在较大的不均衡;定边县油气独大特征明显,产业层次低,精深加工不足。

二是工业县龙头企业少,产业链条延伸不足。现有的龙头企业对整个产业链的带动作用不够强,工业县缺乏创新型、引领型链主项目、链主企业。例如,城固县,主导产业为绿色食药产业,主要围绕生物医药加工和绿色食品生产，全县有规上企业40家，产值约130亿元，但龙头企业引领性不强，产业延伸度低，产业纵向难以成"链"，竞争力不强。部分县注重产品生产、加工，但在产品深加工、品牌销售方面仍发展不足，导致产业发展质量效益不高、产品附加值低。潼关县以黄金精深加工作为主导产业，形成了"探矿—选矿—冶炼—加工—首饰贸易"一体的产业链条，但金饰品加工、品牌销售仍是短板，而这些环节正是整个产业链增值最高的部分，也是需要补足的主要部分。

三是龙头骨干企业培育不够、带动不足。陕西县域重点企业数量不多，最直观的指标是县域企业纳税情况。按照县域标的调整前的口径，2020年全省76个县（市、区）[①]，绝大多数无亿元以上纳税企业，平均每个县纳税超过千万元的企业只有3家，远低于市辖区平均13家的水平，仅有的个别几家企业还是县级财政不分享增值税的信用社或阶段性基础设施建安企业。据不完全统计，在省级层面就县域龙头企业培育问题出台专项政策的仅有河北省。2022年7月，河北省人民政府办公厅印发《河北省县域特色产业集群"领跑者"企业培育行动方案》，提出实施企业上市、科技赋能、产业升级、强链补链、金融助力、冀有特色6个方面的政策措施。从效果来看，2023年河北省新增全国百强县4个，领跑全国。因此，大力推动县域龙头骨干企业培育工作是陕西省今后一项重要工作。

四是县域特色产业集群化水平低、综合竞争力不强。产业集群能够促进专业化分工和创新资源汇聚、促进产业迈向价值链中高端。在推进县域经济发展中，为发挥资源禀赋优势、避免恶性竞争，县域多采取"一县一业"策略，导致县域特色产业空间布局分散，专业化协作不足，缺乏规模效应，竞争力低。这在陕南地区表现较为明显，依托绝佳的生态基础发展康养旅游业和现代特色农业是陕南地区各县（市、区）的普遍选择，但陕南地区富硒茶、林果业、养殖业等区域特色农业发展水平普遍不高，品牌影响力不足。

2. 创新动能不足

一是县域整体创新能力不强。专业化科创服务机构少、功能不完善，科

---

① 王农：《税收视角下我省县域经济发展状况及建议》，各界新闻网，2021年5月31日。

技成果转化率不高。从人口分布看,县域大学生流失问题突出。以陕南地区为例,从受教育程度看①,2020 年每十万人口中拥有大学文化程度的人数(大专及以上)全省为 18397 人,而陕南汉中、安康、商洛分别为 10226 人、9064 人、8914 人;从企业分布看,汉中仅 5 个县有专精特新企业,而安康全市 31 万户经营主体没有"压舱石"式的国有大型企业和民营龙头企业,更缺乏科技含量高、成长性强的头部企业、瞪羚企业。

二是县域经济 10 强以要素驱动发展为主。2014~2023 年县域经济 10 强县名单显示②:10 年来,神木市、府谷县稳居第一方阵,并进入全国百强县的千亿县方阵,成为以资源驱动为主导发展模式的典型代表。第二、三方阵波动较大,总体以能源富集县和传统制造业强县为主,其中靖边县、定边县、高陵区较为稳定,韩城市波动较大,横山区稳步上升,兴平市、城固县、三原县日渐势弱,受产业周期波动影响较大(见表 1)。2023 年 10 强中能源富集县仍占据半壁江山,意味着陕西省要实现从"要素驱动"到"产业驱动"跨越仍需时日。

表 1　2014~2023 年陕西省县域经济 10 强县名单

年份	第 1	第 2	第 3	第 4	第 5	第 6	第 7	第 8	第 9	第 10
2014	神木	府谷	靖边	定边	韩城	高陵	洛川	吴起	彬州	兴平
2015	神木	府谷	韩城	高陵	靖边	定边	城固	兴平	凤翔	洛川
2016	神木	府谷	韩城	高陵	靖边	定边	兴平	城固	凤翔	三原
2017	神木	府谷	高陵	韩城	靖边	定边	城固	兴平	三原	彬州
2018	神木	府谷	韩城	定边	靖边	城固	兴平	洛川	三原	鄠邑
2019	神木	府谷	靖边	高陵	韩城	定边	洛川	兴平	城固	彬州
2020	神木	府谷	高陵	靖边	韩城	定边	城固	兴平	洛川	凤翔
2021	神木	府谷	靖边	高陵	韩城	定边	城固	兴平	洛川	横山
2022	神木	府谷	靖边	韩城	定边	高陵	鄠邑	横山	彬州	兴平
2023	神木	府谷	靖边	高陵	定边	横山	鄠邑	彬州	洛川	韩城

---

① 数据来源:陕西省第七次全国人口普查数据。
② 根据陕西省统计局发布的陕西省县域经济 10 强县名单整理。

三是县域特色产业构成中战略性新兴产业占比小。根据2022年陕西县域主导产业清单，在全省162个主导产业中，以新材料为主导产业的有9个，产值936.6亿元，分别是兴平市（新材料及装备制造，产值235.22亿元）、勉县（金属制品，产值358.76亿元）、旬阳市（新型材料，产值80.52亿元）、汉阴县（新材料，产值112.57亿元）、淳化县（新型建材，产值16.67亿元）、澄城县（绿色新型材料，产值23亿元）、略阳县（现代材料，产值48.3亿元）、镇巴县（新型建材和清洁能源，产值2.4亿元）、平利县（新材料，产值59.16亿元）。2023年新增鄠邑区、高陵区新能源汽车及零配件，总产值分别为1592.28亿元和968.6亿元。

3. 要素保障不够

一是人口流失严重。县域人口流失形成的劳动力短缺、人口老龄化与空心化是推动县域特色经济高质量发展面临的重大挑战。第七次全国人口普查数据显示，陕西省人口迁徙呈现外流态势，10年净流失100多万人，主要流向东南沿海发达地区。分地区看，关中地区西安增加448万人，其他城市均为负增长。陕北延安、榆林分别增加9.55万人、27.3万人。陕南三市人口悉数减少，县域人口持续流失，劳动人口不足，老龄化不断加深。从总量来看，陕南地区常住人口从2000年854万人减少为2020年775万人，20年共减少79万人，其中前10年减少15万人，后10年减少64万人，2022年下降到767万人，人口流出呈加速态势。同期关中、陕北和陕南地区劳动人口占比分别下降8.8个、9.8个、12.6个百分点，而60岁以上人口占比分别增加8.2个、7.4个、7.4个百分点。

二是土地供给偏紧。陕西省"三区三线"划定中明确了各县（市、区）城镇开发边界扩展系数，其中扩展系数小于1.3倍的有53个，超过1.3倍的有54个，特别是要求涉秦岭核心保护区27个县（市、区）的城镇开发边界扩展系数要严格控制在1.1倍以内。随着大力推进县域经济发展，县域发展活力不断增强，企业投资意愿强烈，土地需求快速增加，叠加县城开发转型压力加大，加剧了土地供求矛盾，导致大项目因土地制约难以顺利落地的问题。土地供应不足凸显的是规划、建设、治理的统筹协调不到位，深层次原因是土地节约集约利用不足。2020 年陕西建设用地亩均 GDP 为 18.8 万元,[①] 在全国属于中等偏下水平,国家级开发区亩均税收 41 万元,低于全国平均水平。

三是产业发展资金不足。在政府层面,县级财政能力有限,财政收支矛盾十分突出,个别县域[②]收支比却高达 1 : 20,投入县域主导产业发展资金严重不足,甚至出现一些惠企政策无法兑现。同时,县级投融资平台还普遍存在实力不强、规范不够、思路不活、招数不多的问题,资本运作能力整体较弱。在金融领域,县域银行储蓄资金外流较多,个别县域存贷比仅为47.6%。在产业层面,设立首位产业发展基金的凤毛麟角。在企业层面,融资难普遍存在。金融机构虽有政策,但门槛较高,加之民营企业抵押物短缺,企业在土地购置、项目前期、设备购置等环节上,很难得到金融机构流动资金支持。

二 县域特色产业发展模式比较分析

针对陕西省县域特色产业发展中存在的总量、结构、动能以及要素问题,对标全国百强县、先进地区,不难发现统筹指导、政策支持、产业布局、重点突破、激发创新等方面仍存在不足,补齐这些不足是下一阶段的主要任务。

(一)陕西省县域特色产业推进模式

关于陕西县域特色产业,一个基本判断是发展基础并不弱,许多县特色产业优势很明显,部分优势产业在全国具有重要影响力和竞争力,构成县域经济的主体支撑。新时代,推进县域特色产业高质量发展,要围绕主导产业培育和特色发展,紧扣"存量如何突破"和"增量从何而来"两个关键问

---

① 《陕西省人民政府办公厅关于加强节约集约用地促进高质量发展的意见》提出:到 2025 年,全省建设用地亩均 GDP 由"十三五"末的 18.8 万元提高到 23.7 万元。
② 安康市提供数据。

题，在分类指导、一县一策的基础上，持续优化产业赛道，以精准招商为有效路径，以产业平台能级提升、产业要素保障、产业发展帮扶为支撑，把优势特色不断放大、做强，以此产生影响力、形成竞争力。

1. 县域标的：以县为基、发展为本

县域经济是行政区与经济区重合的区域经济，其行政管辖边界是划定的，作为长期发展自然形成的、与周边城乡紧密联系的区域经济，其经济活动的边界是动态模糊的。发展县域经济，关键在于深刻把握经济资源分布的差异性、经济发展程度的差异性、经济利益的相对独立性、经济系统的一定完整性，准确功能定位，优化生产力布局，优选发展路径。

2023 年，陕西省委办公厅、省政府办公厅出台《关于支持县域经济高质量发展的接续政策措施》，明确将未纳入城市主城区规划（非中心城区）、仍按照县域模式管理的西安市高陵区和鄠邑区、宝鸡市凤翔区、渭南市华州区、延安市安塞区、榆林市横山区、汉中市南郑区纳入县域总盘子。全省县域经济政策支持范围、统计口径等为 83 个县（市、区）。

2. 功能定位：分类指导、一县一策

《关于支持县域经济高质量发展的接续政策措施》提出立足县域资源环境承载能力、国土空间开发适宜性和经济社会发展需求，围绕特色优势、功能定位、主导产业培育发展、工业制造业、现代农业和粮食安全、生态环境保护开发等，将县域划分为产业功能区县、农产品主产区县、生态功能区县三种类型。一是产业功能区县，坚持特色产业发展优先，发挥资源、产业、交通、文化等比较优势，强化产业平台支撑，培育支柱产业，争取成为工业制造业、农村二三产业融合发展，商贸流通、文化旅游等产业功能区县。二是农产品主产区县，坚持农业发展优先，保障粮食安全，发展特色农产品，做优做强农产品加工业和农业生产性服务业。三是生态功能区县，坚持生态保护优先，探索经济生态化和生态经济化路径，践行生态产品价值实现机制，因地制宜发展生态经济和旅游休闲产业，实现绿色发展、循环发展。

3. 发展路径：明晰主导、清单管理

在推进县域经济高质量发展上，陕西省的政策逻辑是以县域主导产业特色化发展为目标，以首位产业赛道的选择和持续优化为路径，形成首位产业清单，实行清单管理。按照省级指导、市级统筹、县级谋划的责任划分，深入分析各县（市、区）资源禀赋和产业基础，结合产业增量、增速和关联度，研究明确主导产业。各县（市、区）从实际出发，坚持有所为有所不为，扬优势补短板，宜农则农、宜工则工、宜商则商、宜游则游，推进具有发展前景的 1~2 个主导产业。在此基础上，省、市、县进一步深化分析，确保各县（市、区）主导产业满足技术创新、增长率高、带动性强的基本特征后汇总形成"县域主导产业清单"。

（二）全国"百强县"发展模式分析

2023 年 7 月 25 日，赛迪顾问县域经济研究中心在"2023 县域经济创新发展论坛"上发布了《2023 中国县域经济百强研究》。

1. 全国"百强县"发展模式

根据榜单，赛迪顾问研究总结了百强县发展的三大模式。第一，以江苏、浙江为代表的"狼群模式"，江苏、浙江县域经济发展相对均衡，县域之间存在较为明显的相互竞逐；第二，以福建、山东、湖北、四川、湖南为代表的"雁行模式"，形成省内县域经济"雁行"梯队式发展格局；第三，贵州、山西、江西、河北、云南的"狮王模式"，集中培育核心典型县市，把其打造成标兵，引领县域经济高质量发展。聚焦"千亿县"发展路径，总结形成了六大典型发展模式：长江三角洲城市群创新驱动主导模式，粤闽浙沿海城市群产业集群驱动主导模式，长株潭城市群区域融合驱动主导模式，山东半岛城市群传统产业升级驱动主导模式，呼包鄂榆城市群资源驱动主导模式，以及企业驱动主导模式。

2. 全国"百强县"区域分布

聚焦"百强县"聚集区，苏浙鲁稳居第一方阵，各具特色：江苏县域经济规模大，百强县大而强，特点是"集体经济+规模经营+资本市场"，区域统筹条件比较突出；浙江县域人口规模小，百强县相对富裕程度高、差别小，特点是"民营经济+产业集群+专业市场"，城乡统筹条件比较突出；山东县域经济单位众多，差异性大，百强县突出性不足，特点是"政府主导+经济协作+多种模式"，区域经济协作比较突出。进一步分析苏浙"千亿县"的发展历程，不难发现创新贯穿发展全过程，包括制度创新（企业制度、要素配置）、开放创新（吸引外资和技术）、技术创新（升级改造、科研成果产业转化）、产业创新（培育新兴产业）等，实现了县域经济的快速发展和持续提升。最新的动向是纷纷布局新质生产力，大力发展战略性新兴产业。

3. 全国"百强县"进步地区

聚焦进步地区，河北、四川表现突出，分别新增百强县 4 个、3 个，成为县域经济发展"进步地区"（见表2）。这种进步同样体现在工业和信息化部认定的 200 个国家级中小企业特色产业集群名单，河北、江苏、安徽、山东各有 11 个集群上榜，并列第一，四川亦有 9 个集群上榜，位居西部前列。两省的共同点是重点突破、打造标杆、以点带面、引领全局。在重点的选择上，河北的抓手是特色产业集群，聚焦 107 个省级重点县域特色产业集群，出台了《河北省县域特色产业提质升级工作方案（2021—2025 年）》《河北省县域特色产业集群"领跑者"企业培育行动方案》。四川则是聚焦重点县，在省级层面出台《四川省争创全国百强县百强区百强镇支持奖励办法》《全国百强县百强区百强镇培育工作方案》，对培育县（市、区）给予专项资金、政府债券、产业基金、财金互动、用地保障、科技专项、项目单列、招商引资、试点示范等 9 个方面的政策支持，针对重点县同步出台《关于支持绵阳市江油市创建百强县的培育政策措施》《关于支持达州市宣汉县创建百强县的培育政策措施》《关于金堂县争创全国县域经济百强县工作实施方案》提出重点县除享受省级层面普惠支持政策外，专项为三县市主要从主导产业培育、功能平台建设、要素政策支持等方面量身定做"一县一策"支持政策。

表 2　2023 年赛迪百强县榜单

单位：个

所在省份	2023 年数量	2022 年数量	增减数量
江　苏	23	25	−2
浙　江	16	18	−2
山　东	13	13	0
湖　北	8	8	0
福　建	7	7	0
四　川	7	4	3
河　北	5	1	4
河　南	4	6	−2
湖　南	4	4	0
安　徽	3	3	0
内蒙古	3	2	1
陕　西	2	2	0
辽　宁	1	3	−2
江　西	1	1	0
贵　州	1	1	0
云　南	1	1	0
广　东	1	1	0

（三）"百强县"、先进省的经验启示

一是创新贯穿百强县发展全过程，是县域经济发展的内生动力。创新的着力点具有阶段性特征，企业是创新的策源地，制度创新是推动发展的关键。强化问题意识，突出问题导向，着力破除制约县域经济发展的深层次体制机制障碍和结构性矛盾。坚持企业创新主体地位，加大培育龙头企业，重点支持骨干企业，形成创新体系，支撑县域特色产业高质量发展。

二是主导产业是经济增长的主要驱动力，其产值占 GDP 的比重较高，对就业的带动作用明显。特色产业产值虽然在整体经济中的占比不如主导产业，但在提升地区品牌影响力、促进产业多元化等方面发挥着重要作用。

三是发展县域特色产业既要突出县域产业"点"，又要兼顾区域产业"群"。县域"点"以区域"群"为坐标，产业布局方能有序，聚集效应才能形成，产业链供应链韧性才充足，产业安全才有保障，以区域产业集群规划引领、优化县域特色产业布局是一种有效路径。

四是招商引资是挖掘新增长点最直接也最快速的路径。资金和政策是影响企业迁移的重要因素，最新的趋势是企业开始更多关注迁入地的产业资源禀赋，产业生态成为重点加分项。特别是对县域经济基础薄弱、产业资本缺乏的西部地区而言，抓住产业转移机遇，借势而起发展"承接产业转移+"是关键。

五是推动县域特色产业发展既要先进带动，更要帮扶。突出均衡发展，集中优势资源重点支持有条件的县域争优创先，实现跨越式发展，以重点突破带动区域乃至全局均衡发展是一种切实可行的工作方法。

三　县域特色产业高质量发展的推进模式和重点任务

深入贯彻落实党的二十大和二十届二中、三中全会精神，以完善城乡融合发展体制机制为引领，对标全国百强县发展模式，学习借鉴先进经验，促进特色产业高质量发展和主导产业特色化发展，为县域经济高质量发展形成有力有效支撑。

构建以"四个更加注重"为主体的县域特色产业推进模式，即更加注重以主导产业特色化发展为目标持续优化产业赛道，切实将本土资源、特色优势转化为产业优势，培育形成更多新的增长点；更加注重以产业集群理念做实区域规划，形成涵盖行业领域、主导产品、产业链条等具体"施工图"，成为指导县（市、区）优化产业布局的"坐标"；更加注重以产业链思维谋划主导产业布局，统筹好县域生产、生活、生态空间布局，按照国家产业结构调整指导目录延链补链强链；更加注重以市级统筹强化要素保障，支撑县域特色产业扩大规模、提升质效。

（一）聚焦特色发展，持续深化管理机制改革

1. 紧盯关键环节，持续优化产业赛道

到目前为止，全省首位产业特色不够明显的县有 22 个，38 个县主导产业为文化旅游类，特色化不突出。因此，这些县要以主导产业特色化发展为目标，持续优化首位产业赛道选择。紧扣特色产业基本特点，立足本地的区位特点、资源禀赋、文化传承、产业基础特别是农业农村特色资源，重新审视研判自身在新一轮产业链转移、供应链重组、价值链变迁中的发展条件和潜力，尤其要向开发农业多种功能、挖掘乡村多元价值要效益，向一二三产融合发展要效益，培育更多优势特色产业，不断开拓县域经济高质量发展的新增长点甚至增长极。

2. 抓住薄弱环节，深化要素供给机制和产业帮扶机制创新

基于陕西省县域产业发展现状，结合生态环境保护、节能管理以市为主的责任划分，提级市域统筹强化产业要素保障十分必要。以市带县提升县域融资平台融资能力，设立产业发展引导基金，支持重点产业招商引资，鼓励有条件的县域设立产业引导基金。强化社会信用体系建设①，提升中小企业直接融资。土地规划促进节约集约利用，按照"严控增量、盘活存量、优化结构"的思路，在市级开展"批而未供"及闲置土地清理整治专项行动，落实建设用地"增存挂钩"机制，强化用地保障。聚焦产业弱县，进一步深化完善县域特色产业发展帮扶机制。特别是榆林、咸阳、宝鸡、延安、安康等市加快制定县域首位产业产值不足 10 亿元的县（市）产业发展帮扶方案，落实政策、细化举措、明确责任。省级层面，在"十五五"总体规划和专项规划中明确工作举措和保障措施。

3. 借鉴先进经验，系统推进首位产业发展

建议试行"县域首位产业'一把手'推进工作法"，强化党政主要负责同

---

① 目前陕西省社会信用体系建设管理体系主要是省市两级推动，县级没有专设管理机构和工作机构。

志统筹推进首位产业重点任务的工作机制，形成以"155"为主体的工作推进新格局。建立"一把手"带头示范、定点联系、协调指导、解决问题的工作机制，真正把首位产业工作抓具体、抓到底、抓出成效。谋划5项工作，组建一支专家顾问团队，制定一个产业发展规划，绘制一个首位产业链图谱，建设一个首位产业项目库，构建一个产业扶持体系。推进5项任务，打造产业组织体系，建设产业创新技术平台，建立产业投融资平台，营造良好的营商环境。

（二）聚焦争优创先，不断提升龙头带动作用

1.推动重点县域争优创先

在省级层面，强化指导，重点保障和支持优势突出的非能源县创建全国百强县，以此促进陕西省县域特色产业突破性发展，带动县域特色产业转型升级。在市级层面，加强引导，重点突破，鼓励陕北白于山区、关中六盘山区域、陕南秦巴山区等贫困区域中发展较好的县域创建全省先进县，尽快扭转发展滞后的不利局面。

2.强化龙头企业培育

坚持龙头带动、创新发展，重点培育一批首位产业加工、物流、营销示范企业，支持通过并购重组做大做强。支持重点企业培育壮大规模、提升核心竞争力、打造全产业链、加强品牌建设、加强要素保障，形成龙头带动、骨干支撑的首位产业组织体系。

3.支持优势特色产业集群化发展

支持有条件的县域实施百亿级优势特色产业集群培育行动，聚力品种培优、品质提升、品牌打造和标准化生产，优化苹果、蔬菜、茶叶、畜禽、中药材等空间布局，扩大生产规模，提高产业集聚度，持续提升产业竞争力。

（三）聚焦主导产业，不断壮大县域富民产业

1.守牢耕地红线、粮食安全底线

粮食生产的重点在县域，粮食安全的关键在县（市、区）级。县域经济发展要统筹经济发展和粮食安全两者关系，严格落实耕地和永久基本农

田、用水和生态保护红线，重视农业生产力的提升，改善农业价值链，延伸农业供应链，确保粮食播种面积和产量只增不减。坚持质量为先，扩大高标准农田占比，强化土地集约利用，加快推进设施农业发展，因地制宜推广经济作物种植。推动现代农业产业规模化、集群化发展。

2. 大力推动农业与二三产业的融合发展

积极推动农业与旅游、教育、文化、健康等产业融合，创新农家乐、乡村旅游、农产品电商等"农业+"新业态，为农业带来了新的增长点。以农产品加工业、休闲农业和乡村旅游为引领，促进产业相互渗透和交叉重组，将农村一二三产业有机整合，形成新产业、新业态、新商业模式，带动资源、要素、技术、市场需求在农村的整合集成和优化重组，实现产业范围扩大和就业增收渠道拓展。推进产业链相加，通过加工带动，让农业接二连三，向后延伸；通过休闲旅游带动，让农业隔二连三或接二连一，向前后延伸。推进供应链相通，通过产销直接对接，减少流通环节，节约流通成本，进而形成农村产业融合前后相应、上下衔接的庞大产业集群。

3. 大力发展特色农产品

农产品主产县坚持农业发展优先，保障粮食安全，发展特色农产品，做优做强农产品加工业和农业生产性服务业，延长产业链。实施品牌战略，针对农产品"有产品无品牌、有品牌无知名度"，建立健全品牌培育发展机制，推动品牌在各领域全面发力，打造具有地理标志的品牌农产品。比如眉县猕猴桃、洛川苹果、富平柿子等。

（四）聚焦强链补链，深化精准招商空间协同

1. 以补链增链强链为目的开展精准招商

聚焦产业聚集、产业要素、科创平台、人力资源、金融资本、知识产权、营商环境等内容，围绕首位产业做大做强招商，准确把握产业发展趋势，绘制首位产业链图谱，明确短板弱项，打造具有竞争力的产业链供应链生态体系，提升产业链供应链自主可控能力。

2. 以新增产业项目优化产业布局

以高质量项目破题社会资本发展困境,通过引导项目、金融等在县域集中集聚,助力县域经济发展。鼓励支持有条件的县市设立战略性产业引导基金,吸引社会资本跟投,为企业和项目解决资金难题,鼓励支持国有企业以市场化方式参与县域产业发展基金,积极探索县域金融服务,推动形成"基金+产业""金融+产业"协同发展的新格局。

3. 优化县域营商环境

优质服务是招商引资的重要法宝,要扎实做好项目对接活动"后半篇文章",积极营造市场化、法治化、国际化一流营商环境,及时协调解决要素保障、政策落实等问题,推动签约项目早投资、早落地、早见效,使产业转移项目不仅"接得稳",还能"留得住""长得好"。

(五)聚焦平台承载,优化功能筑牢产业底座

1. 补齐县域产业园区短板弱项

一体推进城镇平台、产业平台、创新平台和投融资平台建设,支持园区高端化、多元化、低碳化发展,支持县域创建国家级高新区、省级开发区,实现省级以上开发区全覆盖。实施县域工业园区提升行动,统筹制定资金奖补、项目支持、基金参与等政策,加快完善基础设施,推动要素在园区集中、功能在园区集成、产业在园区集聚,将各类开发区创建成为新型工业化产业示范基地、科技创新资源和科技成果转化的密集区。

2. 强化项目建设、科技创新硬支撑

支持县域产业发展所需的技术研发中心、众创空间、星创天地等平台建设,培育一批县域具有较强自主创新能力和国际竞争力的高新技术企业。加大普惠性科技创新等政策落实力度,引导金融机构支持县域科技创新,提高县域科技资源配置和使用效率。充分利用大数据、人工智能、5G 等数字技术,推进产业数字化赋能及县城智慧化改造。

3. 紧抓龙头促带动

要壮大本土头雁型企业,培育一批专精特新和"单项冠军"企业,深

入实施"登高、升规、晋位、上市"四个工程。引入人才、市场、资本、管理、数据等现代化要素，持续优化龙头企业的培育指导。政府加大统筹，在金融扶持、税费优惠、用地保障等方面加大支持，推动龙头企业迈向品牌化、规模化、绿色化。围绕龙头企业的上下游配套产业进行布局，培育规模成梯度的产业集群，发挥龙头企业的集聚效应和头雁效应，带动产业链协同发展。

（六）聚焦开放合作，持续激发动能释放活力

1. 尽快出台实施促进承接产业转移、支持"飞地经济"发展等政策文件

推动产业跨区域协同发展，鼓励支持特色主导产业处于同一产业链不同位置的县域，实施强强联合，抱团打造产业集群，推动传统产业集群改造升级，培育更多县域航母企业、隐形冠军企业，释放要素整合和规模集聚效应。例如蓝田厨师人才培育、潼关肉夹馍、淳化荞麦产业、岐山"一碗面"产业同处食品产业链，推动四县开展产业链协作，不仅可以完善产业链，亦能提升价值链，甚至推动经营模式创新。

2. 引育"链主"企业和专精特新企业

实施"百亿强企""千亿跨越"大企业大集团提升行动，支持有条件的县域集中资源要素引进和培育具有核心竞争力与生态主导力的"链主"企业。鼓励"链主"企业将产业链上下游企业共同纳入质量管理体系。支持县域优质中小企业专精特新发展，对专精特新企业能力提升重点项目给予支持。鼓励在陕央企和省属国企在县域投资布局，持续实施民营企业雁阵培育行动和"建筑强企"培育行动。

3. 加快基础设施建设，打造现代物流体系

进一步完善物流规划布局，推动物流业降本增效和高质量发展。抢抓西部陆海新通道建设机遇，鼓励县（市、区）规划建设"前置仓""收储仓""冷链仓"，架构"买全球、卖全球"物流体系基础。建立健全枢纽物流园区、县区配送中心、乡镇综合服务站、村级综合服务点四级物流体系，推动物流资源和产业要素集聚整合、联动发展。

B.15
陕西农业数字生态供应链
与智慧农业发展研究

陕西省社会科学院经济研究所课题组 *

摘　要：　党的二十大以来，陕西完整准确全面贯彻新发展理念，深耕数字技术赋能乡村振兴，不断推动农业现代化建设。农业数字化供应链的发展已进入快速起步阶段，但是，仍然存在数字基础设施体系不完备、数据资源管理体系不完善、供应链数字技术应用较为初级、数字专业人才缺乏等问题。据此，本报告从五个层面提出加快陕西农业数字生态供应链发展的对策建议：以顶层设计为引领，统筹规划农业数字生态供应链体系建设；以健全基础配套为支撑，凝聚农业数字生态供应链建设发展合力；聚焦供应链核心龙头企业，加快推动农业数字化供应链转型升级；加大数字化人才引育力度，提供数字化供应链人才保障体系；深耕多业态深度融合，推动一二三产业协同发展。

关键词：　智慧农业　数字生态　供应链　陕西

党的二十大报告提出，要"建设现代化产业体系"，建设"数字中国"，"全面推进乡村振兴"，"坚持农业农村优先发展"，"巩固拓展脱贫攻坚成果"，"加快建设农业强国"。目前，农业产业链已经由农业生产环节延伸到农产品运输、流通加工、包装、储存、批发、配送等各个环节。加快农业数

---

　　* 课题组组长：裴成荣，陕西省社会科学院经济研究所所长，二级研究员，研究方向为城市与区域经济、产业经济；课题组成员：顾菁（执笔人），陕西省社会科学院经济研究所副研究员，研究方向为城市经济、数字经济；王振东，陕西省社会科学院经济研究所助理研究员，研究方向为产业经济、区域经济；刘泽莹，西安财经大学讲师，研究方向为区域经济、农业经济。

字生态供应链建设，对于提升农业生产效率与质量、优化农业资源配置、推动农业产业升级、保障农产品质量安全以及促进农业可持续发展具有重要意义，既是陕西现代化产业体系的重要内容，也是推动陕西农业现代化、实现乡村振兴的重要抓手。

一　农业数字生态供应链构建的内容及意义

农业数字生态供应链是集成现代信息技术与传统农业的深度融合体，立足数字技术，围绕农业全产业链，利用线上合作模式，将供应、采购、物流、经营、管理、服务等关键环节串联起来，构建并优化农产品全链条数字化运营体系，最终形成开源、节流、强感、增效的农产品供应链网络和生态系统。农业数字生态供应链的构建旨在全面革新和优化农业从生产到消费的整个流程，通过优化资源配置、提高农业供应链的透明度和可追溯性、减少浪费和成本、增强农产品的质量安全保障、提升农业生产的效率和效益，促进农业的可持续发展和乡村振兴，是现代农业发展的重要方向，具有巨大的潜力和前景。

1. 农业数字生态供应链能有效提升产业链透明度

数字赋能通过整合农业产业价值链，利用数字化平台、数字化信息流通将小农户串联在一起，打破了传统农业产业链中的信息不对称和壁垒。一是强化了生产者与消费者之间的直接联系。将农产品生产、加工、运输、销售等全环节信息记录在区块链上，确保了信息的透明度和可追溯性，这不仅大幅增强了电子商务产品买卖双方的信任机制，还提升了农产品的市场响应速度和质量保障能力。二是能破解农产品供应链质量管控的困境。既能实现生产源头的严格品控，也能做到流通环节品质的稳定维护，从而构建起一个全方位、全链条的质量管理体系，打造出更安全、更新鲜、更加可信的供应链系统质量安全保障体系。三是能有效优化农产品供应链利益分配机制。通过提升信息对称性，促进利益分配的科学合理，增强供应链的协同稳定性和持续优化能力，确保利益分配的公平、公正、公开，有效提高农民收益，确保农户与现代农业的有效对接。

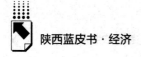

2. 农业数字生态供应链能优化资源配置

农业数字生态供应链在农产品的生产端,通过大数据分析为农业产业链的每个环节提供了精准的数据支持,确保了资源配置决策的科学性和及时性,有效规避了传统农业中依赖经验判断而造成的资源浪费问题。同时,智能灌溉系统、无人驾驶拖拉机、智能温室等自动化与智能化设备的应用不仅提高了农业生产效率,还减少了人力资源的浪费,使资源能够更精准地投入关键环节的优化和升级中。农业数字生态供应链的构建还催生了各种数字化平台,如电商平台、农业信息服务平台等。这些平台为供应链提供了信息共享与协同的机会。通过数字化平台,农民可以及时了解市场需求信息,调整种植结构;加工企业可以获取原材料供应信息,合理安排生产计划;销售企业可以掌握库存和销售情况,优化物流配送。这种信息共享与协同的机制促进了供应链上下游之间的紧密合作,提高了资源配置的灵活性和效率。

3. 农业数字生态供应链加速了农业与二三产业的融合

农业数字生态供应链的构建能够重塑农业组织结构,加强供应链协同与风险管理,实现农业内部及与其他产业间的协同发展。这一过程有效促进了农业向标准化、规模化、品牌化转型,打破了传统农业与第二产业、第三产业之间的界限,形成产业链上的共生共赢关系,推动了产业链上下游的紧密衔接与价值共享。通过深度融合,农业得以借助工业的技术创新和服务业的市场拓展能力,开发出更多元、高附加值的产品和服务,如发展农业旅游业等新型业态,拓展出全新的价值主张和业务模式,从而拓展农业产业链的增值空间,增强农业的综合竞争力和可持续发展能力。

二 陕西农业数字生态供应链发展现状与存在的问题

(一)陕西农业数字生态供应链发展现状

1. 顶层设计与政策支持逐步完善

近年来,中国农业数字化进入高速发展阶段,国家对农业数字化与智慧农业的发展给予了高度重视,出台了一系列扶持政策。陕西积极响应国家号召，也颁布了一系列相应的行动计划与具体部署。这些政策文件不仅明确了陕西数字农业的发展目标，还为农业数字生态供应链的发展提供了详尽的实施路径与坚实的政策支撑。陕西在《陕西省国民经济和社会发展第十四个五年规划和二〇三五年远景目标纲要》和《陕西省"十四五"数字农业农村发展规划》等"十四五"系列文件中多次提出要"加快数字农业发展"，大力提高农村地区的网络覆盖率和信息技术应用水平，推进数字乡村建设；积极"实施数字赋农行动"，通过建设现代农业智慧园、农业物联网应用基地、涉农电子商务平台等提升农业生产、加工、销售、物流等各环节数字化水平。自 2020 年起，陕西省委每年的一号文件均对农业信息化和数字化有所提及，明确将数字乡村建设视为乡村振兴的重要抓手，着重提出要加快数字技术与农业生产各领域各环节的融合，鼓励农业科技创新与应用推广，提升农业全产业链数字化水平。这些政策的出台，对于提升农业数字生态供应链和智慧农业的技术实力具有深远意义。此外，陕西还颁布了《陕西省加快数字乡村发展三年行动计划（2020—2022 年）》《陕西省构建更加完善的要素市场化配置体制机制的实施方案》《关于加快构建陕西优质高效服务业新体系的措施》等一系列文件。这些文件在强调加强农村信息基础设施建设、推进智慧农业和智能装备应用的同时，进一步提出要推进农村一二三产业融合发展，通过推动农产品电商化、建设农村电商平台等措施，培育农村新业态新模式，促进农业数字生态供应链的高效运转和智慧农业的市场拓展。

2. 现代农业的数字化应用进程加快

一是农村互联网覆盖范围进一步扩大。截至 2024 年 5 月，陕西电信已建设数字乡村基础村 11480 个，累计建设视频监控 67.3 万路、天翼云播 31 万路，数字乡村智慧大屏建设已完成 1.2 万个[①]。截至 2024 年 10 月，陕西成功建成 7 个国家级数字乡村试点、10 个省级数字乡村试点。这些试点项

---

① 汤晓燕：《陕西打造数字乡村示范样板》，华商网，https://new.qq.com/rain/a/20240515
A00PDP00，最后检索日期：2024 年 10 月 11 日。

目不仅展示了数字技术在乡村治理、农业生产、生活服务等多方面的广泛应用，还促进了数字应用场景的多元化拓展，为乡村振兴战略的实施注入新的活力。二是推进农业生产数智化应用。陕西聚焦石榴、猕猴桃、樱桃、葡萄等特色优势产品，紧扣智能化生产、精准化监管与便捷化服务的核心理念，通过在农田、农机、农产品等物体上植入传感器和采集器，实现对农业要素状态的实时精准监测。同时，加快精准播种、变量施肥、智慧灌溉等技术的普及应用，有效推动了数字技术与农业生产的深度融合。2024年，灞桥区、周至县、临潼区、鄠邑区等多个区县已率先启动农业生产数智化园区建设项目，在农业生产基础数据测报、数智化园区系统搭建管理、智慧农机应用示范、优势农业产业生产和销售数据对接等方面，探索可供参考复制的样例。三是推进农业监管。自2017年起，陕西省农业宣传信息中心开始全面构建陕西省农业投入品监测分析平台，通过在农资门店安装智能终端，实时掌握全省农业生产情况和农民种植业态数据。自2023年起，西安基于陕西省农业投入品监管系统，围绕种子、农药、化肥等经营销售监管需求，率先开展了市县两级的农业投入品监管预警应用实践。通过搭建市级投入品监管平台，实现农业投入品与农产品质量安全双向追溯，提高了农业数字化监管水平。按照"智慧、高效、实时"的总体要求，西安构建了覆盖市、区（县）、镇（街）、村四级的智慧监管网格体系，全面推广农产品质量安全"智慧监管App"，一体化推进农产品质量安全追溯和电子承诺达标合格证工作，实现省、市、县追溯平台数据对接。市级追溯平台生产责任主体信息、农产品信息、生产档案、生产日志、采收信息、快检数据实时上传省级监管平台。

3. 持续构建现代化农产品供应体系

围绕西安都市圈这一核心，成功创建了西安国家中心城市的"菜篮子"工程，构建了稳产保供与全程可追溯的联盟，该联盟辐射至平凉、运城、宝鸡、咸阳等20余个联盟城市，推动建立了一个标准化、现代化、便利化的高品质农产品供应"联盟"云体系。该体系将现有的批发市场作为大流通的主要渠道，将农贸市场与社区果蔬零售点作为销售末端，辅以电子商务和直接供应销售的"1+N+2"小型流通网络，主导市民的日常消费模式。当前，陕西正不断开拓农业发展的新业态与新模式，已成功建立5个国家级"互联网+"农产品出村进城工程试点县，农产品电子商务领域呈现蓬勃发展的态势。京东等知名电商平台积极参与，有效地推动了阎良甜瓜、灞桥樱桃、周至猕猴桃等具有地方特色的优势农业品牌的宣传与推广。西咸茯茶产业集群实现了茯茶首次出口，标志着物流业与现代农业、冷链加工、商贸流通等多个产业的深度融合与协同发展，展现出强大的动力与广阔的发展前景。

（二）陕西农业数字生态供应链发展存在的问题

1. 数字基础设施体系不完备，配套设施和服务体系不健全

一是农业数字化转型步伐迟缓。农村信息化基础设施建设滞后，网络覆盖存在明显短板。建设运营成本高昂，加之运营商资金实力有限，难以在短期内全面铺开5G基站建设，导致陕西5G基站主要建设在中心城区，农村地区相对落后，难以满足农业供应链和产业链深度数字化转型的迫切需求。二是设施能力有待提档升级。随着技术和应用场景的不断更新迭代，部分地区已建成的数据平台设备及应用系统已无法适应新环境的需要，亟须进行更新与升级。部分设施设备的建设水平与农业实际需求存在较大差距，未能充分发挥数字技术的潜力与价值。三是资金投入多元化渠道不畅。数字技术在传统农业农村领域的应用仍面临投入大、见效慢等弊端，仅依赖政府项目投资难以跟上新技术的发展步伐，社会资金进入多元渠道投资仍需长时间的市场引导与培育。

2. 数据资源管理体系不完善，数据互联互通不足

一是数据整合共享不充分、开发利用不充分。尚未完全建成省、市、县三级联动的跨层级数据共享交换机制，不同涉农信息系统未能实现互联互通。涉农数据资源缺乏有效整合，数据资源价值释放仍处于起步期。乡村治理与公共服务领域的数据仍分布于多个部门和系统，且"数据孤岛"问题较城镇地区更为突出。二是农业乡村大数据标准体系亟待完善。现有标准主

要为数据交换、地理信息、乡村公共管理服务等方面的支撑性标准，难以满足数字农业管理、技术、应用等方面的多元化标准需求。亟须研究制定一批能够驱动数字乡村建设、符合农业农村信息化发展特征的综合性和基础性标准。

3. 供应链数字化技术应用较为初级，关键技术装备需求适配性不高

一是部分领域的技术应用层次仍然较为初级。在农业生产及农村生活的各细分领域和行业中，技术系统供给数量不足，供给能力也相对薄弱。特别是部分农业技术供给存在低端化、同质化问题，严重制约了技术在实际应用中的效果。尽管人工智能、物联网、大数据等新兴技术在农业生产预警、智慧物流等领域得到初步应用，但整体上仍处于初级阶段，未能充分发挥其潜力。二是农产品供应链数字化转型过程不畅。农产品供应链的传统模式中存在成员间关系松散、组织化程度不高的问题，导致供应链治理结构倾向于以短期的市场交易为主的市场化治理结构，和以核心企业主导的科层化治理结构。这种治理结构带来了众多不确定性因素，增加了农产品供应链的脆弱性。这种脆弱性会随着供应链上交易关系的产生而传播，不仅可能影响供应链主体的信息安全，还加大了供应链数字化转型的难度。

4. 数字化专业人才缺乏，农民数字素养亟待提升

一是数字化专业人才和高素质人才缺乏。陕西数字化专业人才进村下乡数量少、驻留时间短，且缺乏有效的推广应用人才激励机制。为了推动智慧农业发展，亟须培养大量熟悉数字技术、"三农"、管理等多领域交叉知识的跨界人才，以确保人才能够切实符合农业数字化转型需求。二是农民数字素养提升等工作亟待体系化推进。许多农民的数字素养相对较低、创新能力不足，学习专业知识存在困难。加之乡村"空心化"导致的劳动力流失问题，数智乡村建设面临劳动力短缺的困境，尤其是能够运用数字技术且从事农业生产的复合型人才更少。三是针对提升农民数字素养的培育体系亟须完善。当前农民数字素养培育主要依赖政府部门的政策引导与资金扶持。但是，相关部门之间的信息交流和数据共享水平较低，数字鸿沟问题突出，导致村民在数智化培训教育资源方面相对匮乏，难以获得专业化的系

统指导。需要进一步加强乡村数字教育培训工作，提升广大村民的信息化意识和技能水平。

三 我国农业数字生态供应链发展的经验启示

随着数字化、网络化与智能化的深度融合，农业管理与生产正逐步迈向"智慧化"新纪元，促使传统农业供应链及生产链实现全面转型升级。在农业生产领域，数字技术引领了一场变革，它集成了集约化生产、智能化投入、精准化治理、数据化决策以及平台化经营的现代农业典范，加速了"空—天—地"一体化农业新体系、寿光模式、诸城模式、安丘模式等农业供应链生产链的数字化转型进程。而在产品流通环节，农产品电商的兴起、创新零售模式的探索以及订单农业的实践，极大地拓宽了农产品的销售路径，有效拉近了生产者与消费者之间的物理与心理距离，催生了以农业电商和创新零售为代表的新型流通模式，为农业产业的繁荣发展注入新的活力。

1. "空—天—地"一体化农业新体系

"空—天—地"一体化农业新体系以西安农情监管系统和四川"天府粮仓"为代表。"空—天—地"一体化监测体系是指依托北斗导航技术、高分辨率卫星遥感技术与物联网、云计算等新一代信息技术，为空中作业的无人机群、地面的大型无人驾驶农机提供实时、动态、三维的地理信息及定位数据等农业精细化服务，从而构建一个资源共享、数据整合与安全监管的平台。该体系针对大规模种植的粮油作物，有效克服了单一传感器、单一遥感平台在实际农业应用中存在的诸多局限性。但是，这一体系软件的使用、调试与维护的门槛较高，加之许多设备在户外安装，导致硬件后期维护成本也居高不下，容易造成技术与应用脱节、资源浪费等问题。

2. 寿光模式

寿光模式以设施农业为显著标志，其精髓体现在设施蔬菜标准化生产示范园、现代农业高新技术试验示范基地等项目中。这些项目全面引入大型水肥一体机、智能温控系统、自动补光等前沿技术，展现了高科技在农业领域的深度应用。立足"六统一分"的标准化管理模式，统筹建立智慧物联平台，依托大数据、物联网、视频监控等新型基础设施，监控蔬菜产业基地的全产业链以及环境、温室情况等详细信息。以数字技术与设施农业的深度融合为发展核心，持续推动生产体系、产业体系、经营体系的智慧化升级。推动农业产业实现从黄泥菜到大棚菜、从人工化到智能化、从设施化向数字化、从随机化到标准化、从零散化到系统化、从商品化到品牌化的迭代升级。但是，我国设施农业在设施装备、技术研发、资金投入等方面还存在短板弱项，也面临着设施用地的约束。

3.诸城模式

诸城模式以预制菜产业为标志。诸城是全国最大的食品机械产业基地、供应基地。诸城模式通过拓展延伸"产业联盟+龙头企业+特色园区+农户"的利益联结链条，充分利用大数据、云计算等信息技术，积极推动中央厨房团餐定制模式的普及。通过对市场消费大数据的深入研究，诸城模式重构了农业生产与消费链条，搭建起健康食材供应链平台，实现了从上游订单式生态农业的打造，到中游食品流通安全与标准化物流配送的控制，再到下游根据消费者需求提供个性化营养配餐的全链条服务。结合线上大数据分析与线下产业链的紧密配合，诸城模式从种养源头到餐饮终端确保每一个环节的可追溯性，构建起一套规模化种养、标准化生产、品牌化打造的智慧农业模式。但是，预制食品普遍面临风味损失、营养流失、供应链过长等问题，还需进一步解决标准化、智能化、专业人才、评价体系等方面的问题。这包括完善规范行业标准，构建科学的评价体系，研发新型加工设备，并依靠创新来实现供应链的持续优化与发展。

4.安丘模式

安丘模式以外向型农业为标志。安丘模式立足食品农产品质量安全这条主线，以一个标准统筹国内外两个市场，强化对农业投入品的严格监管。从源头控制和基础工作抓起，通过搭建"智慧核芯"，致力于实现全区域、全品种及全产业链的数字化监管全面覆盖，为农产品赋予"数字化"的"身份标识"，并对安丘农产品的种植、养殖、生产加工、包装、运输及仓储等各个环节实施全面检测，打造无死角的监控网络，从根本上保障食品与农产品的质量安全。在积极拓展国际市场的同时，安丘模式确保国内外市场产品达到"同线、同标、同质"的要求，以此促进内部转型升级，实现国内外市场的协同发展。然而，跨境农产品供应链包含产地采购、再次加工、海外仓储、冷链温控、报关报检及终端定时配送等多个复杂环节，过长的供应链对农业生态供应全链条的整体服务能力提出了新要求。

5. 垂直电商模式

垂直电商模式以抖音、淘宝等电商平台为代表。随着电子商务逐渐渗透到农业生产的最前端，一系列创新模式如产地直接供应、订单式农业，以及云端养殖等得到显著发展，这些模式加速了新一代信息技术在农业生产经营管理中的深度与广泛应用。众多电商企业利用互联网技术高效整合市场资源，加速电商渠道下沉。例如，阿里巴巴通过实施"基地直采"战略，在农业生产源头建立数字化基地，致力于构建数字农场；京东在县域农业农村地区部署平台、运营及生态系统，为农业产业链和供应链注入新的活力；拼多多则通过其独特的"拼团模式"和"多多农园"项目，深入贫困地区，助力农户搭上社交电商的快车，实现快速发展。但是，农村电商需要有安全稳定供应链作为支撑，小农户合作方容易出现产品特色不明显、品控不稳定、供应量不足等问题，加之缺乏在技术支持、包装运营、仓储物流等领域的服务经验，容易制约产品上行效果。

6. 创新零售模式

创新零售模式以胖东来为代表。新零售采用"线下+线上"模式，线上通过吸纳粉丝级、合伙级、战略级不同伙伴的方式，线下配套阶梯福利、调整商品结构、优化卖场布局、增强购物体验等多手段融合模式增加客户群体的黏性。胖东来建立自采体系，经营自有品牌，自采比例高达80%，通过农超对接实现产销合作，助力农产品上行，不但有效降低了成本，还增强了议价能力。同时，打造高质量物流园区、构筑高效供应链，通过建立信息共享机制，实现库存等信息的实时传递，达成与供应商、物流公司的高效协同，保证农产品供应的品质和稳定性。但是，胖东来的高效供应链主要立足

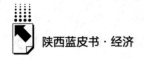

于形成了良性、互信的购销体系，要健全提升产业链供应链韧性和安全水平制度，这样才能提升胖东来模式的可复制性。

四　陕西农业数字生态供应链发展的对策建议

（一）以顶层设计为引领，统筹规划农业数字生态供应链体系建设

1. 以农业"园区化"建设引领农业数字生态供应链发展

建议将农业数字生态供应链建设纳入"十五五"数字经济规划内容，以现代农业产业园为重要抓手，优化顶层设计，制定一揽子农业数字生态供应链建设专项规划或实施方案。以提高数据协同水平、打通农产品供应链"数据内循环流通网络"为目标，加快出台配套产业政策支持文件，明确工作重点。以数智化为基座，加快构建规范高效的农产品供应链"数治化"新格局。

2. 加快构建组织统筹协调工作机制

发挥政府"链长"战略引航和龙头企业"链主"资源整合两大核心功能，布局覆盖农业全产业链的数字农业试验园区，鼓励引导非农企业、数字技术产学研机构进驻，突破一批数字农业共性关键核心技术，赋能数字农业、智慧农业发展。打造省（市）级农业园区数字化联合发展机制，加强龙头企业、农业科研院所、涉农高等院校、服务平台等各类主体的交互合作，推动农业园区的数字化协同转型升级，使其成为支撑现代农业发展的重要力量。

3. 优化多元化投入机制，激发市场活力

加强涉农资金项目监管和绩效管理，全面提升财政金融支农质效。强化金融服务创新，加大对农业产业园中长期信贷支持力度。鼓励社会资本投资智慧农业发展，引导社会资本与农民建立紧密利益联结机制。支持社会资本依法依规拓展业务，注重合作共赢，积极开发特色农业农村资源，参与建设现代农业产业园。

（二）以健全基础配套为支撑，凝聚农业数字生态供应链建设发展合力

1. 补齐农业生产数字基础设施短板

一是加快农业信息基础设施延伸拓展。因地制宜加强农业生产、加工、流通等区域的网络覆盖。积极开展电信普遍服务和农村地区 5G 基站补盲建设。二是推进农业园区数字化升级。引入先进种植技术、高效设施设备，提升原有基础设施服务能力。积极探索"大数据+农业"模式，加快推进农业数字化集成示范，发展数字化特色产业链，建设智慧园区，不断提升生产经营数字化水平。三是加强市场基础设施建设。高质量建设农产品冷链物流集散中心和农产品综合加工配送中心，提高农产品跨区域采购和配送能力。鼓励龙头企业、行业协会、第三方数据平台等搭建市场化运作的冷链物流信息平台，为仓储保鲜、分拣配送、冷藏加工等业务提供平台组织支撑。

2. 打造助力智慧农业发展的高端数智资源

一是统筹各类已有数据资源。充分利用已建成的综网系统、党建系统、预警广播系统等大数据系统平台，将数据资源连接起来，降低成本，防止重复建设。二是加强数智化治理技术的研发和应用，引进和开发农业数智化技术。搭建"数智库"整合信息资源，为农户提供农产品追溯、标准化生产、技术集成、农机作业及维修、疫病防控、仓储物流和初加工等方面的定制化、精准化、专业化服务，全面提升农业供应链流通效率。

3. 建立完善数智化治理的体制机制

以标准化为牵引，推动实现"一地创新，全域共享"。基层有关部门权责明确，合力共促，推动数智化治理落地实施。充分发挥数字技术的优势，提高供应链的管理运作效率。建立完善农业农村数据采集、传输、存储、共享、安全等标准，以全面提升农业生产、经营、管理的数字化应用水平，并进一步提高农业装备、农机作业服务和农机管理的数字化程度。

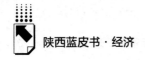

（三）聚焦供应链核心龙头企业，加快推动农业数字化供应链转型升级

1. 大力培育农业数字生态供应链建设主体

一是培育供应链龙头企业，发挥"链主"企业供应链协同作用。重点支持数字化农产品供应链龙头企业优先列为"链主"企业，实施"一链一策""一企一策"。以"链主"企业为中心，组建地区数字化农产品供应链产销联盟，通过资金、专利、技术和订单等纽带，形成上下游互融共生、分工合作、利益共享新模式。二是完善区域公用品牌体系。推动农业品牌逐步实现以农产品全程质量控制体系认证为统一质量标准，统一授权管理模式，统一农业品牌标识，统一市场形象，统一产品包装，提升区域农业品牌整体形象认知度。

2. 积极打造农业数字化供应链转型优质生态

一是不断创新交易和服务功能。积极开展线上交易活动，完善线下传统批发、零售，线上展示交易，全程冷链配送的运营模式。推动农村电商支撑服务体系升级改造，构建电商垂直服务下沉格局。鼓励应用 5G、区块链、物联网、地球遥感等技术采集、记录产地农产品生产信息、投入品使用信息和承诺达标合格证开具信息，应用先进的防伪技术，确保追溯信息真实性。二是推动流通模式创新发展。以打造双向协同、高效顺畅的农村现代流通体系为目标，探索与京东等体量大、管理能力强、信誉佳的企业进行合作模式创新，助推产销深度融合、市场衔接紧密、资源要素顺畅的市场体系建设。不断创新农产品流通模式，发展多种模式的电子商务。建立批发市场/生产基地—农产品综合加工配送中心—团体/零售/餐饮终端的农产品共同配送示范链条。积极发展供应链金融，扶持批发运销商贩壮大规模，鼓励商户企业化发展。

3. 推进信息技术科技创新应用体系建设

鼓励互联网企业与农业供应链领域高校院所的产学研合作，建立以龙头企业为重点，以科研院所、农民专业合作社、农户为单元的现代农业科研体系，开展形式多样的产学研合作，加快产业对接。建立知识共创、风险共担、利益共享的农业科技创新平台建设机制，挖掘农业科技创新的新需求、新应用，挖掘农业科技创新平台发展新动力。优化农业科技创新资源配置，加速农业科技成果转化应用，打造上下游融通的农业科技创新链。

（四）加大数字化人才引育力度，提供数字化供应链人才保障体系

1. 建立农业数字化人才保障激励机制

加大对吸引和留住农业数字化人才的扶持力度，加大对山区、脱贫地区一线农业数字化人才倾斜力度。推动学校与农业园区合作共建规范化、可操作、可食宿的"农业数字化发展实践教育基地"，联合培养农业数字化人才。通过选派数字特派团、建立点对点联系机制等措施，帮助农业数字化人才提高自身能力、增强竞争力。

2. 提升农村居民数字素养与技能

持续开展智慧农业专题培训、农民软件应用技能培训等活动，为农村居民提供多元化、全方位以及多层面的相关知识教育与技能培训。积极打造农村地区数字技术人才培养基地。对数字乡村用户中的"弱势群体"进行有针对性的培训，加快农村居民生产力和创造力的数字化转型。立足农业生产主体的服务需求，围绕市场信息、农技服务、病虫害防控、农情监测、农资调度等生产经营活动，为农民提供在线学习、专家指导、农技问答、技术交流等综合性服务，提高农民认知水平，不断增强数字技术的溢出效应。

（五）促进多业态深度融合，推动一二三产业协同发展

1. 以数字技术构建一二三产业间的联系纽带

建立共享冷链仓、共享检测室、共享物流车等，促使农业从单一种养向种养、深加工、销售全链条延伸。利用"新零售+数字化农业"的方式，将数据作为核心生产要素，对农产品的生产、流通和销售过程进行改造升级，进行全链路数字化运营，推动现代服务业同先进制造业、现代农业深度融合，为农户、企业降低成本，提升产业链附加值。

2. 加快"农业+"新模式新业态发展

拓展农村电子商务、乡村文化等领域数字化应用场景,推动产加储运销一条龙、食宿游购娱一体化发展。支持一二三产业融合示范企业发展壮大,推动产业形态由"小特产"升级为"大产业"、空间布局由"平面分布"转型为"集群发展"、主体关系由"同质竞争"转变为"合作共赢",形成结构合理、链条完整的优势特色产业集群,使之成为实施乡村振兴的新支撑、农业转型发展的新亮点和产业融合发展的新载体。

参考文献

丁煌、任洋:《农村电商公共服务体系建设何以破解农副产品产销困境——来自贵州省全链条型服务体系的实践证据》,《贵州财经大学学报》2022 年第 1 期。

韩旭东、刘闯、刘合光:《农业全链条数字化助推乡村产业转型的理论逻辑与实践路径》,《改革》2023 年第 3 期。

刘丽、郭苏建:《共同富裕的农业供应链治理:理论建构与实践路径》,《中国农业大学学报》(社会科学版)2024 年第 2 期。

王俊斌、张立冬:《订单农业供应链的区块链溯源技术引入策略研究》,《系统工程理论与实践》2024 年第 2 期。

许玉韫、张龙耀:《农业供应链金融的数字化转型:理论与中国案例》,《农业经济问题》2020 年第 4 期。

B.16
推动关中制造业倍增战略研究

陕西省发展和改革委员会课题组*

摘　要：　推动关中地区产业结构调整，对于构建具有陕西特色的现代化产业体系意义重大。本报告对关中制造业发展特点和存在的问题进行分析，提出实现关中制造业倍增的路径：强化龙头引领，强化区域联动，强化产业平台支撑，强化体制机制保障。同时提出推动关中制造业倍增的重点任务：以科技创新推动产业创新，加快发展新质生产力；以"两链"融合加快产业培育，推动制造业高端化发展；以布局优化促进沿链聚合，加快拓展新空间；以龙头带动促进产业链融通，加快激发新活力；以招商引资促进延链补链，加快形成新优势；以深化改革激发发展活力，加快取得新突破；以政策机制保障护航产业发展，加快优化新生态。

关键词：　制造业倍增战略　科技创新　关中地区

　　陕西经济发展的重心集中在关中地区，关中地区工业基础较好、高新技术产业密集，要发挥关中高新技术产业带对创新驱动发展的引领作用，增强关中辐射带动能力，推进区域协调平衡发展。目前关中地区人口总量、地区生产总值分别占全省的65.7%、60.1%，但能源结构偏煤、产业结构偏重以及大气污染治理形势严峻等问题仍比较突出。推动关中地区产业结构调整，

---

* 课题组成员：张建涛，陕西省信息中心副主任，研究员，研究方向为陕西省发展战略与规划、产业经济学和区域经济学；刘延慧，陕西省信息中心经济师，研究方向为工业经济、区域经济；黄赞，陕西省信息中心助理工程师，研究方向为产业经济；潘松，陕西省能源经济研究院执行院长，研究方向为能源化工产业。

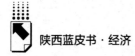

既有利于打赢大气污染防治攻坚战，也有利于转变经济发展方式，对于构建具有陕西特色的现代化产业体系意义重大。因此，本报告立足关中各地区位条件、资源禀赋和产业基础，以产业结构和能源结构优化调整为抓手，加快推进制造业扩大规模、提升能级，努力实现"用十年左右的时间，再造一个关中制造业"。

一 关中制造业发展的基本情况

（一）发展特点①

1. 产业发展基础较好，全、多、大、强优势明显

改革开放以后，关中制造业不断加强优势区位的产业集聚，在西安形成了现代化的电子城、航天城，在宝鸡、咸阳、渭南、汉中也建起了各具特色的工业园区，奠定了关中制造业发展的产业和科研基础。目前，关中已形成门类齐全、特色鲜明的制造业体系。根据国家统计局国民经济行业分类最新标准（GB/T 4754—2017），关中制造业囊括了所有大类，其中以航空航天、电子信息等为代表的装备制造业具有显著的发展优势。2022年关中制造业增加值达4500亿元以上，占据了全省制造业的70%。

2. 产业结构以制造业为主导，重型化特征显著

2022年，在规上工业中，西安重工业主营业务收入占比为88%，高于全省2个百分点，渭南为85%，宝鸡、咸阳也在70%以上。西安装备制造业营业收入占规上制造业营业收入比重约为80%，在19条重点产业链中，仅生物医药、乳制品属于轻工业。

3. 组织结构国有化突出

新中国成立初期，国家在陕西重点布局工业，在此基础上发展而来的

---

① 根据陕西省、相关市统计资料整理。

关中制造业主体是国有企业,骨干是国家投资建设的中直企业,如西飞、陕汽、陕鼓等。从全省来看,2022 年全省国有控股制造业企业有 592 家,占全省规上制造企业的比重不足 10%,实现全省约 1/3 制造业营业收入。从关中来看,2022 年,在规上国有企业中,西安实现主营业务收入 2353 亿元,占全市的 25%;咸阳实现工业总产值 743 亿元,占全市的 26.5%;宝鸡实现工业总产值 1446 亿元,占全市的近 50%,高于全省平均水平约 15 个百分点。

4.科教资源富集,为产业创新发展提供支撑

关中是全国高等教育的重要基地,8 所高校入选国家"双一流"建设高校,20 个学科进入国家"双一流"建设名单,8 所高职院校入选全国"双高计划"建设院校,并全部获评"优"等级。关中已成为国家高新技术产业发展的一支重要力量,在现代农业、电子信息、生物工程、空间技术、光机电一体化、新材料和高效节能等高新技术领域形成独特优势,全省 7 个国家级高新区有 5 个在关中,西安高新区是中国首批向亚太经合组织开放的科技工业园区,杨凌示范区是国家农业高新技术产业示范区之一。西安人才聚集,科技成果产业化加快显现,截至 2023 年底,拥有国家级工程技术研究中心 2 家、国家级科技企业孵化器 34 家,建成市级以上新型研发机构 39 个,拥有两院院士 69 人,全年认定地区优秀人才及实用储备人才 2.84 万人。认定登记技术合同 6.44 万项,技术合同成交额 3900.05 亿元,比上年增长 35.4%。

5.西安龙头作用突出,重点板块集聚效应显现

陕西省制造业主要集中在以西安、咸阳、宝鸡、渭南等为代表的关中地区,其中西安的体量最大、发展层次较高,制造业主体作用更加突出。2023 年,西安制造业增加值为 2322 亿元,占全省比重达 35%。装备制造业发展优势突出,2020~2023 年,增加值增速分别为 14.9%、23.4%、29.2%、7.5%,引领全省产业发展和转型升级。生产性服务业和制造业的融合发展成效初显,2023 年西安制造业、信息服务业、科技服务业增加值合计占地区生产总值的比重为 33.5%,对全市地区生产总值增长的贡献率为 47.3%。

（二）存在的问题①

1. 产业实力有待持续提升

半数市（区）制造业增加值增速低于全省平均水平，2023 年关中五市一区，宝鸡（4.3%）、咸阳（-0.3%）、渭南（3.8%）制造业增加值增速低于全省，尤其是咸阳，为负增长。西安（8.4%）、铜川（7.5%）、杨凌示范区（10.6%）制造业增加值增速高于全省平均水平（5.4%），但是铜川和杨凌示范区的体量较小，在关中制造业增加值的占比不足 3%。

2. 产业结构亟须优化

从行业结构来看，多数市（区）资源加工业占比较高、制造业发展层次较低。关中五市仅西安装备制造业占比高于资源加工业，其他四市资源加工业占比最高。铜川、渭南、宝鸡、咸阳资源加工业分别约为装备制造业的 8 倍、5 倍、1.6 倍、1.6 倍，转型升级任重道远。从工业组织结构来看，主要依靠大企业带动，小微企业支撑作用初现，"腰部"中型企业支撑不足。关中西安、宝鸡、渭南、咸阳四市不足 3% 的大型企业支撑了 55% 的主营业务收入，85% 的小型企业支撑不足 30% 的主营业务收入。中型企业主营业务收入占比不足 20%，其中，西安尤为明显，西安中型企业营业收入占比约为 15%，低于宝鸡、渭南、咸阳。

3. 产业创新发展能力不足且区域差异较大

研发投入方面，研发经费投入不高，投入结构不合理与区域分布不均衡并存，对规上工业企业投入不足。投入区域主要集中在西安，关中其他市（区）投入不足。2021 年全省规上制造业 R&D 经费内部支出为 298 亿元，研发强度为 1.44%。西安规上制造业 R&D 经费内部支出为 184 亿元（占全省的 62%），研发强度为 2.56%，宝鸡研发强度为 1.16%。科技创新成果方面，2023 年西安技术合同成交额为 3900 亿元，占全省的比重达 95%，关中其他市（区）技术合同成交额总和占全省的比重不足 5%。成果转化方

---

① 根据陕西省、相关市统计资料整理。

面，由于产业界和科研界创新目标导向存在脱节、顶层缺乏明确前瞻性研发规划等，科技和产业"两张皮"问题依旧存在，科技成果本地转化率偏低。

4.产业区域联动发展存在制约

产业链条较短，协作配套能力较弱，"西安制造、周边配套"的布局尚未形成。西安市以比亚迪、陕汽等为代表的汽车产业零部件配套率由2022年的32%提升至2023年的45%，提高了13个百分点。但与其他城市相比仍有较大差距，重庆3.1万家汽车零部件企业带来约70%的本地配套率，上海仅特斯拉上海工厂供应链本地化率超过95%。同时，西安和咸阳在电子信息、装备制造等方面具有较好的产业基础，但产业布局规划衔接不紧，缺乏项目深度对接，难以形成整体合力和互补优势。

5.绿色低碳转型要求迫切

国家和陕西省陆续出台绿色低碳发展文件，对关中地区绿色低碳转型发展的目标和工作提出具体要求。《工业领域碳达峰实施方案》明确提出，到2025年规上工业企业单位增加值能耗较2020年下降13.5%左右。《陕西省人民政府关于加快实施"三线一单"生态环境分区管控的意见》提出重点管控单位主要分布在关中平原和陕北能源重化工产业聚集区，关中重点管控单元数量和面积分别占全省的47%和57%，优先管控单元数量和面积分别占全省的43%、23%。①另外，资源环境约束持续增强，倒逼关中产业结构调整。水资源短缺问题日益突出，关中水资源量仅占全省的19%，人均水资源拥有量仅为全国平均水平的15.4%。环境约束日益加强，关中工业废水、废气、固体废弃物排放占比较高，且略有上升。2022年，关中工业废水排放总量、工业废气排放总量、一般工业固体废物产生量分别为21421万吨、14545亿立方米、7420万吨，分别占全省的68%、62%、54%，比上年高3个、4个、6个百分点。

---

① 根据《陕西省人民政府关于加快实施"三线一单"生态环境分区管控的意见》整理。

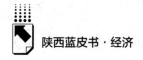

二 关中制造业发展趋势分析

（一）面临新环境

当前，关中地区面临的外部环境更加复杂严峻，全球产业链分工格局深度调整，国内有效需求不足、经济循环不畅、社会预期偏弱等问题依然明显，陕西省产业抗风险、抗压力的韧性较弱，可以预料和难以预料的风险挑战更多、更大。

同时更要看到，关中地区产业发展进入更新迭代期，智能化、绿色化、融合化特征日益显著，推动关中地区产业体系建设、建强陕西省率先发展高地面临诸多难得的发展机遇。

新时代推进西部大开发、发展新质生产力、国家战略腹地建设、产业梯度转移、向西开放等战略机遇，有利于关中充分发挥战略资源较为丰富、工业体系相对完备、科教资源比较富集的优势。首先，在承接东部地区产业转移和高端产业备份中，实现推动自身产业结构优化升级、产业链延链补链强链与保持产业链供应链的安全、稳定、韧性并举；其次，聚焦优势产业，以科技创新促进产业创新，开辟发展新领域新赛道，塑造发展新动能新优势，催生新产业新模式，形成与新质生产力相适应的新型生产关系；最后，发挥区位优势、通道优势，打造成为进出口产业集聚区，一方面利用进口中亚特色的原材料进行加工制造，供应国内大市场；另一方面吸引整合国内资源，出口中亚乃至中欧国际大市场，进一步拓展夯实开放发展的模式、通道。

（二）发展新趋势

当前，新一轮科技革命和产业变革持续深化，数字化、网络化、智能化发展趋势明显。高端迈进是制造业发展的主攻方向，智能制造是制造业高质量发展的必由之路，绿色低碳是制造业可持续发展的必然要求，融合发展是制造业赋能升级的助推器，对外开放是制造业不断取得新成就的重要法宝。

因此，关中应紧抓发展机遇，顺应发展趋势，以数字化为基础发展智能制造，以低碳化为前提促进绿色制造，以高端化为方向推动先进制造，以融合化为牵引扩大服务制造，以进出口为导向提升制造业开放水平，适应和引领绿色发展潮流，大力发展开放型经济，主动提升自动化生产制造水平，积极推动制造业由生产制造向服务制造延伸，稳步推动产业结构向价值链中高端攀升。

三 实现关中制造业倍增的预期目标和思路方法

（一）发展目标

关中制造业增加值年均增长 7.5%~8%，2030 年制造业增加值达到 7500 亿元，占关中地区生产总值比重达 25%。2035 年突破 10000 亿元，占关中地区生产总值比重力争达到 30%。同步实现产业质量明显提升、产业结构持续优化、投资效益显著提高、绿色发展成效凸显、产业生态显著改善，区域经济实现质的有效提升和量的合理增长。

（二）发展思路

1. 改造提升一批

改造提升传统产业关系到制造业高质量发展的全局。在低碳转型期，调整产业结构，推动智能化改造、高端化发展、绿色化转型是关中制造业存量挖潜的重要路径。关中在传统产业改造提升中要着力运用前沿技术与纺织、冶金、化工等传统制造业的专有技术有机结合，对产品、生产流程和业务模式进行全面改造，不断提升生产效率和产品质量，促进传统产业加入新质生产力行列。一是通过开发高技术、高端化产品，实现传统产业的跃升，如钢铁行业，通过技术攻关，研发出手撕钢。二是传统技术和新兴技术的融合创新，再造传统制造业生产流程和工艺技术，如煤炭行业，运用 F5G、5G 等新技术进行改造，无人化、智慧化、安全化煤矿成为未来主流。三是商业模式再造和传统制造业服务模型转化，实现产业价值链攀升，如装备制造企业基本能够利用工业互联网、5G 等新技术，为用户提供设备健康管理、操作模式评估优化等增值服务，实现从卖产品到卖服务的转型，成为新质生产力发展的样本。

2. 承接转移一批

产业梯度转移是优化重大生产力布局，拓展制造业发展新空间，形成区域合理分工、联动发展新格局的有效途径。关中要统筹产业转移和承接，坚持因地制宜，着眼优势产业链配套需求，开展全方位、多层次、多领域产业合作，实现生产力差异化布局。产业承接上，关中要立足产业链发展目标、现有产业基础和承接能力，以强链延链补链为重点，着眼国际和国内发达地区，深度融入"一带一路"大格局拓展市场，瞄准京津冀、长三角、粤港澳大湾区等发达地区，锁定重点产业链上下游关联企业，重点聚焦新一代信息技术、航空航天、新能源汽车等技术密集型产业，以打造高新技术产业和制造业基地为重点，引导软件开发、信息服务、工业设计等生产性服务业和制造业协同转入。产业转出上，支持西安加快高排放企业关停和退城搬迁，持续向外纾解一般性制造业，鼓励有条件的企业有序外迁生产制造环节，支持绿色食品、智能家居、绿色建材等消费品产业和就业需求量较大的产品加工业，积极向周边县区、关中其他市（区）、陕北等转移，为高新技术产业发展腾挪空间，促进关中形成西安与周边产业良性协作。充分发挥中欧班列西安集结中心作用，加强与共建"一带一路"国家产业合作，打造高水平中外合作园区。

3. 承接战略布局一批

作为中心城市、都市圈、城市群核心区的关中，以保障国家战略安全特别是产业安全为己任，推动陕西建设战略腹地重点支撑区。首先，在关系国计民生和产业安全的基础性、战略性、全局性领域，承接布局一批关键核心技术、完善产业链条等重大项目，形成自主发展能力。其次，在集成电路、航空航天、先进材料等重点产业领域，布局建设一批重大战略性支撑项目。最后，在经济社会发展和国家安全重大需求领域，承接布局一批具有核心竞争力的产业集群和企业群体，推动国家产业空间布局优化调整。

4. 前瞻布局一批

未来产业代表着未来科技和产业的发展方向，是新质生产力的主阵地，前瞻布局未来产业，是抢抓新一轮科技革命和产业变革机遇的战略选择。对关中而言，一方面，围绕西安、宝鸡、咸阳重点制造业板块以及渭南、铜川、杨凌先进制造业板块，超前布局光子、超导、北斗等未来产业，谋划打造"科技+制造"大走廊的基础。另一方面，抓好新的通用技术和制造业专有技术融合，促进形成系列先导技术以及全新的产品和流程，催生先导产业，如人工智能技术应用于汽车领域，催生了智能决策、智能控制、环境感知等相关的先导技术和智能网联汽车以及相关的产业生态。

（三）方法路径

1. 强化龙头引领

充分发挥西安国家中心城市、西安都市圈、关中平原城市群引领作用，在攻克新技术、发展新产业、塑造新模式、构建新格局上取得新突破。一是坚持创新引领。"项目化""清单化"推进西安"双中心"建设，推动秦创原创新驱动平台建设由势转能。不断深化"总部+基地""研发+生产"等模式，形成以中心城市和城市群为主要形态的制造业增长动力源。二是强化产业集群带动。依托重点工业园区，打造西咸新区、西安软件园、西安国际港务区等一批生产性服务业集聚区，提高产业协作配套水平。

2. 强化区域联动

坚持在差异化中协同、一体化中分工，形成协同发展、错位发展、联动发展的区域发展新形态。一是统筹推进陕北关中能源合作。以关中制造业为牵引，以"能源+科技+制造"为路径，促进能化产业延链补链以及钛、镁、铝合金等轻质化材料发展，为关中先进制造业做好基础材料配套，同时，以关中先进制造技术为引领，促进引领能源化工高端化、多元化、低碳化发展。二是强化关中、陕南资源合作。支持陕南有序承接关中劳动密集型产业转移，加强新材料产业协同合作。持续推动陕南水资源、人才资源等要素向关中流动，对关中形成有力的产业支撑和经济支撑。

3. 强化产业平台支撑

充分发挥园区在扩大有效投资、产业集聚发展、科技创新驱动方面的平台作用，着力推动产业入园发展、组团发展、链群式发展。一是推动集群化发展。按照产业园区化、园区企业化的思路，通过筑巢引凤、腾笼换鸟、以凤引凤等措施，精准打造一系列特色园区，强化载体支撑，推动产业集聚和生态培育。二是加强全要素保障。深化"亩均论英雄"改革，提高土地集约化程度。完善金融产品供给，构建覆盖创新创业和企业发展全生命周期的产业基金体系，发挥基金引导放大作用，提升服务实体经济能力。推进科教人才优势加快转化为产业发展优势，提升人才链与创新链、产业链的匹配度、融合度。

4. 强化体制机制保障

聚焦要素市场建设重点领域，全面提高要素协同配置效率，着力破除阻碍要素自主有序流动的体制机制障碍。一是加快融入全国统一大市场。持续推进公共资源交易平台整合共享，完善要素市场化交易平台，逐步覆盖适合以市场化方式配置的自然资源、资产股权等公共资源。创新要素交易规则和服务，探索加强要素价格管理和监督的有效方式。二是依托"飞地经济"深化跨区域产业协作。完善区际财税、财政让利、数据统计、合作共建等利益分享、数据共享和合作共建机制，加快推进跨市域产业转移和协同共享，推动实现土地、政策、创新等要素跨区域重构。

四 推动关中制造业倍增的重点任务

（一）以科技创新推动产业创新，加快发展新质生产力

加快打造原创技术策源地。一是加快推进国家重大科技基础设施建设。紧抓西安"双中心"建设机遇，加快推进先进阿秒激光、高精度地基授时

系统等建设。建立"沿途下蛋"机制，构建"楼上楼下"创新创业综合体，推动科研成果沿途转化。二是加快布局建设陕西实验室。推动空天动力、含能新材料、旱区农业陕西实验室高质量建设运行，加快构建以国家重点实验室、省部共建重点实验室、省级重点实验室及省级联合实验室等为支撑的陕西实验室体系。三是加快关键核心技术攻关。落实国家基础研究十年行动方案和"强基计划"，加强原创性、引领性科技攻关，取得原创性成果。依托丝路科学城，围绕能源资源、电子信息、新材料等优势特色领域，动态更新创新链产业链对接耦合图谱，围绕重点产业发展需求，放大重大创新平台溢出效应，每年靶向部署100项重大技术攻关项目，解决一批"卡脖子"技术难题。

健全以企业为主体的制造业创新体系。一是推进制造业协同创新平台建设，鼓励"链主"企业牵头组建创新联合体，建立集成度高、辐射面广的中小企业技术创新公共服务平台，连接技术创新供需两端。鼓励企业建立研发机构或研发中心，加快培育国家级、省级、市级企业技术中心、工程研究中心、工程技术研究中心、工业设计中心及国家级、省级技术创新示范企业。二是实施科技型企业"登高、升规、晋位、上市"四大工程，建立科技型企业融资跨部门协调机制。引导科技型骨干企业建设高水平研发机构和平台，超前布局产业前沿技术和颠覆性技术。引导科技型中小微企业瞄准所属细分领域加大创新投入，掌握更多具有自主知识产权的技术。

加快科技成果产业化。加强产业链与创新链融合发展，构建"基础研究+技术攻关+成果产业化+科技金融"全过程集群创新生态链。一是发挥创新载体作用。依托西咸新区、杨凌示范区等国家双创示范基地，扩大孵化器、加速器、众创空间、大学科技园等创新创业载体规模，提高基础设施、共享研发设施以及科技、法律、招聘等各种公共服务的水平。建立"技术创新+产业转化+金融支持"全链条创新生态系统，打造科教创产融合创新体系。二是理顺科技成果转化机制。开展科技成果评价改革试点，完善政府首购、订购创新产品制度，建立健全创新产品推广应用容错免责机制。引导大学、科研机构积极推动科技成果的交易转让、专利授权和基于科技成果的科技型创业。建立健全"揭榜挂帅""竞争赛马""联合攻关"等科技攻关机制。建立以市场化机制为核心的成果转移扩散机制，通过孵化企业、种子项目融资等方式，推动科技成果首次产业化应用。

（二）以"两链"融合加快产业培育，推动制造业高端化发展

筑牢产业发展基本盘。传统制造业方面，深入实施产业基础再造和重大技术装备攻关工程，针对重点产业链中核心基础零部件、核心电子元器件等，集中力量和资源攻关突破。推进食品、钛及钛合金等有产业基础、有市场份额、有发展前景的传统产业链发展，抢抓国家推动大规模设备更新和消费品以旧换新机遇，以节能降碳、数字化转型、智能化发展为方向，开展产品创新、技术改造、质量提升行动，实现工艺升级、数字赋能、管理创新。聚焦关中焦炭、建材、煤化工等重点行业企业，加快淘汰落后产能，有序迁建至有环境余量的区域。能源工业方面，以煤炭、石油天然气、新型电力工业、现代化工产业链为抓手，做强做优现代能源产业。煤油气电等优势行业要持续增产扩产、延长生命周期，坚决稳住重要能源产品生产供应。同时，谋划布局煤制芳香烃产业化项目，推动煤化工产业提升价值，实现高端化、多元化、低碳化发展。分类推进石化、化工等行业加快建设智能工厂、数字车间、数字矿山和智慧园区。

推进产业集群化发展。一是推进先进制造业集群化发展。聚焦先进制造业产业链薄弱环节，扎实部署一批工业强基重点项目，夯实产业链基础。开展先进制造业集群建设行动，支持新能源汽车、太阳能光伏、输变电装备、航空产业链打造世界知名先进制造业集群。推动数控机床、医药器具、钛及钛合金等产业链规模突破千亿元，实现"千亿晋档、百亿倍增"。二是培育壮大战略性新兴产业。研究组建战略性新兴产业集群。壮大半导体和集成电路战略性新兴产业集群。培育壮大产业创新集群，聚焦光子、人工智能、钛及钛合金、第三代半导体、增材制造、化工材料等战略性新兴产业和未来产业细分领域，加快培育形成具有核心竞争力的千亿级产业创新集群。三是园区化发展。抓住国家级开发区审核目录修订契机，推动关中开发区提级赋

能，实现园区汇聚企业、激活产业链、聚链成群。积极探索"产业园区+创新孵化器+产业基金+产业联盟"一体化推进模式，建设集研究开发、技术转移、检验检测认证、创业孵化、知识产权、科技咨询等功能于一体的公共服务综合体。运用新一代信息技术，搭建园区数字化云服务平台，提高园区数字化管理和服务水平，积极创建智慧园区。

超前布局未来产业。一是全面布局未来产业。依托秦创原布局一批国家未来产业技术研究机构，加强前沿技术多路径探索、交叉融合和颠覆性技术供给。聚焦光子、新材料、氢能等领域，培育建设20个左右省级秦创原产业创新聚集区，打造一批以聚集区为核心的产业集群。在类脑智能、量子信息、生命科学、未来网络、空天开发等前沿科技和产业变革领域，组织实施未来产业孵化与加速计划，谋划发展一批未来产业先导区和未来技术应用场景。二是构建未来产业创新发展生态。加快培育一批未来产业龙头企业，扶持壮大一批"小巨人"企业。加快建设以5G网络、全国一体化数据中心体系、国家产业互联网等为抓手的高速泛在、天地一体、云网融合、智能敏捷、绿色低碳、安全可控的智能化综合性数字信息基础设施，打通经济社会发展的信息"大动脉"。三是加强人才队伍建设。构建党委领导、政府主导、政策支持、企业主体、社会参与的高技能人才工作体系。培育发展一批懂科技、懂资本、懂市场、懂金融的复合型人才，鼓励科技人才突破原有技术范式路径依赖，勇闯创新"无人区"。引进培养一批具有国际水平的战略科技人才、科技领军人才、青年科技人才和高水平创新团队。

促进现代服务业发展。一是强化生产性服务业对制造业发展的支撑作用。重点发展现代金融、现代物流、研发设计、检测检验认证、软件和信息服务、会议会展等，积极发展在线研发、数字金融、智慧物流、在线检测、工业电商等在线新经济。推动人工智能、虚拟仿真等技术在咨询、信用、知识产权、广告等服务业领域的应用。鼓励生产性服务企业与先进制造业协作，争取在西安高新区和经开区、宝鸡高新区等地建设设备先进、设施完善、服务水平一流的生产性服务业集聚区。二是推动各类市场主体参与供给。实施中小企业数字化赋能专项行动，建设一批省级生产性服务业数字化转型标杆示范企业。鼓励龙头企业推动制造业和服务业深度融合，推动陕股、法士特等制造企业深入发展总集成总承包、定制化服务、全生命周期管理、共享制造、供应链管理等融合发展新业态新模式，促进制造业企业服务化发展。

（三）以布局优化促进沿链聚合，加快拓展新空间

支持西安加快"双中心"建设，依托高新区、经开区、航天基地、航空基地和高校、科研院所，倍增扩规新一代信息技术（光子、半导体及集成电路、人工智能等）、生物医药、新能源汽车、高端装备制造（航空、航天、增材制造、输变电装备等）、新能源（太阳能光伏等）、新材料（超导等）等产业，做优做强现代金融、现代物流、研发设计、检验检测认证、软件和信息服务、会议会展等生产性服务业，提前谋划布局量子信息、类脑智能、区块链、虚拟现实、生命健康等未来产业，培育新增长点和新动能，着力打造国家重要的高技术产业和制造业基地。支持宝鸡依托高新区重点发展新材料（钛及钛合金等）、新能源汽车产业，培育壮大高端装备制造（石油装备、工业母机、轨道交通等）、新能源、生物医药等产业，全力打造更具实力的先进制造业高地。支持创建国家工业母机创新中心，推动机床产业创建国家先进制造业产业集群，积极创建"科创中国"试点城市。支持咸阳加快推进西安—咸阳一体化，重点发展新型显示、生物医药产业，培育壮大新能源汽车、现代能源化工、大数据与云计算等产业，积极争取隆基、西电等企业在咸扩产扩能，有效承接西安优质产业转移和非省会城市功能疏解。加快咸阳经开区与空港新城融合发展，促进航空配套、会展服务等临空指向性产业发展壮大。支持铜川抢抓"三项改革"成果转化试验区机遇，积极承接高端产业转移，重点发展新一代信息技术（光子、半导体及集成电路）、新材料（铝材料）等产业，培育壮大高端装备制造、新能源、生物医药等产业，加快资源型城市转型发展。支持渭南加快与西安融合发展，聚焦重点工业产业链，重点发展增材制造、新材料产业，培育壮大高端装备制造、生物医药、节能环保等产业，加强产业配套协作，推

动工业倍增。支持杨凌发挥农业技术创新优势和品牌优势，重点发展生物医药、现代种业、食品制造，培育壮大农业智能装备等产业，打造"三区三高地"。

支持关中五市一区融合发展。西安加快"腾笼换鸟"，以"正向激励+反向倒逼"政策，持续向外纾解传统制造业，推进大型工厂向周边转移。支持铜川、咸阳、宝鸡、渭南积极承接西安产业转移，引培配套企业，加快形成"西安研发+周边配套"格局。尽快出台跨市域支持"飞地经济"发展相关文件，聚焦强链补链用好产业转移合作平台，通过共建园区、"飞地"园区等方式，构建园区共建、利益共享的跨区域合作新模式。加快推动西安浐灞国际港与渭南卤阳湖现代产业开发区共建物流产业园区、西咸新区空港新城与咸阳共建空港物流园区。推动西安与宝鸡共建智能制造产业园区、西安与铜川共建新材料产业园区、西安与杨凌共建未来农业产业园区等。

推动关中产业建圈强链。把握新一轮产业变革和产业链重构机遇，研判超大特大城市发展规律和核心支撑产业，以西安为重点，大力实施关中产业建圈强链行动，进一步增强产业生态集聚力、产业链建构力、高端要素运筹力，为西安都市圈乃至关中平原城市群发展提供持续动能。首先，按照"六清"（对产业发展前沿趋势要清、对链主企业战略布局要清、对技术路线选择要清、对国际国内领军人才要清、对产业基金分布要清、对用地资源能耗现状要清）标准，编制产业链图谱，切实发挥发展指引和工作指南的重要作用。其次，大力推动引优育强，健全链主企业识别机制，"一企一策"加强专项服务，支持链主企业优先采购本地产品和服务，提高本地配套率，推动实现"一个链主企业引领带动一条产业链发展"的良好格局。再次，加快聚集要素资源，支持实施电子信息、高端装备等卓越工程师培养计划，对于落户的创投基金，在返投比例、激励机制等关键措施上要走在全国前列，强化国家重大创新平台的连接支撑能力，支持龙头企业上市并冲刺世界500强、中国500强。最后，拓展产业发展空间，聚焦产业核心功能需要，推动空间供给从注重增量转向盘活存量、优化增量并举，切实提高投资强度和产出效益，确保重大产业项目能落地、快投建、早达产。

（四）以龙头带动促进产业链融通，加快激发新活力

引育领军"链主"企业。深化招大引强专项行动，围绕重点产业链条，吸引一批关联性强、主业突出、带动性强、掌握行业话语权、具有国际竞争力的制造业领域世界500强、中国500强、中国制造业企业500强企业等来关中布局。培育一批具有较强行业影响力的制造业单项冠军企业。鼓励龙头企业通过市场化方式对上下游企业进行并购整合，鼓励企业通过增资扩股、兼并重组、股权置换等方式做大做强。加强企业总部、研发总部等市场主体落地西安，加快集成电路、新型显示、研发服务等高端产业与价值链高端环节发展。

壮大"腰部"企业。开展"壮腰工程"专项行动，遴选一批成长性好、专业化水平高、创新能力强、产品服务特色化企业，壮大"腰部"企业集群。实施优质中小企业梯度培育工程，培育一批产业集群"配套专家"企业。聚焦电子信息、高端装备、新材料等主导产业，加快打造一批创新能力强、市场占有率高的专精特新企业和具有生态主导力、在行业中具有引领作用的冠军企业。实施"瞪羚企业""独角兽企业"梯次培育计划，加快形成一批支撑制造业长期可持续发展的战略后备力量。

做优小微企业。建设一批配套服务齐备、生产生活生态有机融合的中小企业生态家园，促进生成更多中小企业。搭建集合技术研发、数字化转型、绿色低碳发展、融资等服务的中小企业服务资源池，推动重大科研基础设施和大型科研仪器向优质中小企业开放，促进中小企业沿创新型—专精特新—"小巨人"—"单项冠军"道路成长壮大。引导小微企业专注细分市场、聚焦关键基础技术和产品，鼓励创建高新技术企业和科技型企业。

推进大中小企业融通发展。实施产业链供应链合作伙伴计划，鼓励产业链上中下游对接和大中小微企业之间的业务协作、资源共享和系统集成。鼓励隆基、比亚迪等龙头企业对上下游企业开放资源、建立稳定合作关系，构

建创新协同、产能共享、供应链互通的新型产业协作生态。支持中小企业围绕大企业生产需求，开展技术和产品攻关突破，形成良好的产业链知识技术流动机制。

（五）以招商引资促进延链补链，加快形成新优势

高位推进精准招商。一是加强产业链招商。围绕构建具有陕西特色的现代化产业体系，打造现代能源、先进制造、战略性新兴产业和文化旅游4个万亿级产业集群，聚焦光子、氢能、硅基太阳能光伏等重点产业链，建立知识库，全面厘清关键环节，发布招商图谱，确定延链补链强链项目和目标企业。二是加强重点区域招商。聚焦半导体及集成电路、数控机床、机械制造等产业重点领域，依托境外招商引资活动和展会，强化与德国、美国、日本等国家产业合作。聚焦先进制造、电子信息等领域，依托国家部委和商/协会等资源，推动跨国公司在陕布局项目、加大投资。深化苏陕协作，紧抓产业梯度转移机遇，加大与长三角、粤港澳大湾区、京津冀等区域产业协作。依托"丝博会""农高会""投洽会""消博会"等展会平台，精准推介招商项目。

着力拓展招商渠道。一是强化以商招商。以"龙头+配套"为导向，探索实行"以企引企"，鼓励引导产业链重点企业利用自身优势引进相关配套企业。支持本土企业通过业务合作、参股控股、"混改"等形式引进战略投资和优质项目。推进"以外引外"，鼓励已经落户的外资企业扩大投资，吸引外资配套企业落户。二是强化科技资本招商。践行投行思维，加大资本招商力度，开展与银行、证券、保险、投资等金融机构的战略合作，发挥政府产业投资基金作用，推进"以投促招"。依托秦创原、高校和科研院所等牵引作用，开展新技术、新模式、新业态招商。

前瞻谋划招商计划。一是强化项目储备。深化"市场+资源+基金+服务"招商模式，瞄准"大终端""新终端"等引领性环节和产业链关键环节，加强目标企业梳理，做好重大项目储备谋划工作。围绕先进制造业集群发展方向，建立招商引资项目储备库，紧盯500强、行业领军、隐形冠军企业、独角兽企业等。二是丰富招商形式。深化"链主（龙头企业）+

链长（副链长）+省市（园区）+专班"招商模式，坚持领导带头招商，综合运用平台招商、驻点招商、中介招商等形式，用好资本招商、场景招商、生态招商和平台招商等手段，千方百计引进一批高精尖、功能提升项目。

（六）以深化改革激发发展活力，加快取得新突破

加快融入全国统一大市场建设。持续清理招商引资、招投标等重点领域违背全国统一大市场的政策规定和做法，切实破除市场准入和准营等环节的隐形壁垒。落实国企改革深化提升行动实施方案，争取陕西省更多企业入选国家培育库。深化国企"瘦身提质"，持续推进重点领域战略性重组和专业化整合，加快国有资本向战略性新兴产业投资布局。

构建更加完善的要素配置体系。建立健全用地、用水、用能等要素向重点区域、重点产业链、产业功能区、领军企业、重大项目集聚机制。深入推进分行业分区域"亩均论英雄"改革，推动"标准地"改革向服务业领域延伸，开展"工业上楼"试点。持续推进全省开发区体制改革、园区整合，依法赋予有条件的开发区（园区）市级用地审批权限，压减用地逐级报批流程为直报两级审批。加大数据要素市场及市场主体培育力度，着力探索数据要素市场化配置机制，完善要素交易规则和服务体系。建立制造服务业数据资产名录，探索建立数据确权体系。积极稳妥扩大"三项改革"试点范围，持续完善以科技创新推动产业创新的体制机制，深化科技成果产权制度改革，完善技术要素估值定价机制。落实2024年高质量项目推进年行动方案，践行"投行思维"，定期组织金融对接活动，用好用活PPP新机制、REITs、境外债等融资模式。

健全服务民营经济高质量发展体系。在市场准入、要素获取、公平执法等方面推出一批标志性举措，加强涉企收费长效监管和拖欠账款常态化预防清理。完善惠企强企政策，推动政策精准对接、直达快享。完善领导联系重点民营企业制度。建立涉企问题高效闭环解决机制，及时回应民营企业的呼声和诉求。落实落细优化营商环境改革举措，谋划推动一批营商

环境牵引性、关键性、标志性改革。加强法治化服务保障，纵深推进重点领域制度创新和问题专项治理，营造稳定、公平、透明、可预期的发展环境。

（七）以政策机制保障护航产业发展，加快优化新生态

加强组织领导。深刻认识推动关中制造倍增对加快关中产业结构调整、促进关中地区高质量发展的重要意义。加强领导，压实责任，强化协调配合，形成工作合力。细化明确部门责任，构建跨界融合、高效协同的制造业治理架构，共同推进制造业高质量发展。将关中制造业倍增计划纳入关中产业结构调整考核中，对相关部门落实情况定期进行督导检查。

放大政策支持效应。出台实施促进承接产业转移、支持"飞地经济"发展等政策文件，创新区域间产业承接合作模式，主动承接以东部地区为主的产业转移。用好促进县域经济、民营经济、关中一体化发展等相关政策，统筹促进关中各市县域工业一体化推进、差异化发展，促进民营工业企业发展壮大。落实落细国家和省级出台的促进设备更新改造和消费品以旧换新相关政策，积极争取设备更新改造等中央预算内投资和超长期国债资金，鼓励引导企业开展升级改造、搬迁等，进一步优化空间布局。

强化全生命周期服务。利用信息化平台强化运行监测调度分析，及时发现运行中苗头性、潜在性、倾向性问题。组织召开重点行业、重点地区经济运行分析会，强化分析研判，及时掌握区域、行业、企业发展情况。组织开展稳增长专题调研，深入基层和行业一线，了解制约行业企业发展的痛点难点堵点，协调解决企业急难愁盼问题。加强对制造业倍增计划工作跟踪评估，重点围绕政策执行效果和资金使用效益等落实情况进行督查，并对各项政策措施落实情况定期通报，确保政策执行到位和资金使用高效。加强信息共享和经验总结，及时发布政策解读，挖掘地方和行业稳增长典型案例，提炼和推广可借鉴的经验做法。

B.17
陕西打造人工智能创新产业集群研究[*]

刘航 明鑫 王强 刘岩 韩硕[**]

摘 要： 近年来，陕西抢抓人工智能加速发展的历史机遇，推动人工智能产业高质量发展，全面、深层次赋能新型工业化，致力于打造具有重要影响力的人工智能创新产业集群。陕西依托全国人工智能试验区建设，在该领域取得了显著成就：科技成果与高层次人才产出稳步提升，产业发展与市场应用不断扩展，政策环境逐步完善。未来，陕西需加大基础理论研究和关键技术攻关力度，强化高层次人才培养，培育领军企业，提升创新能力，推动产学研深度融合，打造应用场景示范引领工程，助力人工智能产业集群化发展。

关键词： 人工智能 创新产业集群 陕西省

一 陕西打造人工智能创新产业集群发展现状

（一）人工智能科技产出与人才产出

从以专利为一个产出的侧面评价标准看，陕西省人工智能专利申请数量总体呈增长趋势，主要专利权人集中在少数企业，且多分布在人机交互等技

---

   * 本报告得到中央高校基本科研业务费专项资金智库成果培育专项资助。
 ** 刘航，中国进出口银行陕西省分行，研究方向为人工智能；明鑫，西安交通大学管理学院博士研究生；王强，西安交通大学管理学院副教授、博士生导师，研究方向为智能服务创新、战略管理、供应链管理；刘岩，西安交通大学管理学院博士研究生；韩硕，西安交通大学管理学院博士研究生。

术领域。自 2010 年起，陕西省的专利申请数量总体逐渐增加，这一趋势与全球人工智能技术的快速发展相呼应。进入 2021 年后，陕西省的人工智能专利申请数量达到一个新的峰值（见图 1）。截至 2023 年，在企业专利权人排名中，中国西电、陕西煤业、广电网络、中航电测和陕建股份等企业位居前列，它们在人工智能领域的专利布局逐渐完善，正成长为该领域的代表性企业（见图 2）。陕西省的专利申请主要集中在人机交互、增强现实（AR）/虚拟现实（VR）、计算机视觉和机器学习等关键技术领域（见图 3）。其中，人机交互相关专利数量占总专利数量的 30% 左右，显示出这一技术方向在陕西省人工智能发展中的重要地位。

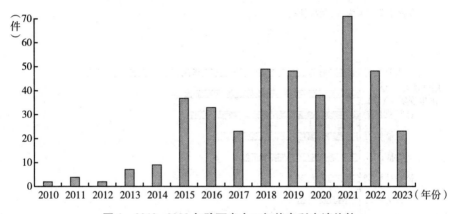

图 1 2010~2023 年陕西省人工智能专利申请趋势

资料来源：大为专利数据库。

人工智能人才资源、科研环境优势明显。根据陕西省发展改革委 2024 年发布的《陕西省培育千亿级人工智能产业创新集群行动计划》统计，陕西省有 1.3 万名人工智能及其相关领域科研人员。人才优势还体现在陕西在高层次人才和科研资源的积累上。同时，陕西拥有省部级及以上的相关研发平台 80 余家，研发基础较为雄厚；累计获得 30 余项国家级科研成果，科研成效明显。在人工智能人才培养方面，陕西省也有显著优势。全省共有 31 所高校开设了与人工智能相关的专业。其中，西安交通大学跻身中国人工智能人才投入量排名前 20 的高校之列，展现出强劲的科研与教学能力。此外，

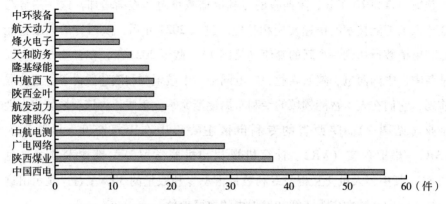

图2　截至2023年陕西省人工智能专利主要专利权人分布

资料来源：大为专利数据库。

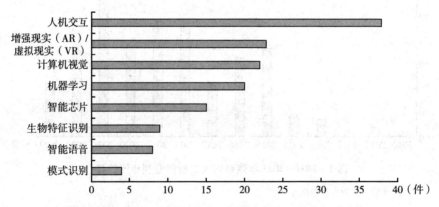

图3　截至2023年陕西省人工智能专利主要技术领域分布

资料来源：大为专利数据库。

西北核技术研究所位列全国人工智能人才投入量科研院所第八，进一步强化了陕西省在科研领域的竞争力。此外，一些龙头企业与顶尖高校独立或联合建立了人工智能学院和重点实验室，这些合作进一步推动了产学研融合，有助于培养更多高水平人才并促进科研成果的转化、增强陕西省人工智能领域的创新与发展能力。

（二）人工智能产业发展与市场应用

从市场主体看，陕西省人工智能企业数量处于全国中游水平，省内企业在智能制造等领域取得显著成就。截至 2023 年，陕西拥有 48 家人工智能企业，位列全国第 15，其中，西安市是省内人工智能企业的核心聚集地（见图 4）。在智能制造领域，陕西省以工业智能技术为核心，推动了智能机器人等载体的发展，形成了具有代表性的智能生产线，代表企业包括法士特和比亚迪等。在智慧能源领域，陕西的延长石油和陕煤集团通过新一代信息技术的综合应用，打造了"智能矿井"和"智慧工业园区"，为能源产业的智能化转型奠定了基础。在智能驾驶领域，陕西积极布局智能网联汽车产业链，培育了一批具备技术优势的企业，推动了智能驾驶产业的初步形成。此外，陕西智慧文旅产业也取得了突破性进展，构建了智慧旅游产业运行监测与应急指挥平台，使旅游日常监管、调度和应急指挥实现数字化、网络化、智能化和标准化发展。同时，在

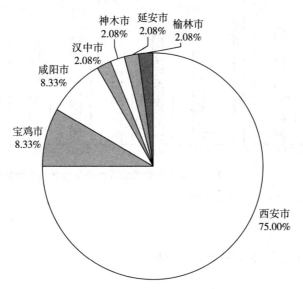

图 4　截至 2023 年陕西省人工智能企业分布

资料来源：CV Source 投中数据库。

智能生态保护与监测方面，陕西对生态保护的智能化需求日益增加，随着生态保护任务的加重，智能监测技术的应用变得尤为重要，推动了相关技术在实际生态管理中的广泛应用。

从金融要素供给看，人工智能行业的融资规模呈现稳步增长态势，融资轮次逐渐向后延展。从融资规模来看，自 2015 年以来，尽管人工智能企业的融资或募集金额、事件数量有所波动，但整体融资规模稳步提升。到 2023 年，陕西人工智能企业的融资或募集金额约为 37 亿元，涉及 33 次投资事件（见图 5）。从融资轮次的分布情况看，自 2015 年起，早期融资（包括种子轮、天使轮和 A 轮）逐渐减少，这一趋势表明陕西的人工智能产业正在从初期探索阶段向更为成熟的阶段过渡。随着产业逐渐成熟，企业的融资需求更多集中在后期阶段，表明投资者对行业发展前景的信心增强，同时企业的技术和商业模式也更加稳定、成熟。

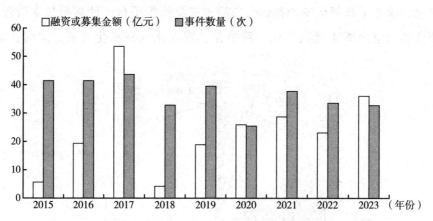

图 5　2015~2023 年陕西省人工智能融资或募集金额与事件数量

资料来源：CV Source 投中数据库。

（三）人工智能战略与政策环境

陕西省积极出台政策支持人工智能发展，推动中国人工智能热潮形成。自 2017 年以来，陕西省陆续发布了多项推动人工智能产业发展的政策和战略规划，包括《关于组织实施 2018 年"互联网+"、人工智能创新发展和数字经济试点重大工程的通知》、《陕西省新一代人工智能发展规划（2019—2023 年）》以及《陕西省加快推动人工智能产业发展实施方案（2024—2026 年）》等。这些政策覆盖了从早期的数据挖掘与分析处理，到后期对人工智能产业发展的全方位支持，逐渐转向更加注重产业落地和应用场景的推动。在政策演变过程中，陕西省从初期重视具体技术的创新发展，逐步过渡到聚焦人工智能产业链的整体发展与规模化应用。这一趋势与国家层面对人工智能政策的变化一致，体现了从"加快"和"加强"向"深化"的转变，即更注重技术与实体经济的深度融合。

表1　2017~2024 年陕西省人工智能政策汇总

时间	部门	政策名称	主要内容
2017 年 10 月	陕西省发展和改革委员会	《关于组织实施 2018 年"互联网+"、人工智能创新发展和数字经济试点重大工程的通知》	为贯彻落实"十三五"规划纲要，加快推进"互联网+"行动、人工智能发展规划、数字经济发展等重大部署，按照国家发展改革委要求,2018 年将组织实施"互联网+"、人工智能创新发展和数字经济试点重大工程
2019 年 9 月	陕西省发展和改革委员会	《陕西省新一代人工智能发展规划(2019—2023 年)》	推进全省人工智能产业发展环境和基础设施不断完善，在人工智能基础前沿理论、核心技术、协同平台、创新应用和产业发展等方面取得重要进展，人工智能成为陕西省培育新动能的重要引擎和新的增长点
2019 年 10 月	陕西省科学技术厅	《新一代人工智能领域科技创新工作推进计划》	将发展新一代人工智能作为陕西省产业转型升级、培育新动能、推动高质量发展的重要抓手，在相关重要领域、关键环节、基础平台、科技应用等方面取得重大突破，支撑引领全省经济追赶超越发展
2021 年 4 月	陕西省发展和改革委员会	《2021 年推动关中平原城市群和新型城镇化发展重点工作任务》	运用互联网、大数据、人工智能等手段提高城市管理精细化水平,构建智能化城市治理体系,基本实现城市运行"一网通办"

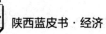

续表

时间	部门	政策名称	主要内容
2024年3月	陕西省发展和改革委员会	《陕西省培育千亿级人工智能产业创新集群行动计划》	陕西将加快建设西安国家新一代人工智能创新发展试验区,构建人机协同、场景驱动、跨界融合的人工智能新业态,打造国内领先、国际一流人工智能创新发展高地
2024年6月	陕西省工业和信息化厅	《陕西省加快推动人工智能产业发展实施方案(2024—2026年)》	推动人工智能产业高质量发展,全方位、深层次赋能新型工业化,加快构建具有陕西特色的现代化产业体系
2024年9月	陕西省工业和信息化厅	《陕西省人工智能(大数据)产业链智能算力供给清单》	—

资料来源:根据网络资料整理。

二 陕西打造人工智能创新产业集群面临的主要问题

(一)基础研究和关键技术较为薄弱,高端人才储备不足

陕西省在人工智能领域的技术创新能力和高端人才储备方面仍存在短板。尽管近年来取得了一些研究成果,但与国内先进地区相比,陕西省的原始创新能力仍需提升。陕西的人工智能发展在质量和规模上尚未达到理想状态,尤其是核心技术领域(如硬件和算法)依然薄弱,基础不够牢固,难以支撑长远发展。陕西的人工智能优势更多体现在应用层面,尤其是智能制造等领域,但在核心技术突破方面仍有不足。这种局面表明,陕西亟须加强基础理论研究和关键技术攻关,提升自主创新能力,夯实产业发展的技术基础。此外,虽然陕西在人工智能人才总量上表现较为突出,但顶尖人才的储备仍然不足,与京津冀等地区存在较大差距。这些顶尖人才的缺乏制约了省内科技创新和前沿技术突破的速度。

（二）创新领军企业缺乏，省内科技创新发展不平衡

尽管一些企业如中国西电、陕西煤业等在推动省内人工智能产业发展上发挥了一定的作用，但整体来看，创新领军企业的缺乏仍是一个突出问题。陕西没有企业进入 2023 年人工智能企业百强榜单，也没有企业能跻身中国人工智能发明专利企业排行榜 TOP50 和 2024 年福布斯中国人工智能科技企业 TOP50。这反映了陕西省人工智能企业在技术创新、市场竞争力和规模扩展方面的薄弱，整体竞争力亟待提升。此外，省内人工智能产业发展不平衡问题明显。截至 2023 年，75%的人工智能企业集中在西安市，而其他市区的产业发展相对滞后。[①] 这种不均衡发展导致部分区县对人工智能产业的重视程度不够，缺乏必要的资金、人才和技术支持，产业升级步伐缓慢。这不仅制约了陕西人工智能产业的整体发展，也削弱了各地协同创新的潜力。

（三）产学研融合不足，科技成果转化进程缓慢

陕西省拥有航空工业、集成电路、先进结构材料 3 个国家级产业集群，但在人工智能领域尚未形成规模。尽管陕西省内有多所高等院校和科研机构，但与企业之间的合作往往局限于短期项目或单一领域，缺乏长期、系统的产学研合作机制。这种状况导致科研机构与地方经济需求之间的脱节，使产学研之间的信息沟通不够顺畅。例如，许多高校的研究重点与区域产业发展的实际需求不相符，导致科研成果的应用价值未能充分发挥。科研工作常常偏重于基础研究，而缺乏对市场需求的敏感度，使研究方向与实际市场需求不匹配，进而造成科研成果在应用阶段面临重重瓶颈。此外，陕西省内缺乏有效的交流平台以促进高校、科研机构与企业之间的互动，这进一步阻碍了科技成果的快速转化。现有的论坛和会议数量有限，无法满足所有参会者的需求，影响了各方合作的深度和广度。

（四）政策支持力度有待加大，政策重点有待转变

部分省份已发布多项与人工智能相关的政策，截至 2024 年，陕西省人

---

① 大为专利数据库。

工智能政策发布数量在全国范围内仅处于中等水平（见图6），显示出政府对人工智能的关注程度还有待提高。此外，早期，陕西省人工智能政策研究主要侧重于技术发展，而对财政支持和产业发展的关注相对不足。这种偏重可能导致政策措施未能有效促进人工智能产业的整体发展，尤其是在推动技术成果转化和产业应用方面。为了更好地推动人工智能的健康发展，陕西省需要重新审视政策重点，增加对产业发展的关注，制定更加全面和具体的政策措施，以促进人工智能技术与实际产业的深度融合。

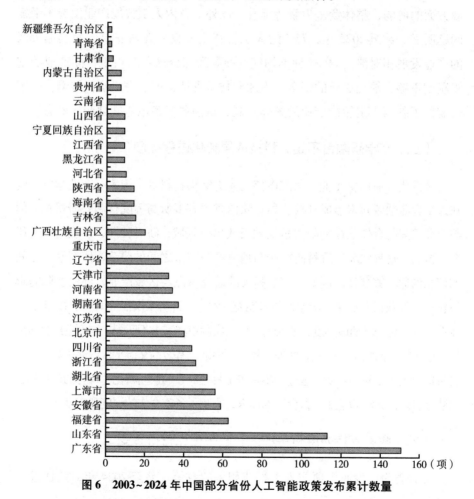

图6　2003~2024年中国部分省份人工智能政策发布累计数量

资料来源：北大法宝-地方数字经济政策数据，统计文件包括地方规范性文件、地方工作文件、地方性法规和行政许可批复。

三 陕西打造人工智能创新产业集群的对策建议

（一）加快推进基础理论、关键技术研究工程，建设人工智能领域人才高地

1. 加强基础理论研究

依托西安交通大学、西北工业大学、西安电子科技大学等重点高校，积极建设人工智能学院或相关学科，重点开展超大规模参数机器学习模型、跨媒体感知计算、混合增强智能、群体智能及自主实时智能等领域的理论研究。布局前沿基础理论研究。超前部署类脑神经网络模型和基于类脑机制的学习算法，构建具有关键领域应用价值的人工智能模型，注重其可解释性和强泛化能力。推动群体智能在主动感知、知识获取、协同共享、评估演化、人机整合等方向的前沿理论研究，助力移动群体智能的协同决策与控制技术取得突破。开展跨学科探索性研究。促进人工智能与神经科学、认知科学的深度交叉，探索人脑感知和认知的计算模型，推动类脑智能计算发展。同时，强化具身智能的核心技术研发，将其与自主智能系统机理有机结合，并加速知识驱动与数据驱动相结合的智能网络研究进程。

2. 开展关键技术研究

在算力供给方面，整合省内算力资源，建设省级算力统筹调度平台，实现"算力一网化、统筹一体化、调度一站式"。建设一批工业领域智能算力调度平台和企业级智能算力平台，提升面向制造业的算力供给、运营、管理能力。在智能感知处理关键技术方面，重点推进图像与视频精准识别、生物特征识别等领域的技术攻关，开发多模态生物特征识别系统，突破低成本、低能耗智能感知技术，提升复杂场景的主动感知能力及多媒体自主学习技术水平。在自然语言处理技术方面，聚焦跨语言文本挖掘与语义理解技术，推动面向机器认知智能的人机对话系统的发展，实现自然语言智能理解与自动生成技术的关键突破。在智能网联汽车技术领域，重点攻克复杂环境下的感知、智能决策与执行等核心技术，加快智能感知系统硬件、操作系统、车联

网及信息物理融合安全等关键技术的研发与应用。在自主无人系统智能技术方面，着力推进自主无人机、轨道交通自动驾驶技术的发展，突破高精度工业机器人、空间机器人和海洋机器人技术，提升高精度智能控制与自主无人操作系统的能力。

3. 完善人才引育体系

强化人工智能人才培养，支持高等院校、科研院所跨学科建设人工智能专业，开展创新型和复合型人才培养，探索开展"人工智能+"交叉融合人才培养模式。着力引进、培养一批具有国际影响力的人工智能一流人才，提高人才竞争力。完善人才引进与保障体系，集聚一批致力于基础理论研究与前沿技术突破的关键人才，为人工智能产业发展提供强大的人才支撑。鼓励企业联合高校、科研院所以重大研发项目留人、用人，探索高级人才跨校企双聘，激发人才的积极性、主动性。

（二）打造领军企业，推动区域均衡

1. 打造领军企业

培育优势企业。支持人工智能企业与制造业龙头企业协同发展，鼓励人工智能企业与制造业龙头企业在技术研发、平台建设、应用探索和成果共享等方面展开深入合作，集聚各类资源要素，共同培育一批具有核心竞争力的领军企业。搭建合作平台，促进技术交流与合作，推动创新成果的快速转化与应用。打造"AI+产业链"模式。综合集成产业链、供应链、资金链与创新链，开展细分行业的"产业大脑"建设应用试点，目标是在15个以上行业中建立相应的"产业大脑"，形成"一行业一大脑"的发展模式。同时，加快大模型与智能软硬件、智能机器人、智能无人机及智能网联汽车的深度融合，提升其在感知、交互、控制、协作和自主决策方面的能力，降低操作门槛，推动智能产品和装备从感知能力向认知能力的飞跃。

2. 建设梯次错位的产业聚集区

以西安雁塔区、宝鸡金台区和安康高新区的人工智能计算中心为基础，构建以"智能算力+"为特色的人工智能产业集群。同时,以西安高新区为依托,推动计算机视觉、语音识别、自然语言理解等智能系统解决方案的发展,致力于打造智能软硬件产业集群。此外,以西咸新区等开发区为平台,加快新型工业大数据产业基地、人工智能产业园、自动驾驶产业园以及 AI 智能制造基地等重点项目的建设,形成业态丰富、融合应用的产业园区。

3. 整合算力资源,统筹服务能力

适度超前布局算力基础设施,加快推动未来人工智能计算中心和国家超算西安中心二期等新型算力基础设施的建设。着力打造集公共算力服务、应用创新孵化、产业聚合发展、科研创新与人才培养等多功能于一体的创新平台。积极向国家争取将陕西纳入"东数西算"枢纽,支持陕西节点建设。同时,探索区域统一的多云算力网络调度平台,实现异构算力环境的统一管理与运营,以满足不同创新主体的弹性算力需求,提高人工智能算力的支撑与调度能力。加大对中小企业的支持力度。针对中小企业的算力、数据和应用场景等方面提供更为细致的支持,帮助它们在产业链中提升地位。重点培育一批产业链链主企业、专精特新"小巨人"企业以及制造业单项冠军企业,推动其在各自领域形成竞争优势。

4. 扩大数据供给

推进公共数据资源全口径归集,建设全省统一公共数据资源开放平台,探索建立公共数据授权使用机制,提升公共数据供给能力。加大公共数据的整合与开放力度,探索建立公共数据授权运营机制,提升数据资源的利用效率。加强制造业数据的采集、开发与应用,推动建立企业数据"标注+训练"闭环机制,确保高质量数据集的储备。建设陕西丝路数据交易平台,鼓励企业挖掘数据资产、开放数据资源并参与数据交易,培育具有竞争力的企业数据品牌。

(三)创新平台建设工程,推动产学研融合

1. 推动基础研究支撑平台建设

大力支持西安交通大学实验室建设,推动人工智能理论和原始技术创

新，以"探月四期"和"深空探测"等国家重大项目为牵引，打造国际一流的人工智能研究高地，促进自主机器人、自动驾驶等前沿产品的规模化应用。支持西安电子科技大学智能感知与图像理解教育部重点实验室建设，通过类脑认知计算的"感知—认知—进化"一体化新理论与新方法研究，提升人工智能在非结构化环境中的认知与交互能力，加速通用人工智能技术的转化与落地。同时，推进陕西省人工智能联合实验室和智能机器人重点实验室的建设，整合省内科研力量，协同开展在环境感知、认知交互和决策控制等核心领域的基础与应用研究，推动高水平的学术交流与人才培养，打造一流的科技创新基地。

2. 加强共性技术攻关平台建设

大力推进西安交通大学研究中心发展，重点开展汽车高级主动安全与无人驾驶的视觉计算、大规模视觉信息识别与应用、新型人工智能计算架构及其实现，以及空间视觉计算系统的关键技术研发、系统集成和工程化应用。支持西北工业大学研究中心建设，聚焦智能无人机系统的关键共性技术、成套工艺与装备的开发和工程化，制定相关标准与规范，推动先进智能无人机系统工程技术的推广与应用。

3. 加快产业创新支撑平台建设

加快推进陕西省智能网联汽车产业创新中心建设，完善共性技术研发、技术孵化等公共服务平台，推动智能网联汽车的商业化应用及示范项目落地。加强西安交通大学、西安电子科技大学国家人工智能产教融合创新平台建设，紧密围绕产业需求开展关键技术攻关，注重产业人才的培养与输出。支持长安大学车联网教育部—中国移动联合实验室的发展，重点围绕车联网、智能汽车及其测试技术，搭建技术研发、应用推广、标准化和产业化的合作交流平台，构建产学研紧密结合的合作机制，推动先进车联网及智能汽车产业的持续发展。

4. 推动创新成果转化平台建设

着力打造面向全产业链的人工智能公共服务平台，推动算法模型的可信化、模块化、系统化和平台化服务，加快人工智能技术的标准化进程，降低企业技术应用门槛，提升技术应用的安全性和可靠性。同时，进一步完善平台的功能，提供数据处理、算法开发、模型训练等综合性服务，满足不同企业和科研机构的多样化需求，促进人工智能技术的普及与落地。定期发布人工智能技术应用推广目录，遴选符合国家发展方向和市场需求的人工智能产品，将符合条件的产品纳入软件首版次和重大技术装备首台（套）目录。对于入选产品，政府将提供政策、资金、技术等多方面的支持，助力其在市场中的推广和应用。通过目录制度的建立，鼓励创新企业参与前沿技术的研发与产业化应用，加快人工智能新产品、新技术的落地实施，推动智能化产业的整体升级。

（四）打造应用场景示范引领工程，全方位赋能产业发展

1. AI+制造

围绕制造强国建设重大需求，推进智能制造关键技术装备、核心支撑软件和工业互联网等系统的集成应用。研发智能产品及智能互联产品，建立健全智能制造标准体系，推动制造全生命周期活动的智能化。推广智能化协同管控技术的应用，建设基于制造过程管控与优化的自动化生产线、数字化车间和智能工厂等。重点在汽车、航空航天、装备制造和电子信息等领域推进示范应用，以全面提升数字化、智能化和精细化制造水平。

2. AI+能源

围绕陕北能源基地的高端化发展，充分拓展人工智能技术的应用深度，将其融入能源的开发与利用以及生产与消费的全过程。重点推进"5G+智慧煤矿"建设，充分运用智能检测、智能采掘和智能无人输送等系统，全面减少井下作业人员，提高矿井的安全系数和采掘效率。同时，加强综合能源网建设，构建多种能源形态的协同转化体系，实现集中式与分布式能源的协调运行，以提升综合能源网络的智能化管控水平。

3. AI+农业

推进智慧农业与农村工程建设，推动省级农业农村大数据的应用，加快涉农数据的全面整合与开放共享，打造一批大数据创新应用场景。开展传统

农机装备和生产设施的智能化改造，实施农业物联网示范工程，建设一批省级农业信息化示范基地。研发农业智能传感与控制系统、智能农业装备和农机田间作业自主系统等，推动人工智能在农业生产、经营、管理和服务的各个环节，以及农村经济社会的各个领域深入应用，加快建设服务全省"三农"的智慧农业服务体系。

4. AI+文旅

充分发挥陕西文化旅游资源优势，推动文化旅游产业和人工智能的融合与创新。积极推进智慧旅游，打造以增强现实、全息成像、裸眼 3D、沉浸式体验平台、互动影视和智能语音等内容为核心的文化娱乐智能产业创新集群。加大对博物馆、图书馆、美术馆等文化基础设施的智能化提升力度，建设网上博物馆、图书馆和美术馆群，提供个性化智能服务。在高 A 级旅游景区开展智慧景区建设，统筹交通、气象、安全等多源数据的采集与智能分析，实现对游、购、娱、餐、宿、行等旅游信息的实时监测与应急响应。

5. AI+医疗

积极推广人工智能治疗的新模式，探索智慧医院建设，支持医疗联合体运用互联网技术，加快实现医疗资源的上下贯通、信息互通共享和业务高效协同，推动构建有序的分级诊疗格局。强化临床新技术的应用，支持 AI 医学图像分析、AI 辅助诊疗和手术机器人等相关技术的推广与应用。利用人工智能技术优化新药研发过程，提高研发效率并降低成本。此外，鼓励发展精准智慧健康管理服务，强化可穿戴设备和家庭智能健康检测监测设备的研发与推广。加强疾病危险因素的监测、预警和评估应用，推动健康管理从点状监测向连续监测转变、从短流程管理向长流程管理升级。

6. AI+城市

构建城市智能化基础设施，发展智能建筑，推动地下管廊等市政基础设施的智能化改造与升级。建设城市大数据平台，构建多元异构数据融合的城市运行管理体系，实现对城市基础设施及城市绿地、湿地等重要生态要素的全面感知，深入理解城市复杂系统的运行。推进城市规划、建设、管理和运营的全生命周期智能化。探索智能设备和系统在网络、通信、电力、水务和安防等基础设施中的应用。研发智慧服务平台，为社区居民提供智能化服务，促进社区服务系统与居民智能服务的协同，开发智慧物业管理系统，实现社区物业的高效管理。

四　陕西打造人工智能创新产业集群保障措施

（一）加强组织领导与统筹协调

建立健全"链长统筹、链主带动、专班服务、市（区）协同"的工作机制，强化省市联动，统筹推进人工智能全产业链发展。设立省级部门、重点城市、高校、企业共同参与的人工智能联席会议制度，定期召开会议，协调解决人工智能发展中的重大问题，形成高效决策机制。组建陕西省人工智能发展专家咨询委员会，深入研究战略性、前瞻性问题，全面提升科学决策水平，确保发展方向准确、措施有力。

（二）强化政策支持与加大资金投入

完善财政引导机制，统筹各级政府财政性资金向人工智能领域重点项目倾斜，重点支持关键技术攻关、标准制定和新产品开发，推动产业链核心技术突破。积极引导社会资本通过天使投资、风投、创业投资基金等多渠道投入人工智能发展，支持企业通过知识产权质押贷款、股权质押贷款、融资租赁等多样化融资方式获取资金。符合条件的重大项目优先纳入重点项目库，确保项目在用地、基础设施等方面获得强力保障，为人工智能产业健康发展奠定坚实基础。

（三）重视人才引进与培养

实施高端人才引进计划，着力吸引人工智能基础理论、关键技术领域的高端人才和创新团队，搭建人才引进"绿色通道"。依托省内高校、科研院所和重点企业，联合建立人工智能学科、学院协同创新平台，推动人才培养与产业需求精准对接。加大对青年领军人才的培养力度，促进本地创新能力提升，打造一支结构合理、梯次有序的复合型人工智能人才队伍，为陕西省人工智能产业提供源源不断的人才。

（四）鼓励创新合作与国际化

充分发挥陕西在共建"一带一路"中的区位优势，推动建立人工智能国际科技创新联盟、联合研究中心和产业合作基地，促进与国际创新资源的深度融合。大力支持省内优势企业"走出去"，开展国际合作，积极参与全球人工智能技术应用的推广与合作。同步推进人工智能赋能的新型产业集群示范基地建设，形成区域集聚效应，提升陕西省人工智能产业的国际竞争力和影响力。

（五）加强安全保障与法治建设

建立健全人工智能网络安全、数据安全及科技伦理的防范机制，强化安全与创新并重原则，确保技术发展与社会责任有机统一。完善人工智能产品和系统的安全使用规范，推动行业自律与安全治理，形成可复制、可推广的治理模式。积极参与国际规则的制定与合作，确保陕西在全球人工智能治理体系中发挥积极作用，共同应对全球性挑战。

（六）推进创新试点与支撑体系建设

加快建设国家级人工智能创新发展试验区，支持西安等地率先开展试点工作，聚焦重点行业和领域，形成示范效应。建设大模型验证平台，支持通用大模型和行业大模型的应用验证，推动其在工业等重点领域的迭代升级。支持成立陕西省人工智能产业协会，持续举办"赛展会"等行业活动，搭建产业交流与合作平台，进一步优化创新生态环境，为产业集群发展提供源源不断的动力。

参考文献

清华大学中国科技政策研究中心：《中国人工智能发展报告 2018》，2018。

深圳前瞻研究院：《2019 年人工智能行业现状与发展趋势报告》，2019。

陕西省发展和改革委员会：《陕西省培育千亿级人工智能产业创新集群行动计划》，2024。

陕西省发展和改革委员会：《陕西省新一代人工智能发展规划（2019—2023年）》，2019。

陕西省工业和信息化厅：《陕西省加快推动人工智能产业发展实施方案（2024—2026 年）》，2024。

互联网周刊、eNet 研究院、德本咨询：《2023 人工智能企业百强》，2023 年 10 月 17 日，https：//data. cvsource. com. cn/cn/enterprise - detail/MTU4Nzc =，最后检索日期：2024 年 9 月 15 日。

福布斯中国：《2024 福布斯中国人工智能科技企业 TOP50》，2024 年 4 月 19 日，https：//data. cvsource. com. cn/cn/enterprise-detail/MTgwODg=，最后检索日期：2024 年 9 月 15 日。

IPRdaily：《中国人工智能发明专利企业排行榜（TOP50）》，2024 年 4 月 22 日，https：//data. cvsource. com. cn/cn/enterprise-detail/MTgwODY=，最后检索日期：2024 年 9 月 15 日。

B.18
氢能产业清洁发展机制与陕西实践[*]

周 宾[**]

摘　要：　本报告首先对氢能的基本概念及其产业链发展现状进行概述，当前氢能产业链已初步形成，其发展整体呈现"海外热、国内卷"基本态势。其次，重点从推动灰氢产业低碳化、促进绿氢产业规模化、提升供应链韧性与安全水平、加快行业领域技术创新、强化产业发展资金供给、提高专业人才管理水平、推进氢能市场体系建设等方面，对氢能产业清洁发展机制进行了解析。再次，对主要国家和地区的氢能产业发展和相关激励政策进行梳理后认为，国内氢能产业发展存在一定的同质化竞争，刺激政策协同性不够，政府推动和民间参与需要进一步协调。最后，为加快推动陕西氢能产业清洁化发展，助力经济社会发展全面绿色转型，结合国家和省级政策及地区氢能产业发展情况，建议推动灰氢产业低碳清洁化和绿氢产业规模化协同，加快全产业链技术创新，全方位完善市场体系，要用好财政金融工具、做好人才保障、加强宣传引导等。

关键词：　氢能产业　清洁发展机制　绿色低碳转型　陕西

当前，氢能已成为能源行业政策聚焦、科技创新、产业投资、场景应用的热点之一和新的经济增长点。作为一种清洁高效的二次能源，氢能既能够

---

　　* 本报告为2024年陕西省社会科学基金年度项目"陕西氢能产业链供应链高质量发展研究"（项目编号：2024D010）的阶段性成果。

　** 周宾，陕西省社会科学院生态文明研究中心研究员，研究方向为能源绿色低碳转型与可持续发展理论。

大规模替代传统化石能源，用于工业、交通、建筑等领域推进节能降碳，也可以通过物理化学过程转化为长周期、跨季节、跨地域的能量进行储存，有效缓解可再生能源电力消纳问题，是新型能源体系建设和实施可再生能源替代的重要组成。

一　氢能产业发展基础

（一）氢能基本概念

根据 GB/T 24499—2009《氢气、氢能与氢能系统术语》，作为能源载体使用的氢，其燃烧产物只是水，无污染物产生。电能、风能、太阳能、地热能、核能等可转化为氢能储存、运输或直接利用。氢经济（hydrogen economy）是围绕氢能制备、转化、储运、利用等经济活动的结果，包含相关政策、标准、规范等要素的一种经济结构。目前，业内关于清洁氢、低碳氢与可再生氢的界定，主要依据《低碳氢、清洁氢与可再生氢的标准与评价》（T/CAB 0078—2020）[①]，单位氢气碳排放量和氢气生产消耗能源是否可再生等技术指标。

氢作为主要的化工原料，已被广泛用于合成氨、合成甲醇、重油转化、氢冶金等工业领域，而作为能源载体，其被大规模开发利用的时间相对较短。为有效应对能源危机和气候变化等共同挑战，实现能源体系安全高效、清洁低碳是当今世界各国追求的共同目标。氢能资源较为丰富，被视为21世纪潜力巨大的二次清洁能源，近年来，在交通运输、电力生产、建筑节能等领域，逐渐得到推广应用，被认为是能够作为大规模推动碳减排的重要替代能源。同时需要看到，目前在氢能制备、转化、储运、利用等过程中，其相关的技术效率、成本价格、安全环保、经济便捷等方面，与传统电能相比，尚不具有明显优势。

[①]　全国团体标准信息平台网，https：//www.ttbz.org.cn/StandardManage/Detail/42014/。

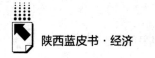

（二）氢能产业链现状

为深化能源革命，确保能源安全，推动绿色低碳转型、加快氢能产业清洁发展是促进氢能开发利用的重要方向。从目前氢能产业链看，大体包括上游制氢，中游转化、储运、加注，下游氢燃料电池生产和终端利用等环节。

氢制备方面，目前主要技术方法为化石燃料制氢、工业副产氢、电解水制氢等。其中，化石燃料制氢和工业副产氢仍是主流，约占80%，如煤气化制氢（棕氢）、石油部分氧化和甲烷重整（灰氢），增加碳捕集、利用与封存（CCUS）技术或碳捕获与封存（CCS）技术后的化石燃料制氢（蓝氢）生产成本较前者仍明显偏高。当前，绿氢制备的四种电解水制氢工艺为碱性电解水（ALK）、质子交换膜电解水（PEM）、固体氧化物电解水（SOEC）和阴离子交换膜电解水（AEM）。目前我国ALK技术相对较为成熟，发达国家的PEM技术优势明显。此外，利用生物催化和日光制氢技术尚不成熟。目前，受质子交换膜电解水技术限制，绿氢制备成本仍偏高，已被许多国家列为氢能产业清洁发展的重点方向。

氢转化方面，合成氨作为氢气最大的消纳产物，是世界上产量最多的化合物之一。可再生能源制取的氢气（绿氢）与空分后的氮气在催化剂作用下进行合成，可得到绿氨，该过程绿色、零碳排，满足环保要求。目前，有代表性的第三代工艺包括直接电催化、等离子体结合催化剂、低温常压下合成等技术。甲醇作为基础有机化工原料的一种，用途十分广泛。除生物质甲醇技术路径之外，通过绿氢耦合二氧化碳制取绿色甲醇是另一种典型的技术路径。其中，所需的二氧化碳是来自生物质或由碳捕集而来的二氧化碳，因其全链条零碳排，满足绿色环保要求，被视为绿色甲醇生产工艺。可以看出，在能源革命和绿色转型背景下，发展包括绿氨、绿醇等在内的绿色氢基能源，是探索氢能转化的新路径。

氢储运方面，氢是一种稳定可靠的储能形式，它可以纯氢或合成到某种载体中储运。对于长距离大量气态氢运输可以通过管网输配系统实现，小规模的液态和气态氢及其衍生物（氨、液态有机氢载体LOHC）运输主要通过依托船舶、卡车、火车等交通工具的储罐装运。技术条件分析，高压储氢技术较为成熟、应用较广，但储氢密度较低、安全风险较高；低温液态储氢密度较大、存储成本较高、液化过程能耗较大；固态材料储氢和有机液态储氢技术条件尚不成熟。当前，欧美日等国家和地区积极推动氢气低温液态储运。受技术条件等因素限制，高压气态储运仍是我国采用的主要方式，国内在氢管道建设运营方面尚存在差距。

氢加注方面，作为氢能交通工具商业化应用的重要枢纽，加氢站是氢燃料电池车加注氢气的重要设施，包括储氢系统、加注系统、压缩系统等。通常分为高压气体加氢站、管道加氢站和低温液体加氢站；根据设置方式分为站外加氢站和站内制氢加氢站。由于液氢密度较高，相同加氢量下，液体加氢站单位投资低于高压气体加氢站。目前，在全球加氢设施中，约1/3是液氢加注站；我国主要是高压气体加氢站，而液氢加氢站建设正处于起步阶段。

氢燃料电池方面，与传统干蓄电池相比，氢燃料电池采用氢气作为燃料，具有高能效、长续航、加注快、低噪声、零碳排等技术优势，其体系包括氢气供应系统、空气供应系统、电池堆等。根据电解质不同，其可分为碱性燃料电池、质子交换膜燃料电池、阴离子交换膜燃料电池、固体氧化物燃料电池等。受电池系统技术、加氢站建设等因素影响，相对于锂电池而言，目前氢燃料电池成本仍偏高。日本、中国和美国是氢燃料电池技术的主要来源国，尤其是日本，其专利申请量约占全球的四成。当前，我国加大了燃料电池电堆和核心零部件的研发力度，基本掌握了氢燃料电池汽车的关键技术，正积极推动大规模应用，但与一些发达国家相比，在效率和成本方面仍有一定差距。

终端氢能利用方面，国际能源署（IEA）报告[①]显示，2023年全世界氢能产量约9700万吨，预计2024年接近1亿吨，其中，99%以上属于灰氢，

---

① IEA，Global Hydrogen Review 2024，https：//iea. blob. core. windows. net/assets/3ece5ee4-7537-4992-8ba6-b83c994c3fd4/GlobalHydrogenReview2024. pdf.

且绝大部分供给非能源行业使用，主要涉及从精炼产品中脱硫和炼油厂的重油改质，以及工业供热（掺氢和纯氢）和建筑应用（掺氢和纯氢）等。除了氢能直接被利用以外，其可通过先转化为氢的衍生物和氢基化合物，例如氨、甲醇、甲基环己烷等，再经储运被下游行业进一步利用。为适应能源转型和绿色发展需要，全球氢能源汽车产业发展进一步加快。根据驱动方式可分为氢内燃机驱动和氢燃料电池驱动，后者燃料利用更高效、更绿色，但因技术要求更高，是研发攻关的重点。

二 氢能产业清洁发展机制

国际可再生能源署（IRENA）报告①认为：绿氢的来源应是可再生能源。目前，较为成熟的绿氢制备工艺是基于可再生发电的水电解技术。此外，生物质气化裂解、光催化、生物质超临界等技术制氢也属于绿氢。基于氢能应用的技术特点，可以看出，氢能产业清洁发展大体包括生产制备、加工转化、存储运输、终端使用4个主要环节。结合维护能源安全和促进绿色转型的需要，氢能产业清洁发展应以绿氢发展为目标，采取有序推动耦合CCUS/CCS的灰氢改造提升为蓝氢和积极发展包括清洁氢、低碳氢、可再生氢等多路并举的基本思路。

根据《中共中央关于进一步全面深化改革、推进中国式现代化的决定》和《中共中央 国务院关于加快经济社会发展全面绿色转型的意见》等有关政策文件，结合产业组织和产业发展的基本规律，研究认为，以实体产业链为核心，以原料供应链为基础，以技术创新链为驱动，以资金供给链为要件，以专业人才链为支撑，以配套政策链为保障，进而形成关联协同的氢能产业清洁发展机制，是促进我国氢能产业高质量发展的重要内容。从以下七个方面具体解析。

---

① IRENA, Green Hydrogen for Industry: A Guide to Policy Making, https://www.irena.org/Publications/2022/Mar/Green-Hydrogen-for-Industry.

推动灰氢产业低碳化。制氢端是现有灰氢产业链低碳化的重点。灰氢产业链低碳化主要包括两种：一种是对传统化石能源制氢产业链进行 CCUS/CCS 技术改造，以及清洁能源发电制氢与煤化工/石油化工耦合；另一种是对烧碱副产、高炉煤气或焦炉煤气分离回收、乙烯或丙烯副产回收等过程中的氢进行物理或化学纯化，根据纯度等级用于下游相应的行业和领域。鉴于工业副产制氢的碳排放量较化石能源制氢更低，加装相应提纯装置的蓝氢工艺应用前景更广阔。

促进绿氢产业规模化。成本和价格是制约当前绿氢产业规模化的主要因素。依靠创新驱动下的绿氢领域关键技术瓶颈逐渐被突破，不断降低绿电成本、制氢设备购置和运维成本、制氢成本等，促使绿氢平准化成本下降，逐步与蓝氢甚至灰氢价格趋向平行，是绿氢产业规模化的关键。此外，不断完善的财税政策，围绕绿氢产业链的持续性技术研发投入，加强配套基础设施建设，以及产业链下游应用场景拓展等，也是促进绿氢产业规模化的重要措施。

提升供应链韧性与安全水平。提升氢能产业供应链韧性与安全水平涉及氢能相关原材料、设备、产品、技术等，其中，氢气和液氢的储运是重点内容。我国作为主要的氢气进口国之一，工业和交通等领域对氢气需求量巨大。一方面，加快提高我国自身制氢能力是提升我国氢能供应链韧性的重要举措；另一方面，基于地缘安全、技术经济等因素考量，通过优化运输路线和多元化采购，选用液氢或甲基环己烷储运方式，有助于提升氢能供应链韧性与安全水平。

加快行业领域技术创新。改造提升现有"灰氢"转化为"蓝氢"和加快绿氢技术瓶颈突破，是氢能行业依靠技术创新的突破口。前者，对现有灰氢工艺进行技改更新，并降低耦合 CCUS/CCS 后的制氢成本，以及推动工业副产氢分离与提纯技术升级，都是促进氢能产业清洁发展的过渡之举。后者中，通过推动水风光氢储一体化，在促进制氢电源的绿色替代的同时，有效缓解新能源消纳，增强并网稳定性，并依托技术创新加快技术、工艺、材料等国产化替代，降低关键技术设备成本，不断提高氢气提纯、储运、加注等环节的经济性和安全性。此外，加快突破氢燃料电池系统相关技术瓶颈，有助于拓展氢能产业应用场景。

强化产业发展资金供给。强化相关财税金融供给，有助于为氢能产业清洁发展提供充足的资金支持。为促进氢能产业清洁发展，采取财政补贴、税收优惠等措施，需要加快建立和完善清洁氢相关标准与规范，也有助于为未来可能与国外对接实施清洁氢需求配额管理提供技术依据。同时，对灰氢行业逐步开征必要的碳税，有助于倒逼传统灰氢工艺淘汰和促进灰氢产业低碳转型。此外，结合绿色产业目录，更好发挥绿色金融（碳金融、转型金融、气候金融等）工具作用，为氢能产业清洁发展相关的项目、企业投融资提供精准产品和服务。这是贯彻落实中央有关精神、发挥耐心资本作用、助力氢能产业形成新质生产力的具体体现。

提高专业人才管理水平。氢能领域相关专业人才是氢能清洁发展的智力支撑。为深化"四链"融合，要使人才链与产业链、创新链、政策链等紧密关联。出台具有吸引力的政策，搭建"双创"平台，柔性引进相关科创团队和高技能人才，有助于解决企业的燃眉之急。同时，加强产学研结合和产教融合，是立足培养本土化专业人才的长远之策。此外，完善的薪酬制度、分红机制、股权激励等，对于留住人才至关重要。因此，提高人才引进、培养、使用、服务等管理水平，有助于促进氢能产业高质量发展。

推进氢能市场体系建设。氢能产业高质量发展需要以氢能市场体系为支撑。一方面，要围绕全国统一大市场建设，立足促进国内氢能领域"科技—产业—金融"良性循环，通过细化完善氢能发展政策、技术标准、实施方案等，建设规范化的氢能市场机制，促进供需双方有效对接、跟踪市场价格变化、交易采购公平有序等。另一方面，依托共建绿色"一带一路"，加强氢能领域的国际交流合作，在引进先进适用技术和吸引海外资金参与国内氢能市场发展的同时，鼓励国内有实力的氢企积极参与拓展海外市场业务，进而带动实现高水平的双循环。

三 主要国家和地区氢能产业发展概况

（一）世界氢能产业发展

全球经济尚未完全复苏，地缘冲突不断加剧，以及为确保能源安全和有效应对全球气候变化等需要，全球氢能产业发展迅速，尤其是低碳氢（蓝氢、绿氢和生物氢）已成为世界氢能产业发展的主要方向。IEA 数据[①]显示，2023 年全球氢气产量大约 9700 万吨，较上年增长 2.5%，其中，未采取 CCUS 技术的天然气制氢获取的氢气产量约占 62%，而低碳氢产量不足1%。从世界范围看，全球 70% 以上的氢产能来自中国、美国、俄罗斯、中东、印度等，其中，中国氢产能约占全球的 30%，且主要用于国内炼化行业。同时，中国也是全球最大的氢能消费国，约占全球氢气使用量的 30%。截至 2023 年，全球已宣布近 2000 个绿氢项目，在氢能产业链上的投资近6000 亿美元，其中，中国和德国的绿氢项目数量领先于世界其他国家。当前，全球氢能基础设施建设明显加快，氢能供应网络正逐步形成。2024 年 8月，《中国的能源转型》白皮书发布，数据显示，中国是世界上加氢站数量最多的国家，累计建成加氢站数量已突破 450 座。同时，数据[④]显示，就制氢关键部件——电解槽而言，截至 2023 年，全球电解槽装机容量约1.4GW，较 2022 年底增长了近 1 倍，其中，ALK 和 PEM 技术分别约占 60%和 22%。受新增装机容量激增影响，2023 年全球专用氢气生产的水电解槽装机容量新增达到 600MW，其中，中国排第一位，约占 3/4，远超其后的欧盟、美国、印度之和。此外，就氢燃料电池车而言，韩国是目前世界上氢燃料电池车生产量最多的国家，约达 3.4 万辆；其次是中国，约达 2 万辆。在

---

① IEA, Global Hydrogen Review 2024, https：//iea. blob. core. windows. net/assets/3ece5ee4 - 7537 - 4992 - 8ba6 - b83c994c3fd4/GlobalHydrogenReview2024. pdf. IEA, Clean Energy Market Monitor-March 2024, https：//iea. blob. core. windows. net/assets/d718c314 - c916 - 47c9 - a368 - 9f8bb38fd9d0/CleanEnergyMarketMonitorMarch2024. pdf.

能源转型背景下，随着氢能关键技术不断取得突破，其市场将快速扩张，成本将会持续下降，在冶金、化工、交通、电力等领域，未来低碳氢占比将不断提高，全球氢能产业清洁发展前景广阔。

（二）相关激励政策

随着世界氢能市场需求快速增长，多国对氢能产业发展持积极态度。中国氢能联盟数据显示，目前，世界已有超过 50 个国家和地区制定了氢能产业发展战略或相关计划，欧、美、日、韩等国家和地区加快推动相关政策落地和完善。[①] 2020 年后，欧盟陆续制定了氢能战略、能源系统整合策略、氢能银行计划等政策，支持氢能产业发展和加大融资协调整合力度，并依托碳边境调整机制强化自身氢能市场的竞争优势，其主要成员德国、法国、意大利、西班牙等国积极参与，并将氢能战略纳入绿色经济复苏计划。尽管英国发展氢能起步较早，但相关促进政策机制相对滞后，2021 年出台《国家氢能战略》，力图凭借自身在可再生能源供应链和价值链创新领域积累的经验，成为全球氢能领域的领导者。美国于 20 世纪 70 年代着手将氢能作为传统化石能源的重要替代，近年来，积极出台相关激励政策，2023 年发布的《国家清洁氢能源战略与路线图》明确了近中远期氢能发展目标和清洁氢碳排放标准。日本在 2017 年出台的《氢能基本战略》提出了氢能社会宏伟目标，经 2023 年修订后，大幅提高了中长期发展目标并明确积极拓展氢能海外市场，同时，还强化了氢能低碳排放要求。近五年来，韩国陆续发布了《氢能经济发展路线图》《氢能城市计划》《促进氢经济和氢安全管理法》等，加快构建氢经济发展战略框架，以期建立清洁氢气供应链、培育世界领先的氢工业。此外，加拿大一直以来将氢能作为实现碳中和目标的重要替代能源，并于 2020 年发布了《氢能国家战略》计划，旨在降低低碳氢和可再生氢领域项目风险、拓展重点应用领域、完善技术标准规范，继续稳固其在海外的竞争优势。澳大利亚通过制定本国氢能战

---

① https：//cn. fuelcellchina. com/Industry_ information_ details/1528. html.

略，积极打造全球氢能枢纽，计划成为氢能供应大国，并加强与亚欧主要国家共建氢能伙伴关系。

四　我国氢能产业发展概况

（一）我国氢能产业发展

新中国成立后，我国氢能产业逐步发展起来。21 世纪初，我国已成为世界主要的氢能生产和消费大国，并先后经历从煤制氢到天然气制氢、工业副产制氢、绿电水解制氢等阶段，不断满足从冶金、化工到交通运输等多元化的需求。为应对全球气候变化、能源转型和维护国家能源安全，我国氢能产业发展进入"快车道"。数据①显示，截至 2023 年底，全国氢年产量超过 3500 万吨，同比增长约 2.3%，约占全球的 1/3，主要用于化工、炼化等中间原料。其中，电解水制氢年产能达到 30 万吨。作为我国氢气的主要生产地，西北、华东、华北等地产量占全国的 70% 以上。当前，全国氢产量总体增长较快，灰氢占比依然较高。随着全国和多地支持氢能产业绿色发展的政策陆续出台，氢能产业逐渐呈现灰氢、蓝氢、绿氢多元化发展的基本格局，除了"三北"地区是全国氢能重要的生产基地之外，在电解水制氢、氢燃料电池等研发、生产方面，京津冀、长三角、大湾区、成渝、关中等地区，正逐步成为促进我国氢能产业高质量发展的重要引擎。此外，2024 年我国最高量级车载液氢系统"赛道 1000"研制成功，使我国在液氢重卡领域能够跻身国际先进水平，并且，2024 年 9 月我国首套氢膨胀 5 吨/天氢液化系统研制成功，是我国液氢规模化、工业化应用的重大突破，对于深化能源革命和加快经济社会发展全面绿色转型具有重要意义。此外，香港积极将上市公司引入相关实体企业，推动地区氢能产业发展，港区城燃管网掺氢比

---

① 《〈中国氢能发展报告（2023）〉显示——我国氢能产业集聚效应凸显》，人民网，2024 年 8 月 5 日。

重接近 50%，但氢能巴士等推广尚在起步阶段，粤港澳大湾区将是港澳氢能产业发展的重要载体。台湾地区氢能产业链相对较完整，但制储运技术相对落后，且成本偏高、规模有限，相关产业主要分布在台岛的北、中、南等园区，从目前情况看，闽台合作有助于未来台湾地区氢能产业发展。

（二）相关激励政策

随着我国《氢能产业发展中长期规划（2021—2035 年）》等国家层面激励政策陆续出台，国内各省区市氢能产业发展不断加快。我国现已出台的氢能领域国家级政策、规范和标准超过 110 项，氢能政策规范标准体系框架日趋完善。尤其是 2022 年国家发展改革委、国家能源局联合发布的《氢能产业发展中长期规划（2021—2035 年）》，明确了我国氢能产业发展的战略定位、发展目标和重点内容，是新时期我国推动氢能产业高质量发展的重要指针。2023 年，国家标准委等六部门发布了《氢能产业标准体系建设指南（2023 版）》，从基础与安全、氢能供应和应用等方面，对相关标准的制定和统一管理进行了明确与规范。2024 年，《中共中央 国务院关于加快经济社会发展全面绿色转型的意见》提出"推进氢能'制储输用'全链条发展"，对于指导我国氢能产业高质量发展意义重大。目前，我国内地已有约 30 个省份出台了氢能规划布局、产业链发展、场景应用等相关政策。此外，我国台湾地区也出台了《永续能源政策纲领》《温室气体减排和管理法》《新能源政策》等政策，并持续修订完善了氢能生产、储运及进口的地方性政策法规，努力推动地区能源转型。中国香港特区政府于 2022 年成立跨部门氢能工作小组并推动地区氢能利用，之后制定的《氢能策略》旨在推动香港成为中国氢能发展的示范基地，以及发挥自身作为"超级联络人"和"超级增值者"的优势，为我国在"一带一路"氢能领域发展作出了积极贡献。中国澳门特区政府环保部门于 2023 年发布了《澳门长期减碳策略》①，提出加强氢能在陆上交通和发电领域应用研究的技术创新。

---

① 《澳门环保局公布〈澳门长期减碳策略〉》，2023 年 12 月 30 日。

五　陕西氢能产业发展现状

（一）陕西氢能产业发展

陕西不仅是我国传统化石能源大省，而且氢能资源丰富，相关产业及配套技术研发和规模化、产业化等基础坚实。按照陕西氢能产业发展规划，全省正稳步推进"一核引领，两轴联通，三心支撑"的氢能发展格局。目前，陕西灰氢产能超过200万吨/年，蓝氢约20万吨/年，绿氢潜在产能8万吨/年。驻陕高校包括西安交通大学、西北工业大学、陕西科技大学等在电解水制氢、光催化制氢、先进储氢材料、固态储氢等领域拥有较强科研实力。重点能源国企包括中石油集团管材研究所、陕西延长石油集团、陕西煤业化工集团等都拥有自身的氢能技术研发工程中心，且陕西氢能作为新成立的省属企业，积极落实省委、省政府要求，打造氢能全产业链和氢能领域领军企业，为陕西氢能产业发展提供了重要支撑。同时，陕汽德创未来、秦星汽车等具备氢燃料重卡、客车生产的能力；三星环新、法士特、陕鼓等在动力电池、氢燃料电池及其零部件领域具有优势。此外，华秦新能源、旭氢时代、秦氢元等在水解电解槽、电池电堆、氢燃料电池及超高速空压机、LOHC、固态储氢等领域技术创新成果显著。2024年5月，陕西旭强瑞与西安交通大学、北京氢璞创能联合研发的全省首条氢燃料电池全自动生产线在秦创原·氢合湾-氢能产业两链融合科创区开工，项目一期年产能可达2000套。可以看出，陕西围绕氢能领域研发、设计、生产的产业全链条发展基础良好，并且，由于物流运输对绿色低碳交通工具需求明显，氢能汽车应用场景前景广阔。

（二）相关激励政策

陕西氢能产业布局更加合理、发展不断加快，主要得益于相关政策措施不断建立健全。2022年以来，陕西省陆续出台了《陕西省"十四五"氢能产业发展规划》《陕西省氢能产业发展三年行动方案（2022—2024年）》《陕西省促进氢能产业发展的若干政策措施》等一系列激励政策，对全省氢能产业发展进行了战略部署，明确了目标任务，作出了具体安排，并且西安、榆林、渭南等地也相继发布了各自的氢能产业发展规划。2023年2月，《陕西省碳达峰实施方案》提出，推进氢能"制运储用"全链条发展，提升氢能产业核心竞争力。为促进陕西氢能标准体系不断完善，提高行业领域氢能合作发展的积极性，2023年12月，陕西省氢能标准化技术委员会在西安成立。2024年4月，《陕西省新型储能发展实施方案（2024—2025年）》提出，围绕新能源富集区域推动风光制氢试点示范。2024年8月，陕西省出台了《陕西省氢能产业质量强链暨助力氢能产业新质生产力发展工作措施》。这些标志着全省"1+N"氢能政策体系逐步形成，对于促进陕西氢能产业高质量发展、加快形成新质生产力，以及稳步推动全省经济社会发展全面绿色转型意义重大。

（三）主要问题和短板

当前陕西氢能产业进入加速发展期，依托现有能化产业基础，氢能产业整体规模虽具有一定优势，但氢能产业清洁发展存在的问题和短板也不容忽视，主要表现在：一是化石燃料和副产制氢仍是主要来源，灰氢占比依然较高，需要加快推进绿色低碳转型；二是陕西氢能产业规划布局与周边省份存在一定趋同竞争，需要加强差异化发展、深耕细分领域；三是低碳氢相关技术协同创新优势不明显，需要加强上下游和横纵向创新，突破技术瓶颈；四是炼化是原料用氢的重点领域，交通运输是低碳氢应用的重点领域，需要拓展多元化的应用场景，促进绿色转型；五是在氢能领域关键技术创新方面需要稳定的资金支持，在项目策划实施、规模化产业化、应用场景拓展、标准规范制定、专业人才引进等方面还需要进一步优化政策环境。

六　陕西氢能产业清洁发展的建议

为贯彻落实党的二十届三中全会精神和中共陕西省委十四届六次全会精神，按照全省氢能产业发展总体布局和有关部署，结合当前陕西氢能产业发展的特点和存在的问题短板，应从产业培育、技术创新、市场建设、配套保障等方面采取措施，加快推动全省氢能产业清洁化，进而助力陕西经济社会发展全面绿色转型。

产业培育方面，推动灰氢改造升级，扩大蓝氢应用规模，促进绿氢发展壮大。就产业组织和发展而言，围绕制备清洁化、转化高效化、储运安全化、加注经济化、应用多元化，以"炼化用氢""交通用氢"两条氢能产业链为核心，强化"四链"融合，推动全省重点园区、企业开展工业副产制备蓝氢和电解水制备绿氢示范等项目建设。就产业布局和协作而言，以陕北能化产业为基础，加快灰氢向蓝氢的清洁低碳转型，即灰氢产业低碳化；以关中先进制造业为基础，加快绿氢发展，即绿氢产业规模化，并以秦创原平台为核心，加大绿氢领域关键技术的研发和应用。此外，承接用好"大规模设备更新和消费品以旧换新"各项政策，发挥陕西现有氢能产业基础优势，促进交通、能源、工业等重点领域装备设施有序更新。

技术创新方面，不断提高蓝氢制用占比，加快推动绿氢应用示范。通过持续深化产学研用一体化纵向协同，以及鼓励省内高校、科研院所、企业技术中心等与省外相关机构加强横向技术交流合作，一方面，结合碳达峰目标，加快化石燃料和工业副产耦合 CCUS/CCS 的蓝氢工艺，以及储氢材料、氢气（液氢）加注等关键技术瓶颈实现突破，发挥陕西氢能公司作为全省氢能产业发展的核心作用，强化技术研发应用方面的引领示范；另一方面，积极促进绿氢领域碱性电解槽、质子交换膜、氢燃料电池，以及绿氢制甲醇、绿氨合成等工艺和产品创新突破，积极进行试点总结和示范推广，以推动氢能全产业链技术创新。

市场建设方面，加快完善氢能领域相关的地方性技术标准，不断拓展下游应用场景。加强对全省氢能市场发展管理，依托陕西省氢能标准化技术委员会等组织，围绕氢能产业链上下游技术需求，加快完善地方性技术标准和操作规范，助力科技创新和成果转化。同时，依托行业协会、科技联盟等，加强氢能设施建设、运营监督管理，有效管控氢能产业链供应链风险，并充分运用"基金招商""资本招商"模式，以基金撬动资本，以资本引入产业。此外，按照"一核引领，两轴联通，三心支撑"的陕西氢能发展格局，引导鼓励在交通运输、炼化工业、风光储氢一体化等重点领域，开展氢能多元化示范应用项目建设。

配套保障方面，强化相关财政金融政策支持，积极做好人才保障和宣传引导。围绕陕西氢能领域关键工艺、装备和零部件的技术创新和产业化需求，与陕西碳达峰等工作相衔接，引导各地和相关企业统筹用好国家和陕西省财政资金，以及绿色债券等工具，支持对氢能技术应用和产业示范给予必要奖补。同时，加强政银企合作，鼓励省内金融机构为蓝氢、绿氢等领域的项目和企业及时提供信贷、保险、融资租赁等合规的转型金融、绿色金融服务，加强跟踪监管，并支持西咸新区加大对绿氢领域项目投融资、中介服务引导与规范。此外，引进和培养氢能领域"制储输用"相关技术和管理人才，鼓励产教融合中心和实践教学基地建设，并通过主流媒体平台积极向企业、社会宣传氢能利用政策和科普知识。

参考文献

张胜杰：《我国氢能产业集聚效应凸显》，《中国能源报》2024 年 8 月 5 日。

刘赫：《德国加快推动氢能产业发展》，《人民日报》2024 年 8 月 12 日。

刘亮：《高起点打造氢能产业链》，《经济日报》2024 年 7 月 15 日。

霍强：《"氢"风劲吹 陕西竞逐万亿新赛道》，《陕西日报》2024 年 7 月 25 日。

田慧芳：《加拿大重视发展氢能产业》，《中国社会科学报》2021 年 9 月 27 日。

李娟、龚娟、任蔷：《我国各省区市氢能产业政策情况分析及对陕西的启示》，《科技创新与生产力》2024 年第 6 期。

王超、孙福全、许晔：《碳中和背景下全球关键清洁能源技术发展现状》，《科学学研究》2023 年第 9 期。

凌文、李全生、张凯：《我国氢能产业发展战略研究》，《中国工程科学》2022 年第 3 期。

贾英姿、袁璇、李明慧：《氢能全产业链支持政策：欧盟的实践与启示》，《财政科学》2022 年第 1 期。

边文越、陈挺、陈晓怡等：《世界主要发达国家能源政策研究与启示》，《中国科学院院刊》2019 年第 4 期。

IEA，Global Hydrogen Review 2024，2024.

IEA，Clean Energy Market Monitor-March 2024，2024.

BP，bp 世界能源展望（2024 年版），2024。

IEA，World Energy Investment 2024，2024.

IEA，Opportunities for Hydrogen Production with CCUS in China，2022.

IRENA，Green Hydrogen for Industry：A Guide to Policy Making，2022.

B.19
陕西推动制造业绿色低碳发展路径研究[*]

张　馨[**]

摘　要：　推动制造业绿色低碳发展对于加快形成新质生产力具有重要的推动作用。当前，陕西积极构建绿色制造体系，加快推进现代化产业体系绿色化，制造业呈现向"新"向"绿"发展态势。在新时代推动西部大开发、发展新质生产力、国家战略腹地建设等战略机遇下，本报告基于陕西制造业的产业结构、产业集群、技术创新、绿色转型等现状分析，提出了陕西推动制造业绿色低碳发展的方向，并从传统制造业绿色低碳转型升级、先进制造业绿色低碳创新引领、前瞻布局绿色低碳领域未来产业、培育制造业绿色融合新业态、打造制造业绿色转型创新引擎、加强绿色低碳转型的政策保障和监管机制六个方面设计陕西制造业绿色低碳发展的路径。

关键词：　制造业　绿色低碳　数字化　绿色生产力

一　新时代推动制造业绿色低碳发展的内涵

绿色低碳发展是人类应对全球环境挑战的必然选择，是推进人与自然和谐共生现代化的内在要求，是我国实现可持续高质量发展的永恒主题。党的十八大以来，我国绿色低碳发展取得历史性成就。能源绿色转型步伐加快，

---

* 基金项目：陕西省社会科学基金项目"'双碳'目标下陕西'十四五'时期经济绿色低碳转型研究"（项目编号：2022D061）、陕西省软科学项目"'双碳'目标下陕西制造业绿色低碳转型的路径创新研究"（项目编号：2024ZC-YBXM-144）。

** 张馨，陕西省社会科学院经济研究所副研究员，研究方向为宏观经济与区域可持续发展。

截至 2024 年 6 月底，我国可再生能源装机规模达到 16.53 亿千瓦，占总装机的 53.8%；产业结构持续优化升级，建成全球最大、最完整的新能源产业链；资源利用效率持续提高，2023 年我国单位国内生产总值能耗、碳排放强度较 2012 年分别下降超过 26%、35%，主要资源产出率提高了 60% 以上；环境质量持续改善，天更蓝、山更绿、水更清①。但是，我国绿色转型仍然面临不少困难挑战。能源结构偏煤、产业结构偏重、环境约束偏紧的国情没有改变，化石能源和传统产业占比仍然较高，生态环境质量稳中向好的基础还不牢固。党的二十届三中全会就加快经济社会发展全面绿色转型作出重要部署。2024 年 7 月，中共中央、国务院印发《关于加快经济社会发展全面绿色转型的意见》，对加快经济社会发展全面绿色转型作出系统谋划和总体部署，对于推动发展方式绿色转型、全面推进美丽中国建设、实现高质量发展具有重要意义。

制造业是国民经济的支柱产业，新发展阶段，制造业在建设现代化产业体系、推进新型工业化中发挥着举足轻重的作用。因此，聚焦"双碳"目标，紧抓新一轮科技革命和产业变革的机遇，推动制造业绿色低碳发展对于我国加快经济社会发展全面绿色转型显得尤为重要。党的二十大报告指出，实施产业基础再造工程和重大技术装备攻关工程，支持专精特新企业发展，推动制造业高端化、智能化、绿色化发展。这为加快推进制造业高质量发展，推动中国制造向中国创造、"中国智造"转变，指明了方向、提供了遵循。制造业绿色低碳发展，就是要以推动制造业高质量发展为主方向，统筹发展与绿色低碳转型，加快构建绿色制造体系，提高制造业"含金量""含智量""含绿量"，让制造业在推动经济高质量发展、保障国家安全等方面作出更大贡献。

习近平总书记强调，绿色发展是高质量发展的底色，新质生产力本身就是绿色生产力。绿色低碳经济将成为新质生产力培育的重点方向，绿色制造也将迎来更大的市场空间和优势。未来，应在传统产业提质增效、新兴产业重点培育、未来产业谋篇布局等方面不断提升发展优势、创新发展动能、优化

---

① 《深入推进绿色低碳发展》，《人民日报》2024 年 8 月 12 日。

发展生态，通过构建绿色供应链体系、发展绿色科技创新、鼓励绿色技术应用、培育绿色消费市场，做强绿色制造业，加快推进现代化产业体系绿色化。

陕西制造业体系完备，对全省经济起到重要的支撑作用，也是节能减排的重点领域。在新时代推动西部大开发、发展新质生产力、国家战略腹地建设等战略机遇下，陕西推动制造业绿色低碳发展将具有新优势新动能，助力工业领域实现碳达峰、碳中和目标。

二　陕西制造业发展现状[①]

（一）产业结构持续优化

近年来，陕西制造业呈现良好增势，产业链供应链韧性和安全水平大幅提升。2023 年，制造业增加值同比增长 6.0%，占地区生产总值比重为 19.4%。装备制造业引领增长，重点产业链发展提速。2023 年，全省规上装备制造业增加值同比增长 12.5%，其中汽车制造业，计算机、通信和其他电子设备制造业增加值均实现两位数增长。高技术制造业增加值较快增长，工业战略性新兴产业稳步发展。2023 年，全省高技术制造业增加值同比增长 11.9%，快于规上工业增加值增速 6.9 个百分点，高于全国 9.2 个百分点。制造业结构不断优化升级，传统制造业向高端装备制造、新能源汽车、新材料等高附加值产业转型升级，高端装备制造业增加值由 2018 年的 399.5 亿元增加到 2023 年的 445.9 亿元；新能源汽车产业 2023 年实现增加值 248.1 亿元，较 2018 年增加 194 亿元。

（二）产业集群逐步壮大

陕西全力加速打造先进制造万亿级产业集群，成为工业发展的重要引擎。在规划部署的 34 条省级工业重点产业链中，航空、航天、商用车（重

---

① 本节数据来源于《2023 年陕西省国民经济和社会发展统计公报》、陕西省统计局网站。

卡）、乘用车（新能源）、数控机床、增材制造等 23 条产业链属于先进制造产业链。其中，商用车（重卡）、乘用车（新能源）、太阳能光伏、输变电装备为千亿级产业链；人工智能（大数据）等产业链在加速突破千亿元产业规模。这 23 条产业链技术优势明显、竞争力强，新技术不断催生新产品。氢燃料电池重卡、大型无人运输机等产品获得市场认可，未来将成为产业发展的新亮点。新能源汽车持续高质量发展，2023 年全省新能源汽车产量 105.2 万辆，同比增长 33.9%，居全国第三位，初步形成以比亚迪、吉利为龙头，以新能源乘用车、动力电池、关键零部件为代表的新能源汽车产业集群。同时，陕西积极承接东南沿海地区产业转移，对壮大先进制造业产业集群发挥了推动作用。

（三）技术创新不断进步

陕西以科技创新为核心驱动力，鼓励企业加大研发投入，推动制造业朝智能化、绿色化方向发展。2023 年，陕西省企业研发投入经费同比增长 15.3%，增速高于全国 4.3 个百分点。为激发创新活力、提升创新能力，陕西对制造业企业进行研发经费奖补，有效地激励了企业增加研发投入，促进高技术制造业的发展。一大批高新技术企业蓬勃发展，为陕西制造业注入新的活力。

（四）重点项目筑牢根基

在深化"三个年"活动的强力牵引下，陕西围绕重点领域和优势行业发展，瞄准世界先进水平，积极谋划建设一批好项目、大项目，制造业投资结构加速优化。2023 年，全省聚焦 24 条制造业重点产业链，"一链一清单"推动产业链高质量项目建设，制造业投资同比增长 9.4%，高于全国 2.9 个百分点。全省围绕新能源汽车、太阳能光伏、高端装备等先进制造产业链重点发力，加快培育和发展新质生产力，建成了比亚迪新能源汽车零部件扩产项目、三星闪存芯片、G8.5+基板玻璃等一批先进制造业项目。这些投资规模大、科技含量高和带动作用强的重大项目，有力地带动了制造业快速增长，为增强产业发展后劲奠定了坚实的基础。

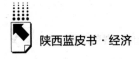

（五）国际市场积极拓展

陕西抢抓"一带一路"机遇，深入实施更高水平对外开放战略，积极拓展国际市场，出口产品附加值不断提高。陕西一些制造业企业已经在国际市场上树立了良好的品牌形象，产品远销东南亚、欧美等国家和地区，逐渐形成包括机电产品、航空航天、计算机与通信技术等多类别、科技含量高的产品在内的出口新模式。2023 年，机电产品出口占比达到 83.2%，成为陕西出口的一张重要"名片"。汽车产业作为陕西全力打造的支柱产业之一，产品出口势头强劲。陕汽、比亚迪、吉利等车企积极布局新领域、抢占新赛道，2023 年汽车出口 218.19 亿元，同比增长 1.7 倍，其中作为"新三样"之一的电动载人汽车出口 53.21 亿元，增长 11.5 倍。

（六）绿色转型动力增强

着力推进制造业绿色发展。制造业智能化、绿色化、数字化、服务化转型升级不断加快。充分发挥国家级新区、国家级高新区等平台作用，打造一批特色鲜明、功能完善的绿色低碳产业园区，加快推进低碳、近零碳试点示范建设，系统提升工业园区、工业企业绿色低碳发展水平。截至 2024 年 10 月，全省累计创建国家级绿色工厂 151 家、绿色工业园区 7 家、绿色供应链管理企业 8 家、省级绿色工厂 300 家、绿色工业园区 14 家、绿色供应链管理企业 14 家。陕西省逐步建立了高效、清洁、低碳、循环的绿色制造体系，充分发挥绿色工厂以点带面的示范作用，引领全省制造业加快绿色转型。

三 陕西制造业绿色低碳发展面临的挑战[①]

（一）工业能源结构偏煤情况较为严峻

陕西能源结构以煤为主导，2023 年煤炭消费量占比为 55.3%，尽管比

[①] 本节数据来源于《能源供应保持稳定 能源消费有效控制》，https：//tjj. shaanxi. gov. cn/tjsj/tjxx/qs/202411/t20241107_ 3161388. html，最后访问日期：2024 年 11 月 5 日。

重有所下降，但煤炭消费在短期内仍将保持重要地位。2024 年前三季度，规模以上工业能源消费量同比增长 4.2%；煤炭消费量增速加快，全省规模以上工业煤炭消费量 20217.63 万吨，同比增长 9.6%，增速较上年同期加快 6.9 个百分点。由于制造业对化石燃料有着巨大需求，绿色转型进展缓慢。

（二）部分行业企业能效水平有待提升

高耗能领域重点行业企业能效在基准水平和标杆水平之间的占 90% 以上，需要淘汰的落后重点用能设备数量较多。2024 年前三季度，六大高耗能行业综合能源消费量占规模以上工业能源消费量的 90.4%，能耗同比增长 4.8%，拉动全省规模以上工业能耗增速上升 4.4 个百分点，工业降碳压力倍增。

（三）绿色低碳科技创新能力亟待提升

技术创新是制造业实现绿色低碳转型的主要途径，但当前制造业企业在绿色低碳转型的技术创新方面基础薄弱、科研投入不足，具有自主知识产权的科技成果少，原始创新能力和科研成果转化能力差距明显，技术缺位成为制约绿色高质量发展的关键短板。

（四）企业绿色发展意识不强

部分企业对工业绿色发展的重要性认识不到位，重眼前、短期和局部效益，轻产品全生命周期、产业链绿色发展的系统思维，节能、节水、清洁生产、资源综合利用的新技术、新工艺、新设备投入不足。相关激励政策也尚不健全，中小企业绿色低碳"转型难""转不动"问题依然存在。

四　陕西推进制造业绿色低碳发展的方向

（一）优化制造产业结构，加快构建绿色制造体系

落实全国新型工业化推进大会部署，推动传统制造业向高端化、智能

化、绿色化、融合化方向转型，加快传统制造业产品结构、用能结构、原料结构优化调整，实施制造业技术改造升级工程，培育质量和品牌竞争新优势，提升产业能级。推动航空航天、集成电路、新能源、新材料、高端装备等具有特色优势的战略性新兴产业发展壮大。以创建绿色园区、绿色工厂、绿色设计产品为重点，实施区域、行业绿色制造示范工程，建设绿色制造公共服务平台。推进绿色标准、绿色管理、绿色生产示范，推广绿色低碳发展的典型模式，强化对绿色制造体系的监管，对已获得国家绿色制造体系的园区、企业、产品、供应链等建立动态监督机制。聚焦产品全生命周期绿色化，建立以绿色低碳化为导向的设计、生产及物流体系，加强供应链上下游企业间绿色协调与协作，打造绿色供应链。

（二）坚持绿色技术引领，推进创新链产业链绿色融合

绿色科技创新是推动制造业绿色低碳发展的核心驱动力。加大对绿色科技创新的支持力度，鼓励企业加大技术研发投入，推动绿色技术在制造业中的应用和推广，提高制造业的绿色技术水平。加快实施产业基础再造工程和重大技术装备攻关工程，夯实产业基础，增强自主可控能力。通过秦创原创新驱动总平台，打造绿色制造研发及推广应用基地和创新平台，加快低碳创新成果应用和产业化。大力发展超低排放、资源循环利用、传统能源清洁高效利用和新能源利用等绿色低碳技术，加速绿色制造发展，打造更多的绿色园区、绿色工厂、绿色供应链等示范工程，带动绿色低碳制造技术成套能力和产业化推广。推荐企业绿色技术纳入国家级、省级绿色技术目录，加快绿色制造先进技术成果转化和示范应用。

（三）转变产业发展方式，推动数字化绿色化协同发展

发挥数字技术在提高资源效率、环境效益、管理效能等方面的赋能作用，加速生产方式数字化绿色化协同转型。推动大数据、云计算、区块链、人工智能等新兴技术与制造业深度融合，释放数字化智能化绿色化叠加倍增效应，加速推广智能制造模式。研究开发"工业互联+绿色低碳"解决方

案，汇聚整合相关要素资源，释放数据要素潜力，为生产流程再造、跨行业耦合、跨区域协同、跨领域配给等提供数据支撑，通过数字赋能加快制造业绿色低碳转型。面向重点行业领域在生产制造全流程拓展"新一代信息技术+绿色低碳"典型应用场景，建设智能工厂和数字化供应链，提高全要素生产率。

（四）提升生产用能质效，形成清洁高效能源利用模式

加强制造企业能源管理，加快重点用能行业的节能技术创新和设备更新，提高生产过程中的能源利用效率，降低能源消耗和二氧化碳排放。减少对化石燃料的依赖，推广清洁能源替代传统能源，推动可再生能源系统集成与互补，构建新型电力系统。强化新能源产业与先进制造业互通互融，创新开展供电、供热、供气、供冷等综合能源服务，探索园区多能互补的综合能源供应模式，实现能源梯级利用、循环利用和综合利用，大力发展零碳产业集群。搭建智慧能源综合管控平台，实现实时掌握重点行业、重点企业的能耗和碳排放数据，进行分析预警和优化调控。

（五）加强企业碳效管理，推进末端治理深度减排

把绿色发展理念贯穿于工业经济全领域、工业生产全过程、企业管理各环节，从搭建数据平台、开展监测评价、提供节能诊断服务、建立碳效激励机制等方面推动制造企业低碳转型和碳效提升。对全省工业生产经营活动产生的碳排放情况进行摸底，构建工业产品碳排放评价数据库，为碳排放核算提供有效依据，精准识别企业的碳效水平。将碳效等级与准入退出机制挂钩，将碳排放水平作为核心要素纳入绿色制造评价体系中，形成可持续正向激励。实行重点用能企业温室气体排放定期报告制度，建立温室气体排放数据信息系统，加强工业企业温室气体排放管理。

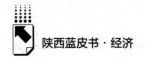

五 陕西推动制造业绿色低碳发展路径

（一）筑牢传统制造业根基，加快绿色低碳转型升级

1. 推进传统产业绿色低碳优化重构

在传统制造业优势领域锻长板，着力强链补链延链，推动产业结构由高碳向低碳、由低端向高端转型升级。推进绿色低碳技术与传统产业深度融合，加强新技术新产品创新迭代，完善产业生态，提升全产业链竞争优势。加快设备更新、工艺升级、数字赋能、管理创新，提升发展质量和效益，加快实现绿色低碳高质量发展。聚焦能源消耗较高、改造条件相对成熟、示范带动作用明显的石化化工、钢铁、有色、建材、汽车、轻工、纺织等"两高"行业，认真排查在建项目，科学评估拟建项目，改造升级存量项目，坚决遏制"两高"项目盲目发展。鼓励龙头企业联合上下游企业、行业间企业协同降碳，加强产业链跨地区协同布局，构建互联互通耦合发展产业链。

2. 推动重点行业节能降碳改造升级

分步实施、有序推进重点行业节能降碳工作，研究制定分行业具体行动方案，合理控制化石能源消费，促进工业绿色电力消费，构建绿色循环低碳工业产业链。以大规模设备更新为契机，推动传统制造业"老树"发"新枝"。深入实施产业基础再造和重大技术装备攻关工程，支持优势企业开展机器换人、设备换芯、生产换线、产品换代，引导重点行业加大节能降碳改造力度，形成标杆企业示范转、产业链群协同转的良性循环。对标重点领域能效标杆水平，利用绿色制造技术和新一代信息技术对产业进行全链条改造，加快推进工业领域低碳工艺革新和数字化转型。支持重点行业进行产能置换、装备大型化改造、重组整合，实施节能降碳、科技赋能增效，加快制造模式新变革和"材料+装备+品牌"提升，推动产业绿色提质发展。

3.积极推行清洁生产和循环利用

推动传统制造企业用能结构低碳化，有序推进钢铁、建材、石化化工、有色金属等行业煤炭减量替代，提升工业电气化水平。突出陕西多能并存的资源优势，推动可再生能源系统集成和互补利用，构建新型电力系统，提高绿色电力消纳比重。打造"风光火储"千万千瓦级综合能源基地，建设风光互补一体化示范基地，利用西气东输工程，建设太阳能光热与燃气联合发电示范工程。积极布局电网侧新型储能、抽水蓄能、绿电交易、充电设施等产业。支持省属能源企业"源网荷储"一体化智慧能源网建设，实现新能源产业与传统产业高效协同、绿色低碳发展。按照循环经济模式和低碳环保理念，最大限度地回收利用生产过程中产生的各种废弃物和再生资源，实现能源资源的综合利用。对循环经济试点示范项目、示范企业、产业园区加大扶持力度，加快实施循环经济重点工程，构建煤油气盐能源综合开发转化、钢铁有色采选冶炼、设备再制造、再生资源回收利用等循环经济产业链。大力发展再制造产业，加强再制造产品认证与推广应用，实现效率变革。

（二）释放先进制造业活力，推动绿色低碳创新引领

1.立足优势产业基础，推动产业链向高能级跃升

发挥陕西能源资源禀赋优势，深挖化石能源清洁低碳高效利用，调整优化延长能源化工产业链和产品链，推动煤化工和石油化工产业转型升级。从国家急迫需要和长远需求出发，围绕陕西战略性新兴产业领域高端需求，加强高端树脂、高端橡胶、高性能纤维、特种精细化学品等研发生产。持续培育以改性、复配和后加工为主的应用产品集群，重点发展特种聚烯烃、工程塑料、生物基/可降解塑料等领域新材料产品，抢占高端新材料竞争制高点。抓紧布局一批塑料深加工和化学制品制造产业园区，围绕陕西汽车、航空、军工等优势产业，研究合作开发一批汽车新材料、航空新材料、军工新材料等产品，从供给端着力推进能源化工产业向高端制造、绿色制造、智能制造和能够满足市场需求的新产品方向发展。

2.围绕重点产业链，推动制造业向"新"发力、逐"绿"而行

围绕陕西重点产业链建设，以链长制推进和集群式发展为着力点，持续释放"长板"效应。深入开展先进制造业集群建设专项行动，聚焦战略性新兴产业，着力培育一批国家级先进制造业集群和省级特色制造业集群。进一步拉长、拓宽高端装备制造、太阳能光伏、新能源汽车等重点产业链条，在绿色低碳领域培育形成若干具有国际竞争力的先进制造业集群，推动全省新能源领域重点产业链的培育壮大和创新链的提升。支持以隆基绿能为代表的光伏能源企业、建筑外立面智慧光伏能源系统建设运营等高新技术企业，发挥龙头企业带动效应。引导光伏产业不断提高关键设备技术能力和系统整体优化能力，推动上下游联动的光伏产业链实现加速聚变。支持陕重汽、比亚迪、吉利等龙头企业做大做强，构建涵盖整车制造、核心技术研发、关键零部件配套、售后服务等的完整节能与新能源汽车产业链，打造国内重要的新能源汽车研发生产基地。在新能源装备制造方面，加强引导产业不断提高关键设备技术能力和系统整体优化能力，创新多元化利用模式，保障先进技术的发展空间。推动金风科技、永电电气科技等龙头企业在降低整机成本和提高发电性能上实现技术突破，以隆基绿能、隆基乐叶等领军企业为依托，大力发展新型光伏电池材料。发挥龙头企业的"引力效应"，以产业链"链长制"推动企业集聚、要素集约、创新集成，打造一批具有核心竞争力的产业链和产业集群。

3.聚焦绿色制造体系构建，打造高韧性绿色低碳引领示范

在重点行业领域建设绿色示范工厂，实现厂房集约化、原料无害化、能源低碳化、环境宜居化，探索形成可复制推广的工厂绿色化模式。大力发展绿色园区，按照生态理念、清洁生产要求、产业耦合链接方式，加强园区规划和产业布局、基础设施建设和运营管理，培育示范意义强、特色鲜明的零排放绿色低碳园区。不断完善绿色采购标准和制度，综合考虑设计、采购、生产、包装、物流、销售、回收利用等环节，打造绿色低碳供应链。发挥核心龙头企业的引领作用，带动上下游企业实现绿色发展。创建近零碳排放园区试点，增加清洁能源消纳，进行能源利用零碳化、智能化、电气化、集成

化的"四化"建设,通过对能源系统进行数字化改造,将运维方式从就地值守转变为集中监控,推动企业、园区实施全流程、全生命周期精细化管理,开展能源资源信息化管控和污染物排放在线监测。

(三)前瞻布局绿色低碳领域未来产业,抢占新领域新赛道

顺应"双碳"目标下能源革命和产业变革需求,谋划布局氢能,储能,碳捕集、利用与封存(CCUS)技术等未来能源和技术发展。

1.全力推动氢能开发利用

促进氢能技术创新与产业化推广应用。支持陕西旭强瑞清洁能源、陕西华秦新能源科技、陕西燃气集团、维纳氢能科技等氢能产业链"链主"企业科学有序开展氢能技术创新和应用示范,加快形成覆盖"制—储—运—加—用"的全产业链。推动全省氢制备、储存和利用示范项目建设。依托榆林、延安、渭南等地建立工业副产氢制备基地;依托西安、宝鸡、咸阳等装备制造基地布局若干氢产业装备制造、材料制造项目。加快建设绿氢储能体系,加强绿氢产业与传统化工产业的耦合,促进绿氢的就地转化。不断拓展氢能在新能源汽车、分布式能源系统、商业航天等领域应用场景,加快重点城市和高速公路沿线加氢站建设,加快培育和引进氢能源利用的龙头企业和关键核心产品。

2.提升新型储能建设水平

开展前瞻性、系统性、战略性储能关键技术研发。强化电化学储能安全技术研究,推动建设一批国家储能高新技术产业化基地。聚焦不同应用场景,加快开展高安全性、长寿命、低成本新型储能技术研究,加强储能电站安全集成技术研究与应用。结合可再生能源发电、分布式能源、新能源微电网等项目开发和建设,大力推进以"新能源+储能"为代表的新型储能技术示范应用,发展大规模储能调峰技术,提升本地可再生能源系统的稳定性和电网的友好性。利用陕西工业副产氢产量巨大的独特资源禀赋,开发应用氢储能系统集成,实现氢能与储能系统的深度融合。完善新型储能安全管理体系,以电力系统需求为导向,健全完善新建电力装机配套储能政策。

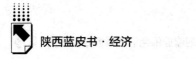

3.加快CCUS技术应用推广

以科技力量攻克大规模CCUS全流程工程技术难题，持续推进CCUS碳中和关键技术的工业化放大示范，在煤电系统引入CCUS，大力支持石油企业利用CO_2进行油田驱油。加强CCUS示范应用试点推广，探索可复制、可推广的经验和模式，实现碳捕集、利用与封存一体化应用。

（四）培育制造业绿色融合新业态，集成产业发展合力

1.推动制造业数字化和绿色化深度融合

加强数字技术创新和应用，加快生产方式数字化和绿色化协同转型。以智能制造和智慧能源为重点推动工业数字化转型，深入实施制造业数字化赋能行动与工业互联网创新发展工程，推进智慧供应链网络、智能车间、智能工厂等建设，加快发展智能制造。推行"工业互联网+绿色低碳"，利用工业互联网、大数据等技术在绿色低碳制造领域的深度应用，为生产流程再造、跨行业耦合、跨区域协同、跨领域配合等提供数据支撑。推广以工业互联为载体、以能效管理为对象的平台化设计、智能化制造、服务化延伸、数字化管理等融合创新模式。激励企业加快数智化转型，支持制造业龙头企业建设工业互联网标杆工厂、工业互联网车间等，实现数字赋能由"制造"向"智造"推进。

2.推动绿色制造业和现代服务业深度融合

推动绿色制造业和现代服务业深度融合，在绿色低碳领域深入推行服务型制造，是顺应新一轮科技革命和产业变革、增强制造业核心竞争力的本质要求，是构建现代化产业体系、加快发展新质生产力的关键之举。构建优质高效的绿色制造服务体系。引导大型企业将自身开展绿色设计、绿色供应链管理、绿色制造的经验转化为系统解决方案，为同行业或上下游企业提供绿色转型服务。鼓励绿色低碳装备制造企业由提供"产品"向提供"产品+服务"转变。积极培育专业化绿色低碳公共服务平台和服务机构，开发推广绿色制造解决方案，提供绿色诊断、计量测试、研发设计等服务。

（五）打造制造业绿色转型创新引擎，培育绿色生产力新动能

1. 强化绿色科技创新

围绕制造业绿色低碳转型的核心目标，加大低碳技术的战略储备，开展具有战略性、前瞻性、颠覆性的低碳共性技术攻关。发挥秦创原创新驱动平台的协同创新作用，打造绿色制造研发及推广应用基地和创新平台，加快创新成果应用和产业化。发挥陕西研究型大学基础研究主力军和科技创新生力军作用，聚焦绿色产业、低碳技术、绿色金融等领域，靶向部署科技重大专项和重点研发计划。支持建设国家级新型储能重点实验室、工程研发中心等国家级创新平台，推动高功率密度电池等关键技术产业化和工程化。聚焦"减碳去碳"基础零部件、基础工艺、关键基础材料、低碳颠覆性技术研究，以技术基本成熟尚未产业化应用的先进适用技术为重点，遴选一批低碳零碳工业流程再造技术、高效储能、能源电子等关键核心技术。将储能关键技术和装备研发纳入陕西重点研发项目计划并给予支持，攻克电池和氢能互补的新型储能模式技术难题。利用"揭榜挂帅"机制，支持省内企业、高等院校、科研院所开展产学研协同合作，共建未来能源实验室，开展技术攻关，推进项目孵化。

2. 提升企业创新能级

强化企业创新主体地位，以科技创新引领产业创新，促进形成龙头企业创新引领、中小企业快速成长、初创企业不断涌现的企业梯队，促进行业龙头企业和中小企业间的技术交流与研发协同。发挥重点产业链"链主"企业科技创新的龙头带动作用，联合上下游企业和高等院校、科研院所，一体化布局项目、平台、人才等创新资源，组建共性技术研发平台、创新联合体和中试基地，构建大企业创新引领、大中小企业协同创新的绿色转型产业创新生态。鼓励中小企业专注主业、精耕细作、强化创新，在绿色低碳领域培育专精特新"小巨人"企业和单项冠军企业。

3. 优化产业创新生态

加快打造集科研培训、产业孵化、商务配套、创新服务等于一体的科创

孵化体系，推动共建产学研创新联盟等综合创新平台。建立秦创原科创服务站，建强科技经纪人队伍，指导企业揭榜挂帅，参与重大项目科研创新。打造具有信息共享、人才引进等功能的公共服务平台，促进大中小微企业协同创新、共同发展。构建多层次、多元化的新兴产业金融支持体系。建立天使投资、知识产权、科技成果转化等领域的一系列市场化基金，重点投资和服务于初创型、成长期战略性新兴产业企业。围绕产业绿色低碳发展需求，动态制定战略性新兴产业发展高端紧缺人才需求清单，面向国内外引进一批在世界科技和产业发展前沿具有较强影响力、能引领支撑陕西新兴产业发展的战略科学家、领军型创新创业人才。

（六）加强绿色低碳转型的政策保障和监管机制

1. 完善支持政策，促进绿色转型

实施支持绿色低碳发展的财税、金融、投资政策。健全财税政策，充分发挥税收优惠政策正向激励作用，落实好对绿色技术推广应用、资源节约循环利用等方面的税收优惠政策，确保符合条件的市场主体应享尽享，鼓励企业绿色低碳转型。促进绿色金融产品开发，丰富绿色转型金融工具，加力支持传统产业绿色转型。依托国家超长期国债和贴息贷款政策，建立健全陕西金融资源支持制造业绿色低碳转型的机制。鼓励现有政府投资基金按照市场化方式，培育和孵化绿色低碳领域新产业、新业态、新模式。优化投资政策，扩大绿色低碳投资规模，引导和规范社会资本参与绿色低碳项目，加快形成优质绿色低碳资产。

2. 完善评估和监管机制

随着能耗双控向碳排放双控全面转型，对企业碳排放的评估和监管在助推产业绿色低碳转型方面将发挥关键作用。政府部门联合电力部门、第三方服务公司等组团为"高碳低效"企业精准把脉，免费进行节能诊断服务，精准制定降碳减量计划，对企业节能增效项目给予补贴。建立碳数字化管理体系，实现精准测碳、综合评碳、科学降碳、政策助碳。加快"秦碳云+"数字融合平台体系建设，建立产品全生命周期排放基础数据库。借鉴浙江的

先进做法，基于国网新能源云数字经济平台，打通工信、电力、统计、发改、金融机构等部门，互通共享水、电、煤、气等数据，进行企业碳排放数据统计与核算，实现全省地市区域、重点行业碳监测，并根据行业碳排均值划分碳效等级，形成碳效率评价的"一把公尺"。依托工业碳平台开发工业碳效码，为企业明确定位和节能降碳提供精准指引，有效推动企业加大节能减碳技改力度，助力绿电交易。将工业碳效纳入"绿色工厂星级管理"评价体系，碳效等级与企业参与新能源发展工作挂钩，为企业低成本获取减碳增效服务提供载体。

参考文献

武汉大学国家发展战略研究院课题组：《推进制造业绿色低碳转型的路径选择》，《中国行政管理》2023 年第 1 期。

郑慧、吴玉明、周懿：《传统制造业绿色低碳转型的挑战和策略》，《山西财经大学学报》2023 年第 S02 期。

B.20
安康毛绒玩具文创产业发展研究

徐彬彬*

摘　要：　安康市位于陕西省最南端，总面积 2.35 万平方公里，总人口
303 万人，属秦巴生物多样性生态功能区、南水北调中线工程重要水源涵养
区、原国家秦巴山集中连片特困地区和川陕革命老区。在"四区"叠加的
独特市情下，面临生态保护与加快发展的双重任务，安康市坚持"生态优
先、绿色升级"发展路径，在守护好生态环境的基础上，抓住江苏省和陕
西省推进东部毛绒玩具文创产业转移的机会，结合当地劳动力资源丰富、移
民安置社区相对集聚的特点和优势，把毛绒玩具作为产业扶贫协作和乡村产
业振兴的重点，以新社区工厂为载体，出台系列扶持政策，持续延链补链强
链，探索出一条欠发达地区劳动密集型产业高质量发展新路。回顾安康毛绒
玩具发展历程，分析其发展现状特点，进一步加快产业突破提升，仍需积极
打造优势产业集群、切实加强人才队伍培养、持续擦亮"营商环境最安康"
金字招牌、不断完善配套服务体系，为欠发达地区承接东部发达地区产业转
移、合作共赢开创苏陕协作新篇章提供借鉴。

关键词：　毛绒玩具　文创产业　安康市

2020 年 4 月，习近平总书记来陕考察期间，对安康市"山上兴产业，
山下建社区，社区办工厂"的发展思路给予肯定，强调"乐业才能安居"。
2017 年以来，安康市抢抓东部地区劳动密集型产业转移的机遇，利用易地

---

* 徐彬彬，中共安康市委政策研究室（改革办）副主任，研究方向为区域经济发展、全面深化改革。

搬迁安置社区人口集聚、劳动力集中的优势,大力发展毛绒玩具文创产业。自 2017 年底全市第一家毛绒玩具工厂在紫阳县投产以来,6 年多时间,从几间门面到标准化厂房、从搞订单加工到全产业链发展、从社区居民到产业工人、从促就业增收到全方位保障,安康市毛绒玩具文创产业从无到有、从小到大、从弱到强,呈"井喷式"发展(见表 1),成为吸纳群众就近就业主阵地、发展开放型经济主战场,实现了农民增收、产业兴旺、社区繁荣、社会稳定的"多赢"效果,为全市打赢脱贫攻坚战、推动乡村全面振兴、建设共同富裕幸福安康奠定了坚实基础。截至 2024 年 9 月底,全市新社区工厂达 1008 家,吸纳就业 39607 人(其中脱贫人口 9325 人);全市累计建成毛绒玩具(织袜)企业 808 家,吸纳就业 20746 人(其中脱贫人口 4418 人),发放工资 4.91 亿元,出口创汇 3.39 亿元。

表 1   安康市毛绒玩具文创产业数据

项目	2018 年	2019 年	2020 年	2021 年	2022 年	2023 年
企业数量(家)	108	308	558	716	826	807
吸纳就业人数(人)	5680	10976	11708	15209	17940	19848
产值(亿元)	1.6	13.2	27.57	35.05	51.67	61.05

注:本表主要反映 2018~2023 年安康市毛绒玩具文创产业企业数量、吸纳就业人数和产值统计数据情况。

资料来源:安康市毛绒玩具文创产业发展领导小组办公室。

一   发展主要历程

(一)试点探索阶段(2012~2016 年)

2010 年"7·18"安康特大洪涝泥石流灾害后,陕西省委、省政府作出陕南避灾移民搬迁决策,出台《陕南地区移民搬迁安置工作实施办法(暂行)》等一系列政策。安康市 2011 年以来累计搬迁群众 26.73 万户 93.78 万人,其中易地扶贫搬迁 15.16 万户 50.9 万人。2012 年搬迁启动之初,安康市按照"搬得出、稳得住、逐步能致富"的要求,研究出台《关于扶持发展劳动密集型产业的意见》等就业主导型政策,既保证搬迁群众就地就近就业增收,又吸引60多万常年在外务工人员回乡返乡创业就业,发展"以人为核心"的就地城镇化,探索出"移民搬迁进社区、土地流转建园区、农民就地变工人"的综合承载方式,支持白河、平利等县开展新社区工厂建设试点,在易地搬迁社区配建的商业用房、空置门店以及社区附近的老厂房、旧学校、旧办公楼等闲置土地、房屋,创办生产加工型工厂(分厂)。白河县服装服饰、平利县电子元器件等一批劳动密集型企业招商落地,吸引了部分毛绒玩具企业来安康考察。

(二)重点推进阶段(2017~2019年)

在试点的基础上,安康市按照政府引导、市场引领、就业优先、厂社结合、协同推进的工作思路,2017年出台《关于大力培育和发展新社区工厂的实施意见》,确定了"一年打基础、两年上规模、三年全覆盖"思路,2018年制定《安康市新社区工厂》地方标准。同时,利用苏陕协作、常州对口帮扶安康的机遇,聚焦产业链条长、污染能耗低、就业容量大、带动能力强、市场前景好的毛绒玩具文创产业,加紧谋划启动承接产业转移,2017年12月底第一家毛绒玩具企业落地安康,2018年制定《关于加快推进毛绒玩具文创产业发展打造安康新兴支柱产业的意见》,下达目标任务,编制三年规划,从投资融资、项目建设、财政补贴、企业经营、人才培养等方面给予政策支持,提出打造"中国毛绒玩具文创产业新都"目标。毛绒玩具工厂/企业如雨后春笋般破土而出、迅速生长,呈现逐年扩大产业规模、扩增用工需求、扩容就业岗位的态势,逐步实现从无序引进不同类型单一企业到有序引进同类产业的转变。

(三)延链升级阶段(2020年以后)

安康市牢记习近平总书记"乐业才能安居"的殷殷嘱托,提出加快毛绒玩具文创产业总部化、集团化发展。面对新冠疫情冲击,及时调整"优先生产适合国内市场的产品、优先发展本地特色产品深加工"的思路，艰难渡过低谷，迎来恢复性增长，在构建新发展格局、推动高质量发展新征程上，毛绒玩具文创产业步入延链升级新阶段。在恒口示范区建设毛绒玩具原辅料批发中心、设计研发中心、产品营销展示中心、物流中心、电商中心等毛绒玩具文创产业"五大中心"，成功引进 PP 棉生产基地项目，初步形成从前端创意设计、原料供应，到中端生产制作、加工作业，再到后端展示营销、物流配送的完整产业链条；建成毛绒玩具文创产业园，招商引进一批行业领军企业入驻安康建立总部基地，逐步形成产业集群效应。2023 年，借安康毛绒玩具文创产业作为全省区域协调发展陕南重点培育产业之一写入陕西省政府工作报告机会，安康市启动"毛绒玩具+文旅"发展战略，建成全国首个毛玩主题机场、两条毛玩主题街区和恒口示范区毛玩工业旅游基地，以毛绒玩具文创产业为文旅产业赋能，以文旅产业促进毛绒玩具文创产业转型升级。2023 年 6月，中国玩具和婴童用品协会正式授予安康市"中国毛绒玩具文创产业新都"称号。安康市毛绒玩具文创产业"园区总部+新社区工厂+家庭工坊"联农带农模式在全国脱贫帮扶产业发展推进会上展示交流；发展毛绒玩具文创产业解决群众就业增收做法入选为全国优秀减贫案例，在农业农村部（国家乡村振兴局）主办的"乌兹别克斯坦基层减贫官员研修班"线上分享；"苏陕推动东部产业转移打造毛绒玩具之都"被评为全国乡村振兴典型案例；成功举办三届中国陕西安康毛绒玩具创意设计国际大赛暨中国毛绒玩具文创产业新都品牌大会。安康已成为全国毛绒玩具第四大产区，日产毛绒玩具 100 万只以上，陕西省第十四届运动会吉祥物"秦岭四宝"、北京第二十四届冬奥会吉祥物"冰墩墩""雪容融"等一批订单花落安康，成功获得总台央视 2024 龙年春晚吉祥物"龙辰辰"毛绒类产品全球独家生产权和销售权，这些吉祥物一度引爆网络、火热出圈。

二 发展现状特点与政策措施

（一）加强领导：建立产业就业新机制

确定产业发展思路。2011 年开始大力实施陕南移民搬迁时，安康市就确定了"依托社区办工厂、办好工厂促就业"的思路，坚持"党政统筹、能人带动、基地孵化、连锁推进"，全力推进落实在搬迁社区创办新社区工厂，实现有业安置和就地城镇化，让"农村变社区、民房变厂房、农民变工人"，逐步使"小工厂"成为"大产业"。建立推动保障机制。安康市委、市政府密切关注、密集调研产业发展，将其纳入对县区脱贫攻坚专项考核内容之一，定任务、定责任、定标准，实行月通报、季调度、年考核。主要领导亲自部署、亲自协调、亲自督导，每年带队招商引资、审定政策文件、督办项目进度，协调中国建行推出"新社区工厂贷""毛绒玩具工厂贷"等，为毛绒玩具工厂/企业量身定制零担保、零抵押、纯信用的金融产品，找准建设普惠金融体系与服务实体经济的契合点。落实组织保障责任。安康市及各县区成立相应领导机构和工作机构，纳入经济社会发展规划和脱贫攻坚总体规划，进行重点研究、重点部署、重点倾斜，确保新社区工厂全方位、高规格推进。市、县、镇三级党政主要领导共同发力，形成上下同心、步调一致、齐抓共管的格局。市直部门各司其职、各尽其能，建立"领导联厂、部门包厂、干部驻厂"长效帮扶机制。

（二）统筹谋划：打造工厂/企业新标准

建立标准体系。为解决产业发展中存在的厂址选择、运营管理、收益分配等问题，安康市制定了《安康新社区工厂标准》，进一步明确工厂选址、资金筹措、用工来源等内容，通过标准模式推广好经验好做法，规范建设发展各个环节，规范政府部门行为，规范各项扶持政策，规范就业人员社会保障，逐步走上一条标准化、规范化、高效化发展之路。目标路径日趋完善。重点聚焦毛绒玩具文创产业，明确新社区工厂标准，即在100户以上的移民搬迁安置社区或农村人口集中区，创办的工厂在新社区1平方公里以内，从业人数稳定在20人以上，贫困群众从业比例不低于10%，正式投产且生产经营正常的，即可认定为新社区工厂。

（三）政策激励：培育产业发展新动力

政策支持持续加强。安康市委、市政府以一年一个政策性文件的密度，先后制定出台《关于培育和发展社区工厂的实施意见》《关于加快发展毛绒玩具文创产业打造安康新兴支柱产业的意见》《新社区工厂"两个全覆盖"实施方案》等一系列政策措施，从门槛准入、资金扶持、技能提升等方面给予发展硬措施。比如，从全市公共就业服务经费中给予支持新社区工厂发展专项补助资金200万元，主要用于新社区工厂实训设备购置及维护费用补助；对首次创业、符合就业困难人员和毕业年度内高校毕业生，按政策给予一次性3000元创业补贴；对吸纳贫困劳动力就业、贫困劳动力人数超过员工总数1/5的新社区工厂，优先享受创业担保贷款，并按规定享受财政贴息政策；对提供贷款担保有困难的新社区工厂，每招用一个贫困家庭劳动力或残疾人，县区创业担保贷款办公室可按每人5万元的标准给予授信担保，最高不超过50万元，担保贷款可分期偿还，等等。金融服务持续升级。以基金形式推动和鼓励新社区工厂蓬勃发展。设立专项基金，市级设立创业就业基金500万元，各县区按每10万人安排不少于60万元的就业配套设立创业就业基金，主要用于重点群体创业一次性开业补贴及新社区工厂资金补贴等项目。市级专设毛绒玩具文创产业发展基金1亿元，对毛绒玩具企业给予重点奖补。创新信贷支持政策，与建行陕西省分行合作推出"新社区工厂贷"，实行白名单推荐机制和风险补偿金机制，简化放贷程序，为企业提供单笔最高200万元、期限最长1年、基准年利率的纯信用、免抵押、免担保贷款，并根据用工人数、带动就业效果给予利率优惠，有效缓解融资难、融资贵问题。落实就业补助资金。将吸纳就业作为支持的硬性指标，确定为吸纳贫困劳动力就业的新社区工厂，优先享受创业担保贷款，按规定享受财政贴息政策，并享受每岗1000元的一次性岗位补贴；对其生产经营场地租赁费、水电费按实际支出的50%给予补贴，毛绒玩具企业按实际支出全额补贴，补贴期限3年。全市新社区工厂享受苏陕扶贫协作资金2.07亿元，兑现新社区工厂租赁费、水电费及就业培训补贴6819万元，落地企业实际投资17.9亿元，发挥了财政资金"四两拨千斤"作用。为加快发展毛绒玩具文创产业，各县区整合资金2.97亿元用于厂房建设和装修。出台特殊政策。市一级层面统一产业定位、统一工作要求、统一优惠政策、统一解决制约产业落户的共性问题。市本级设立1亿元毛绒玩具文创产业发展基金，凡前100家在安康注册企业法人证照、落户当地稳定营业一年以上、用工人数不低于200人（其中建档立卡贫困户就业人数不低于10%且稳定就业半年以上）、年工资发放额度不低于500万元的，给予每家企业100万元一次性项目资金支持。综合考虑用工人数、企业效益等因素，每年安排1000万元，重奖用工人数多、带贫效果好的毛绒玩具新社区工厂。对毛绒玩具企业的生产经营场地、按企业生产要求完成硬件装修的，其租赁费、水电费全额补贴3年。对企业投产前三年上缴的增值税、企业所得税以100%的额度奖励给企业，用于支持企业发展。

（四）招商置业：壮大市场经营新主体

实施精准招商。紧盯东南沿海劳动密集型产业转移机遇，以引进毛绒玩具文创产业为突破口，采取"引上游、接下游、抓龙头、带配套"的方法，全产业链引入合作资本，变"招引企业"为"招引产业"。先后在雄安新区、扬州仪征举行"安康市毛绒玩具文创产业合作发展恳谈会"，在泉州、东莞、青岛组织举办的招商推介活动吸引了全国各地500多家毛绒玩具企业参加，实现了全国毛绒玩具文创产业重点区域招商推介全覆盖。组团参加"广交会"、上海国际玩具展等展会活动，集中走访毛绒玩具参展企业，到各展位宣讲政策、发放宣传单。组织招商小分队奔赴河北白沟新城、河南濮阳、山东青岛等地拜访企业，举行小型政策宣讲会，在业内引起强烈反响。组织相关部门在扬州及周边地区广泛考察企业、拜访协会、磋商签约项目，吸引200多家企业参会，恳谈会现场集中签约22家，来安康考察企业络绎不绝。吸引社会资本。经过全方位的招商引资和整合力量推动，短短一年时间，实现全国毛绒玩具文创产业重点区域招商推介全覆盖，先后吸引全国

400 多家劳动密集型企业来安考察，成功引进广州汇美思、北京爱多宝、南京益佰达等一批龙头企业入驻安康。企业落地后，坚持"总部建在园区、车间建在社区"，形成了厂房式、门面式、居家合作式等灵活办厂方式，方便群众就近就地就业，保障持续稳定增收。随着安康毛绒玩具文创产业异军突起，经常有欧美、日韩等国专家和客商来安康考察验厂、投放订单、洽谈业务，打开了安康与世界对话的窗口。

（五）升级服务：提供持续发展新保障

优化营商环境。深入开展营商环境突破年行动，持续深化行政审批服务改革，全面清理、精简行政审批事项和涉企收费，降低制度性成本，给企业发展创造充足的市场空间。例如，安康高新区创新组建了全程代办、企业落地运营、大招工、现代金融、科技资源统筹、高级人才、口岸外贸、法律、监督投诉九大服务中心，为企业提供全天候、全方位精准服务，让企业专注于抓生产、抓发展。培育小微企业。自然资源、规划住建、生态环境等单位专门就涉及新社区工厂建设的项目简化行政审批程序，落实"先建厂后证照""一址多照、一照多址"等政策。扶贫、商务、金融、保险等部门围绕自身优势，整合资金资源，为各类新社区工厂发展提供了强有力的资金保障，帮助解决融资、用工、物流等各种难题。人社部门围绕用工招聘服务、工人技术培训、劳动关系指导、社会保险缴纳、创业项目对接等方面提供"保姆式"服务，兑现落实好各类就业创业补贴政策，为新社区工厂发展"输血充电""保驾护航"。通过一系列强有力的措施，既有从项目签约到项目投产仅用时 28 天的奇迹，也有 2 小时内完成工商注册登记的"安康速度"。完善物流运输。加速推进物流降本提效，引进物流企业开通毛绒玩具物流专线，主动邀请顺丰、京东、上海港、宁波港等多家物流企业和港口企业来安康洽谈物流降本提效事宜，与上海港务集团建设运营"安康无水港"，大幅降低了物流成本。同时，为全面提升毛绒玩具文创产业发展质量，成功举办毛绒玩具创意设计国际大赛，邀请国内外设计界大咖参加毛绒玩具文创产业发展高峰会，共同探讨毛绒玩具文创产业发展未来，大赛和高峰会取得了丰硕成果，有效提升了安康毛绒玩具文创产业的影响力和知名度。改善工作环境。为提高劳动力积极性，加速农民变产业工人的进程，安康市实行1~3年差别化厂房使用零租金、用电零成本，并兑付给企业上岗的技术工人3个月的工资奖励，组织开展新社区工厂"优秀员工""最美女工"评选活动，开办新社区工厂"巡回大讲堂"，增强新社区工厂员工的职业道德、劳动纪律等。大力推广"温暖之家"做法，切实解决员工孩子放学、周末、假期的托管问题，免除员工后顾之忧，使其安心工作、提高效率，保障了企业稳定生产、持续壮大。

三 发展经验启示

（一）生态文明建设的要求

保护秦岭巴山生态环境和汉江"一泓清水永续北上"是安康市的重大政治任务，全市91.9%的土地面积为禁止和限制开发区域，大批矿产开发、化工材料等对生态有破坏、对环境有污染的企业全部关停，让本来就业岗位匮乏的安康群众在家门口就业更加困难，需要大力发展劳动密集型等生态友好型产业，开发更多就业岗位。毛绒玩具文创产业不污染环境，符合"绿水青山就是金山银山"的绿色发展观和"人不负青山，青山定不负人"的科学论断，为欠发达地区走出一条生态经济化、经济生态化的高质量发展之路作出了大胆探索。

（二）深化东西部协作共同发展的要求

安康市借力苏陕扶贫协作和常州对口支援，发挥人力资源优势，承接东部产业转移，倾力发展毛绒玩具文创产业，变"扶资金"为"扶项目"、"引企业"为"引产业"，促进了东部市场、技术、品牌资源与安康人力、生态资源的优势互补和优化配置，实现产业错位、共同发展、互利双赢，体现了"你中有我、我中有你"的东西部产业协作新机制，在发展新质生产力、建设全国统一大市场方面仍具有广阔的合作空间。

（三）安置集中区改变农民生产方式的要求

离乡离土搬迁进城入镇的农民在生活方式上发生了本质变化，生产方式也会相应改变，安康市发展毛绒玩具文创产业加速催化这一进程。在巩固拓展脱贫攻坚成果、推进乡村全面振兴尤其是产业振兴中，安康市结合搬迁安置范围广、体量大，搬迁群众文化素质较低、工作技能较弱等诸多实际，通过在社区内或周边建设新社区工厂培育毛绒玩具文创新兴产业，把跨区域安置的社区居民由原先的农民转化成产业工人，既符合安康绿色循环产业发展方向、适应"四化"融合的要求，也强化了乡村振兴的产业支撑，助推了城乡统筹发展，加速了以人民为中心的新型城镇化发展。这是为促进易地搬迁社区群众就近就业量身定制的改革创新模式，具有人口就业聚集度高的特点。

（四）新阶段发展方向的要求

随着新一轮生产要素优化重组和产业转移，经济格局面临深刻调整，国内一些企业总部开始向内地迁移。经过多年建设和发展，安康毛绒玩具文创产业取得了较为明显的成效，但要解决产业链条不长、生产规模不大、创新能力不足、自主品牌不强等问题，也需要大型总部企业的支撑和带动。安康决策层清楚地认识到这些问题，提出了今后一个时期毛绒玩具文创产业发展的目标，加快总部化、集团化发展，鼓励引导大型企业多到搬迁社区开办分厂和车间，支持小企业联合重组、发展壮大，提升规模化、标准化、组织化水平，通过总部经济的"乘数效应"扩大产业产值、提升产业层次。

四　对策建议

2023 年全球毛绒玩具市场规模为 97.84 亿美元，预计 2023 ~ 2028 年该市场复合年增长率将达到 6.93%，2029 年将达到 776.97 亿元。作为全球最大的毛绒玩具生产和出口国，我国毛绒玩具市场发展迅速，呈多极化发展态势，安康毛绒玩具文创产业已具备良好基础。面对国内毛绒玩具品牌集中度偏低、市场竞争激烈现状，安康毛绒玩具文创产业还将在打造优势产业集群、加强人才队伍培养、完善配套服务体系等方面进一步完善提升，加快产业转型升级、突破重围，争取成为名副其实的富民产业、生态产业。

（一）积极打造优势产业集群

面对毛绒玩具文创产业消费需求多样化（更加注重产品品质及文化价值）、产品潮玩化（更加注重创意与设计满足时尚与个性的追求）、功能多元化（拓展到情感陪伴与心理健康方面）等发展趋势，市场竞争已从企业发展战略向企业集群战略演化。产业集群通过协同效应显现出竞争优势，日益受到关注，成为区域参与市场竞争的骨干力量。国内外实践证明，产业集群是区域发展战略的有效载体，是提高区域经济竞争力的有效途径，也是经济发展到一定阶段的必然趋势。对本地特色资源进行深度挖掘并加以创造性地整合无疑是一种战略性的举措。对安康而言，作为传统产业的毛绒玩具，个性化定制、智能化发展、品牌化建设是方向，创新研发、人才培育、跨界融合是关键。通过强化技术创新，形成有深厚技术创新能力支撑的区域品牌，需要运用各种现代化的技术对整个生产经营体系进行重组和改造，包括把相关的前端和后端工序都纳入其中，形成相对完整的产业链。要在企业规模准入条件上保持一定的开放性，并根据本地资源特点保持一定的产业选择性，促使产业集群形成弹性专精的生产体系，为提升集群竞争力创造条件。要坚持一方面抓品牌全方位塑造，加强与国内外创新型整合营销服务机构合作，通过建立玩具礼品设计服务平台、工业设计公共服务平台、旅游文创设计平台等方式，构建优质创意设计人才高地，深度参与毛绒玩具创意设计、IP运营、推广销售等环节，鼓励与知名卡通动漫游戏跨界联名，打造更多如"龙辰辰""绒馍馍"的优质IP；另一方面抓产业全链条升级，打造产业服务集成平台，探索采用人工智能、大数据、物联网等技术推进流程创新，进一步拉长、壮大、绿化毛绒玩具原材料、设计、制造、电商、物流、品牌推广等产业链条，拓宽3D打印、智能芯片、AR/VR等先进技术在毛绒玩具的应用范围，走出差异化发展道路，打造更多高品质毛绒玩具，推动"小行当"变身"大产业"。

（二）切实加强人才队伍培养

毛绒玩具是劳动密集型产业，劳动力资源是安康最具吸引力的资源，推动产业升级必须以劳动者素质和技能提升为重要支撑。企业要充分发挥主体作用，积极应对产业升级需求，采取政府补贴培训、企业自主培训、市场化培训等方式，开展大规模职业技能培训。健全以职业能力为导向的人才评价、技能等级制度，制定企业技术工人按技能要素和创新成果贡献参与分配的办法，鼓励凭技能创造财富、增加收入。推动农民转化为产业工人，加大农民劳动技能、技术培训，把"诚孝俭勤和"新民风以及职业道德、职业纪律融入其中，培养工匠精神、质量意识。注重产学研结合，组织专业院校与企业洽谈对接，帮助引进一批技术骨干和高端设计人才；鼓励本地院校在专业学科设置上有的放矢培养人才。同时，保持劳动力培训及就业方面政策优惠的持续性。

（三）持续擦亮"营商环境最安康"金字招牌

营商环境是产业发展所在区域的市场发育程度、政府管理水平和社会文明进步的综合体现，直接关系到企业健康可持续发展、区域经济发展、社会大局稳定，关系到招商引资对外形象。要持续优化营商环境，在全面落实已出台优惠政策的基础上，帮助企业解决融资、用工等难题，为企业降低行政成本和交易成本。学习借鉴浙江等地的做法，在项目落地后实行2~3年"跟踪服务"，尊重市场规律，尊重企业家精神，分清政府和市场的界限，对该政府提供的服务不袖手旁观，对该市场解决的问题不一手包办，对企业"有求必应、无事不扰"，让企业进得来、留得住、发展好，形成示范带动效应。将政府工作和企业意愿有机结合起来，根据市场变化，宜大则大、宜小则小，宜分则分、宜合则合，使市场在资源配置中起决定性作用，政府弥补市场失灵的地方。在此基础上，建立以信用承诺为特点的新型市场监管机制，确保新社区工厂规范生产、诚信经营，避免竞争，实现"百花齐放"。

（四）不断完善配套服务体系

现阶段，企业还存在创业难、发展难以及规模不够大、实力不够强等问题。应当引导企业更新发展观念，按照"优先生产适合国内市场的产品、优先发展本地特色产品深加工"的思路，调整产业结构、注重技术创新，积极由劳动密集型企业向科技型企业转型。加快引进一批高收入型的企业落地，满足青壮年劳动力就地就近就业增收需求。加快新社区工厂总部化、集团化发展，推动订单分包化、服务全程化、消防标准化，实现产品订单全行业统筹调配、惠企服务全链条优化提升、消防安全全过程规范监管。加强信用评价体系建设，利用大数据、云计算等技术，建立新社区工厂企业征信系统，为银行发放"新社区工厂贷"提供有效依据，确保有限的资金融给真正有实力、善经营、能发展的新社区工厂。建立新社区工厂企业风险预警机制，主动破解企业信息来源渠道少、对市场的把握和经济形势的判断能力差的问题，及时把诸如原材料涨价、宏观政策调整等有关信息和可能发生的风险传递给广大新社区企业/工厂，使其早做准备、主动应对，避免损失、稳健发展。

参考文献

李秀春、贾丹：《安康毛绒玩具文创产业的发展现状及对策研究》，《西部皮革》2021 年第 17 期。

王建华、何宁佳：《安康毛绒玩具文创产业发展观察》，《玩具世界》2022 年第 1 期。

张权伟、陈文波：《新社区工厂：留得住人就得了业》，《民生周刊》2019 年第 20 期。

舒静、施雨岑、韩佳诺：《博物馆文创产品频频"出圈"的背后》，《风流一代》2022 年第 29 期。

安康市人力资源和社会保障局：《安康市毛绒玩具文创产业资料汇编》，2020。

权威报告·连续出版·独家资源

皮书数据库
ANNUAL REPORT(YEARBOOK)
DATABASE

分析解读当下中国发展变迁的高端智库平台

所获荣誉

- 2022年，入选技术赋能"新闻+"推荐案例
- 2020年，入选全国新闻出版深度融合发展创新案例
- 2019年，入选国家新闻出版署数字出版精品遴选推荐计划
- 2016年，入选"十三五"国家重点电子出版物出版规划骨干工程
- 2013年，荣获"中国出版政府奖·网络出版物奖"提名奖

皮书数据库

"社科数托邦"
微信公众号

成为用户

　　登录网址www.pishu.com.cn访问皮书数据库网站或下载皮书数据库APP，通过手机号码验证或邮箱验证即可成为皮书数据库用户。

用户福利

- 已注册用户购书后可免费获赠100元皮书数据库充值卡。刮开充值卡涂层获取充值密码，登录并进入"会员中心"—"在线充值"—"充值卡充值"，充值成功即可购买和查看数据库内容。
- 用户福利最终解释权归社会科学文献出版社所有。

数据库服务热线：010-59367265
数据库服务QQ：2475522410
数据库服务邮箱：database@ssap.cn
图书销售热线：010-59367070/7028
图书服务QQ：1265056568
图书服务邮箱：duzhe@ssap.cn

社会科学文献出版社　皮书系列
SOCIAL SCIENCES ACADEMIC PRESS (CHINA)

卡号：762263234445
密码：

S 基本子库
SUB DATABASE

中国社会发展数据库（下设 12 个专题子库）

紧扣人口、政治、外交、法律、教育、医疗卫生、资源环境等 12 个社会发展领域的前沿和热点，全面整合专业著作、智库报告、学术资讯、调研数据等类型资源，帮助用户追踪中国社会发展动态、研究社会发展战略与政策、了解社会热点问题、分析社会发展趋势。

中国经济发展数据库（下设 12 专题子库）

内容涵盖宏观经济、产业经济、工业经济、农业经济、财政金融、房地产经济、城市经济、商业贸易等 12 个重点经济领域，为把握经济运行态势、洞察经济发展规律、研判经济发展趋势、进行经济调控决策提供参考和依据。

中国行业发展数据库（下设 17 个专题子库）

以中国国民经济行业分类为依据，覆盖金融业、旅游业、交通运输业、能源矿产业、制造业等 100 多个行业，跟踪分析国民经济相关行业市场运行状况和政策导向，汇集行业发展前沿资讯，为投资、从业及各种经济决策提供理论支撑和实践指导。

中国区域发展数据库（下设 4 个专题子库）

对中国特定区域内的经济、社会、文化等领域现状与发展情况进行深度分析和预测，涉及省级行政区、城市群、城市、农村等不同维度，研究层级至县及县以下行政区，为学者研究地方经济社会宏观态势、经验模式、发展案例提供支撑，为地方政府决策提供参考。

中国文化传媒数据库（下设 18 个专题子库）

内容覆盖文化产业、新闻传播、电影娱乐、文学艺术、群众文化、图书情报等 18 个重点研究领域，聚焦文化传媒领域发展前沿、热点话题、行业实践，服务用户的教学科研、文化投资、企业规划等需要。

世界经济与国际关系数据库（下设 6 个专题子库）

整合世界经济、国际政治、世界文化与科技、全球性问题、国际组织与国际法、区域研究 6 大领域研究成果，对世界经济形势、国际形势进行连续性深度分析，对年度热点问题进行专题解读，为研判全球发展趋势提供事实和数据支持。

法律声明

"皮书系列"（含蓝皮书、绿皮书、黄皮书）之品牌由社会科学文献出版社最早使用并持续至今，现已被中国图书行业所熟知。"皮书系列"的相关商标已在国家商标管理部门商标局注册，包括但不限于LOGO（）、皮书、Pishu、经济蓝皮书、社会蓝皮书等。"皮书系列"图书的注册商标专用权及封面设计、版式设计的著作权均为社会科学文献出版社所有。未经社会科学文献出版社书面授权许可，任何使用与"皮书系列"图书注册商标、封面设计、版式设计相同或者近似的文字、图形或其组合的行为均系侵权行为。

经作者授权，本书的专有出版权及信息网络传播权等为社会科学文献出版社享有。未经社会科学文献出版社书面授权许可，任何就本书内容的复制、发行或以数字形式进行网络传播的行为均系侵权行为。

社会科学文献出版社将通过法律途径追究上述侵权行为的法律责任，维护自身合法权益。

欢迎社会各界人士对侵犯社会科学文献出版社上述权利的侵权行为进行举报。电话：010-59367121，电子邮箱：fawubu@ssap.cn。

社会科学文献出版社